黑马捕捉术

曹明成　谭文◎著

中国宇航出版社
·北京·

图书在版编目（ＣＩＰ）数据

黑马捕捉术 / 曹明成，谭文著. -- 北京 : 中国宇航出版社，2016.9（2022.8 重印）
ISBN 978-7-5159-1168-7

Ⅰ. ①黑… Ⅱ. ①曹… ②谭… Ⅲ. ①股票投资－基本知识 Ⅳ. ①F830.91

中国版本图书馆CIP数据核字(2016)第202256号

策划编辑　卢　珊
责任编辑　卢　珊　　装帧设计　宇星文化

出版发行　中国宇航出版社
社　址　北京市阜成路8号　　邮　编　100830
(010)60286808　　(010)68768548
网　址　www.caphbook.com
经　销　新华书店
发行部　(010)60286888　　(010)68371900
(010)60286887　　(010)60286804(传真)
零售店　读者服务部
(010)68371105
承　印　三河市君旺印务有限公司
版　次　2016年9月第1版　　2022年8月第4次印刷
规　格　787×960　　开　本　1/16
印　张　14.5　　字　数　193千字
书　号　ISBN 978-7-5159-1168-7
定　价　36.00元

序

近年来，市场上的股票类书籍渐有泛滥之势，且质量良莠不齐，多有鱼目混珠之作，真正能指导投资者实战应用的作品可谓少之又少。然最近读曹明成先生主笔的实战炒股系列丛书，感觉甚好。细读之下，书中不乏作者多年的实战经验心得与“不传之密”，实为“用心之作”，相信读者阅后当有所裨益。

我与曹明成先生相识已久。初识其人，还是1997年在湘财证券的营业部，当时因本人虚长几岁，故称他为“小曹”。其时的“小曹”，瘦瘦小小，貌不惊人，书生气十足，亦没有什么名气。后常有散户打听“曹明成”，发展到后来，不断有大户托我的关系来约“曹先生”吃饭，这才让人刮目相看。1999年他狙击网络科技股一战成名，早年的“小曹”已经成为了当时湘楚一带赫赫有名的“老曹”。

几年后我们相继开始单干，都有了自己的事业，与曹明成先生的联系渐少，偶闻他的消息也只是在报刊杂志上见到他的有关跟庄理论的文章。这次接到他的电话让我为丛书写序，颇感意外。在我的印象中，他身体并不太好，甚至可以用“体弱多病”来形容，又常沉溺于股票实战中，写书这种耗时耗力之事，以他一人之力怎能办到？

见面后我才知道，原来他这几年收了一个得意门生——谭文。谈论间他的得意之色溢于言表，“已得我九成功力”。小谭属于新时代的复合型人才，精通计算机编程，自行钻研了传统技术分析与计算机海量数据模拟测试相结合的分析方式，丛书的写作过程就曾大量使用计算机模拟测试的论证，纠正了许多人力无法克服和发现的错误，使书中的理论更趋完美。谭文大有青出于蓝更胜于蓝之势，真是后生可畏！

“曹氏八线理论”是曹明成与谭文师徒两人多年实战理论研究的结晶，曾被股民朋友冠以“零风险操作理论”。该理论我个人觉得至少有两点值得推崇：一是最大限度地回避了风险；二是几乎不会错过任何一波有价值的行情。炒股不是纸上谈兵，能在实战中真正做到稳定获利的理论才是好理论。

本次为曹明成先生的书作序，特意参加了他的书友会。有一位读者谈论成功经验时的发言让我印象深刻，他说：“曹老师的书，我都读过！”

是的，曹明成先生不会忽悠人，他主笔的丛书更不会忽悠人！读他的书，您一定会有收获！

鉴于此，我愿为此丛书作序，并向全国的广大股民朋友们推荐。

李 华

原湘财证券高层管理人员

现为广东某私募基金总裁

2015 年于北京

前言

一般来讲，股票市场的投资者要想在短期内从市场中获取丰厚的收益，主要有两种途径：其一是追击市场中的涨停板，其二就是捕捉市场中的黑马股。黑马股，是指那些在股票市场上本来并不被投资者看好的个股，却在后市走出了惊人的涨势。这些股票的表现往往让捕捉到黑马的投资者欣喜若狂，也让错过黑马的投资者摇头叹息。

“黑马”起初是赛马场中的术语，是指在赛马场上本来不被看好的马匹，却能在比赛中成为出乎意料的获胜者。之后，“黑马”一词被运用到股市中。时下，很多投资者对黑马的认识存在一定的误区，以为黑马股就是股市中的明星股。其实，这一认识是不正确的。因为黑马股不是众人瞩目的明星，也不是市场追捧的新秀，而是投资者本来不看好，却能够异军突起的个股。所以选黑马股的技巧不是选人人都知道的强势股，而是要从大多数投资者都不看好的个股中选出投资标的。

虽然黑马股的走势总是出人意料，但其爆发的上涨走势却不是一天形成的，而是经过长期酝酿的结果。在其看似不合理的走势背后，仍然可以找到可循的规律。投资者只要掌握一定的方法，同时运用一些分析工具，再加上细心的观察，就会在黑马股的孕育期发现很多蛛丝马迹。再进一步，就可以在茫茫股海之中，找出真正具有上涨潜力的黑马股。

笔者认为，捕捉黑马股的有效途径多种多样，投资者可以运用各种理论来捕捉市场中的黑马股。本书的目的正是要告诉投资者如何有效地运用各种理论，在股票市场中捕捉黑马股，以获取收益。

本书共分五章：第一章主要介绍如何运用典型战术来捕捉黑马股；第二章主要介绍如何运用成交量技法来捕捉黑马股；第三章重点介绍捕捉黑马股的短线买入定式；第四章重点介绍捕捉黑马股的形态定式；第五章介绍如何运用经典技术指标来捕捉黑马股。

本书以以上内容为核心，阐述了在实际交易过程中，如何运用各种理论形态捕捉黑马股。同时，为了让投资者可以轻松掌握捕捉黑马股的策略和技巧，笔者投入了大量精力，竭力使本书具有难易适中，容易掌握，内容丰富，实战性强，图文并茂，条理清晰等特色，以期能够帮助投资者在实战中获取收益。

本书在编撰过程中借鉴了许多专家、学者的观点和方法，参考了大量的文献和资料，同时也得到了广大读者朋友的支持。由于时间仓促，难免会有一些错误和纰漏，欢迎读者朋友将宝贵的意见和建议反馈给笔者，以便在以后的写作中借鉴。笔者的邮箱：caomingcheng@yeah.net，QQ：150610568。同时我们也接收大资金的理财合作，欢迎交流。

感谢“曹明成股票研究室”实战专家蔡双喜先生、周宏伟先生参与本书部分章节的编写、校稿和制图工作。感谢中国宇航出版社的卢珊编辑为本书策划和编写工作付出的辛勤努力！

曹明成

2016 年 7 月

CONTENTS

目录

第一章

黑马捕捉之典型战术

何谓黑马股？黑马股是指价格可能脱离过去的价位而在短期内大幅上涨的股票。“黑马”起初并不是股市中的术语，而是指在赛马场上本来不被看好的马匹，却能在比赛中让绝大多数人跌破眼镜，成为出乎意料的获胜者。从“黑马”一词的定义可以看出，识别黑马股必须独具慧眼，被股民普遍看好的股票注定不是“黑马”。

在大牛市中，“黑马”似乎满街都是，可惜“黑马”性烈难驯，要驾驭好它却不容易。很多股民上马时机不对，马儿跑了一半才中途介入，加上马背功夫不够，一经震荡就跌下马来。等爬起来后，“黑马”已经跑得不见踪影，追都追不上。

要避免以上情况，捕捉黑马股的战术就显得很重要。

第一节 黑马擒王战术

每一轮行情中，龙头股的涨幅都要远远大于其他股票。即便在同期的回调过程中，跌幅也通常小于其他股票，是行情领涨股中当之无愧的“王”。

擒贼当擒王。捕捉黑马股，当然应该选择有号召力的龙头股，以兑现收益的最大化。

一、龙头股的特点

领涨的股票一般具有以下几个特点。

（1）一波上升行情里，股价最先启动，连续放量拉升，涨幅巨大，有所向披靡之气魄。

（2）运作龙头股的主力资金实力一般比较强大，并对政策面和消息面有深刻的理解。

（3）具有良好的示范效应，有市场号召力，振臂一呼，应者云集。盘中拉升时，其他个股跟风效应明显，能迅速带起相关板块上涨，进而影响大盘走势。

（4）符合市场炒作热点，有巨大的想象空间，能激起市场共鸣。

（5）龙头股有可持续上涨的潜力，拉升阶段不会随便停止拉升。这就是为什么在进入主升段或者真正的拉升阶段时，股价只会不断地上涨，而不会出现涨一天跌两天的情况。

一是因为大资金要赚钱，必然要大幅拉升股价。二是因为这样的拉升才可以减少拉升成本，所以连续拉升是大资金操控股票的必然选择。

任何一只股票，如果有资金控盘，最后的拉升阶段必然会出现这样的走势情况。如果说我们持有的股票上涨一天下跌两天，很显然不是处在拉升阶段，也就不会是大资金控盘的龙头股了，至少股价不在拉升阶段。这也是大家越恐高的股票，股价越是不断上涨的原因所在。

（6）股价沿 5 日均线飙升。走势较强的龙头股都会沿着 5 日均线不断地飙升，稍弱的则沿着 10 日均线运行。

均线系统是实用的技术分析系统，依据它可以直接判断股票价格运行的强弱。大家可以去找任何一只大幅拉升的股票，都会发现股价一定是沿着 5 日均线不断地上涨。如果偶尔运行在 5 日均线、10 日均线下方，也会在一两天内马上收复，并继续沿着 5 日均线、10 日均线上涨，不然就不是龙头股了。

如果说我们持有的股票均线波动混乱，那么该股就可能不是龙头股。如图 1–1 所示。

（7）成交活跃。成交量是股价的灵魂，没有成交量的支持，股价持续上涨是不健康的。一般来说，强势股上涨必然会伴随着较活跃的成交量，这样股价才会不断地上涨。

以上是简单的龙头股运行特征，希望大家多研究大幅上涨的股票为什么会大幅上涨，大幅上涨有什么表现形式，以及在实战操作中如何才能发现和把握大幅上涨的股票，这才是实战操盘中最重要的事情。

一般而言，龙头股通常在低价股中产生，流通盘大小适中。流通市值过大不利于主力资金拉抬，耗费资金过多；流通盘过小，主力资金不易进出。

值得注意的是，同一行业或同一板块的龙头股并非是一成不变的，随着题材和概念的变迁，龙头股也会随之变化。

强势龙头股总是先于大盘启动，当大盘处在下跌的尾声时，强势龙头股通常先于大盘止跌，并最先拉出涨停。强势龙头股一旦启动上升行情，

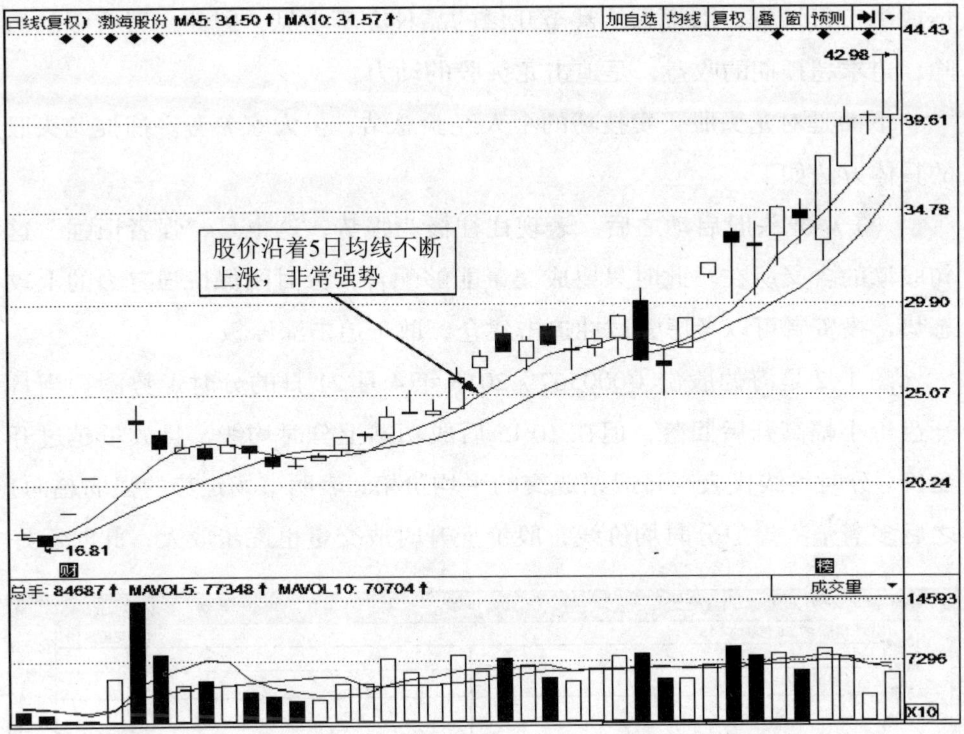

图 1-1

就会以持续阳线的方式上涨。

二、捕捉龙头股的方法

龙头股一般波动幅度较大，快涨易跌，把握不当容易坐电梯，因此掌握买卖技巧很重要。

投资者买入时要快准狠，买入要及时，要有追涨停板买入的胆量。捕捉龙头股，离不开敢作敢为的信心和敢为天下先的勇气。

热点龙头股往往率先启动，率先止跌，率先创新高，率先放量。龙头股启动初期，若大盘行情配合，应敢于追涨。在大盘反弹或者上涨时，领涨个股一般涨幅普遍都超过大盘很多，这种情况比比皆是。在一轮上涨行情或牛市行情中，涨幅翻倍甚至几倍的品种亦不少见，因此，冒有限的风险，追求超预期的收益，是追击龙头股的动力。

下面是对龙头股买卖技巧的个人经验总结，供大家参考。捕捉龙头股的具体方法如下。

（1）龙头股启动之后，表现往往极为强势，这也是“强者恒强”这句股谚的含义所在。此时只要成交量能够配合，分时图保持强有力的上攻态势，投资者可以考虑尝试性追击建仓，敢于追击涨停板。

图 1–2 是海德股份（000567）2015 年 4 月 21 日的分时走势图。当日开盘价小幅高开后回落，但在 10:15 后成功站上分时均线，且放量越过开盘价。分时均线代表当日股票成交的平均价格，表明市场走势的强弱趋向。之后多头坚决捍卫分时均价线，股价上升时成交量也逐步放大，此时看好

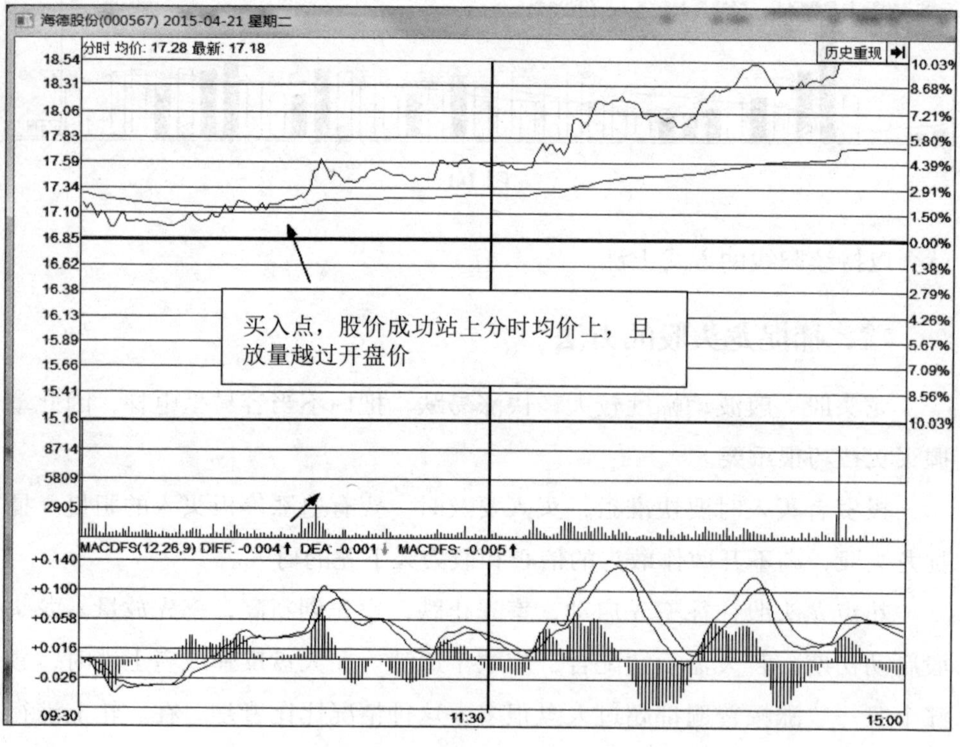

图 1-2

者可以考虑买入。图 1–3 是该股后期的走势。

图 1-3

龙头股很多都属于市值偏小的品种，市场容量有限，筹码相对稀缺，这样主力能更容易地控制行情走势。图 1–3 中，海德股份（000567）的流通盘才 1.50 亿股，盘子非常小。

（2）强势龙头股第一次回靠 5 日均线是买进机会。

龙头股爆发初期，有时会展开单边逼空行情，货源十分有限。这类股票往往会沿 5 日均线上行，投资者应把握第一次震荡的建仓机会。当股价向 5 日均线附近靠拢，且成交萎缩或保持平稳时，说明杀跌动力不足，或者主力无意出货，此时是强势回调买入良机。

图 1–4 是金科股份（000656）的日 K 线走势图。5 日均线是多头重要

的短期防线，在图中箭头处，股价虽然一度盘中击破 5 日均线，但收盘时有效拉起，显示 5 日均线支撑有效，给看好该股的投资者提供了线上买入股票的好机会。

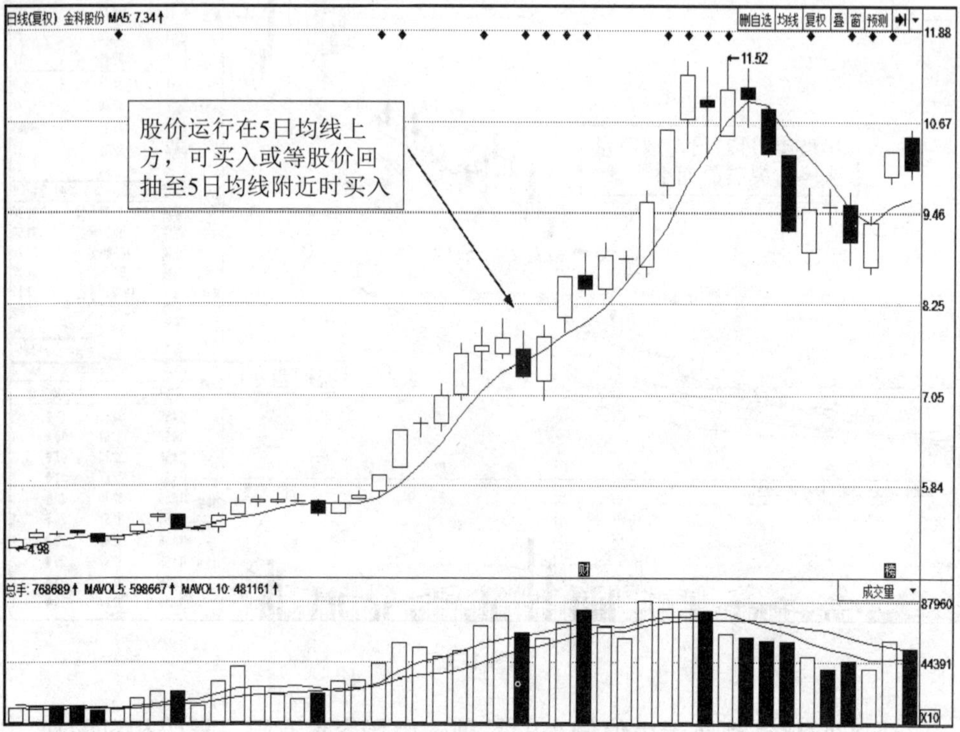

图 1-4

（3）强势龙头股第一次回档 10 日均线也是买进机会。

股价向 10 日均线附近靠拢，且成交萎缩或保持平稳，也是回调买入良机，如图 1–5 所示。

追涨龙头股要敢于介入，就算其股价已上升了一段距离，也不要因为该股已有一定的升幅而不敢介入，因为股价后市还会有很大的涨幅。连续涨停的领头个股，要耐心持股。

下单的时候需要考虑下面几个因素。

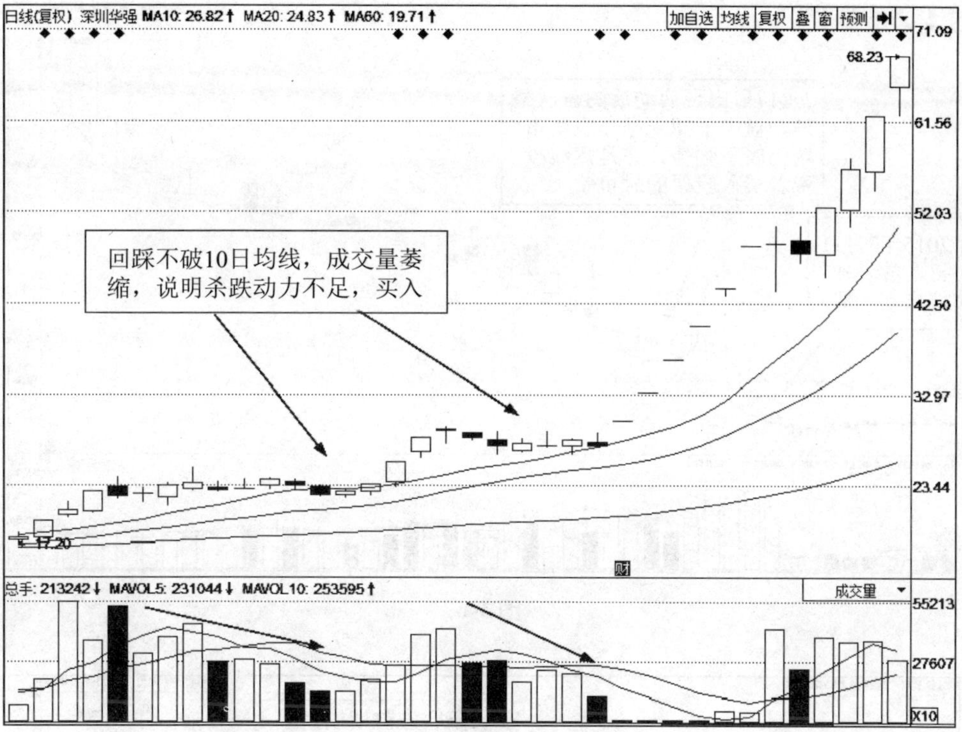

图 1-5

（1）是否有资金不断流入，资金流量是否活跃。资金不活跃的个股，即使形态再好，行情爆发力也要打折扣，上涨持续时间不会太长。

（2）判断日 K 线所处的位置是突破阶段还是加速阶段。这两个阶段上涨爆发力是最强的，涨停板多出在这里。

（3）大部分龙头股的上涨并非一气呵成，而是分为几个阶段。每个阶段的间隙即换档期，就是所谓的股价“空中加油”期。空中加油期间，只要股价不跌破平台低点，仍然是投资者买入的机会。

图 1–6 是康美药业（600518）的日 K 线走势图。2015 年 2 月 11 日，该股在底部首次涨停启动上涨行情之后，又连续拉出两个涨停。2 月 17 日出现启动后的首次休整，图 1–7 有详解。

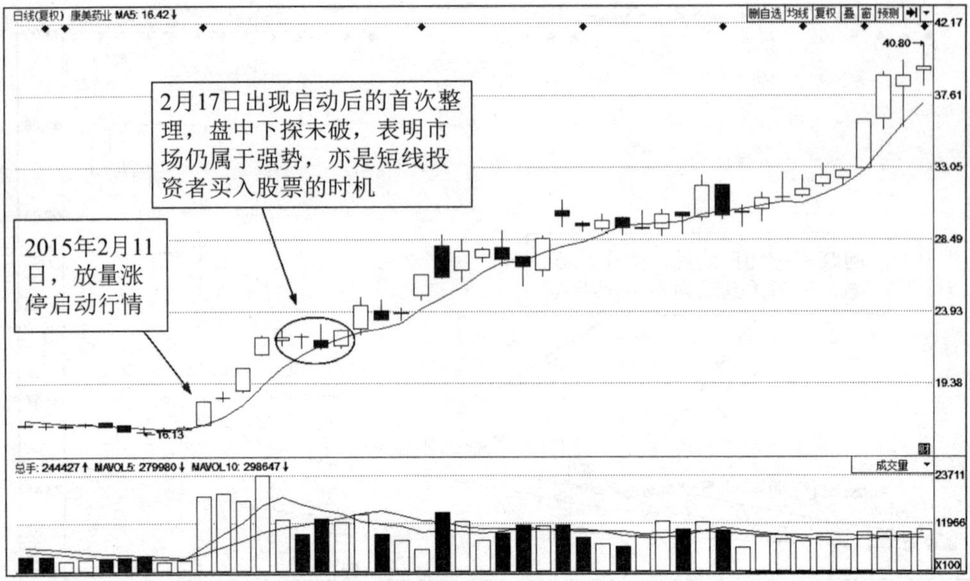
日线(复权) 康美药业 MA5: 16.42↓
2月17日出现启动后的首次整理，盘中下探未破，表明市场仍属于强势，亦是短线投资者买入股票的时机
2015年2月11日，放量涨停启动行情
40.80
16.13
总手: 244427↑ MAVOL5: 279980↓ MAVOL10: 298647↓
成交量

图 1-6

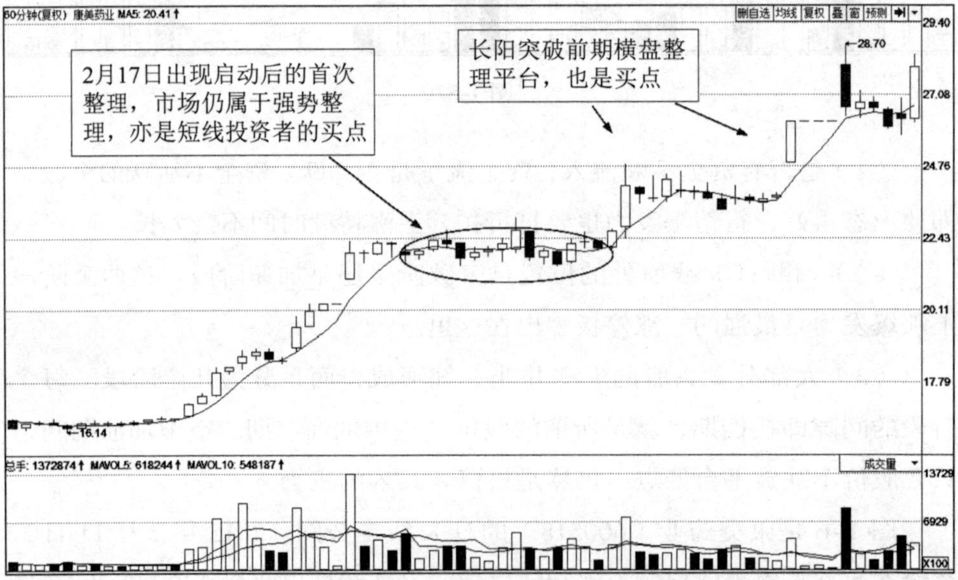
60分钟(复权) 康美药业 MA5: 20.41↑
2月17日出现启动后的首次整理，市场仍属于强势整理，亦是短线投资者的买点
长阳突破前期横盘整理平台，也是买点
28.70
16.14
总手: 1372874↑ MAVOL5: 618244↑ MAVOL10: 548187↑
成交量

图 1-7

图 1–7 是康美药业（600518）的 60 分钟 K 线走势图。把图从日 K 线转换到 60 分钟 K 线，就可以很清晰地看到，2 月 17 日该股构筑了一个横盘整理平台。盘中下探未破，表明股价仍属于强势。横盘平台整理期间，是短线投资者介入的良机。休整之后，股价果然再展雄风，继续往上发起冲击。

三、追击涨停龙头股

追击涨停龙头股，核心是一个“追”字。

追涨停板买入有以下技巧。

1. 即将封涨停时，追涨买入

图 1–8 是中体产业（600158）的分时走势图。该股开盘时以 3.14% 高

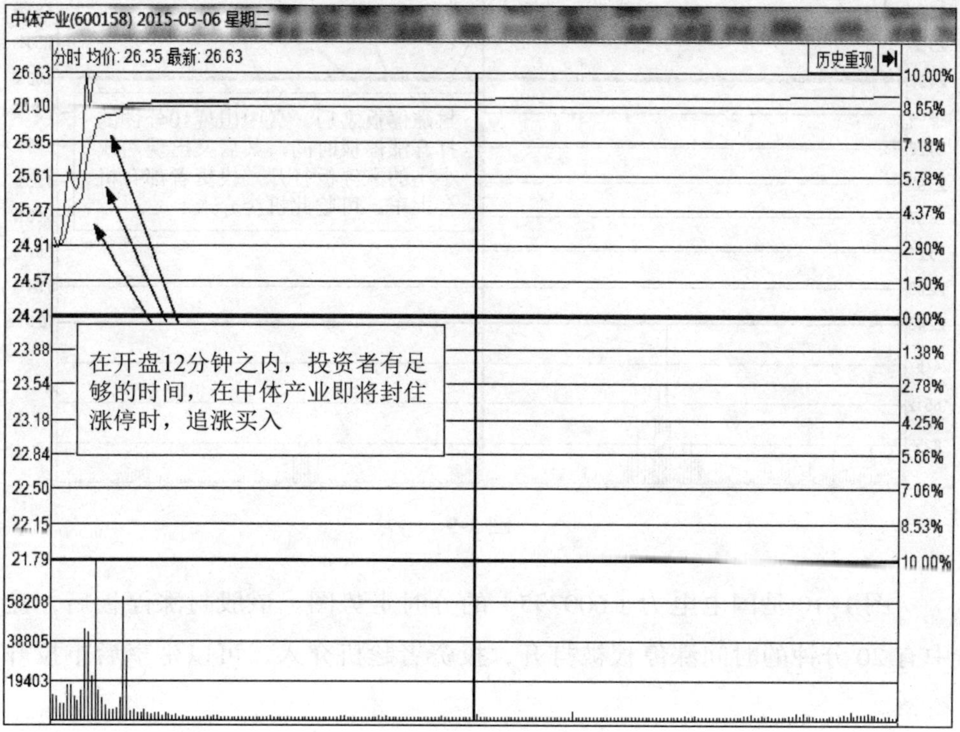

图 1-8

开，9 分钟后冲上涨停板，随后小幅回落，之后又迅速封住涨停板，全天再无打开。在开盘 12 分钟内，投资者有足够的时间在该股即将封住涨停板时追涨介入。

2. 涨停板打开时，追涨买入

图 1–9 是大唐电信（600198）的分时走势图。该股封涨停后不久，涨停板曾经被打开 3 次，投资者有介入的机会。

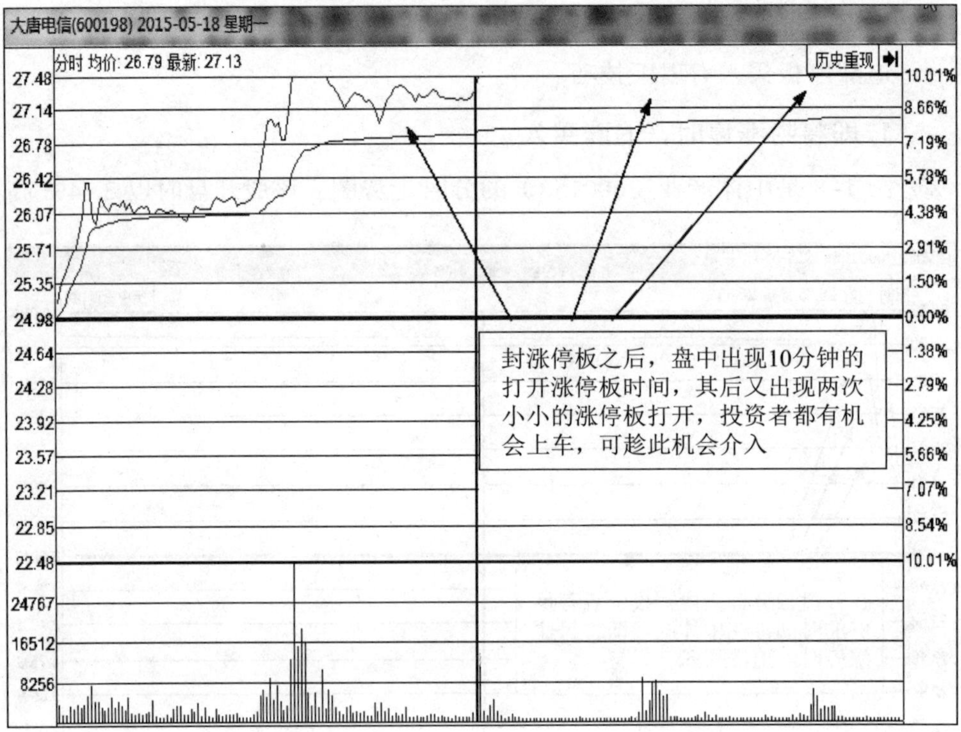

图 1-9

图 1–10 是国电电力（600795）的分时走势图。该股封涨停板后，盘中有 20 分钟的时间涨停板被打开，投资者趁机介入，可以坐享后市拉升行情。

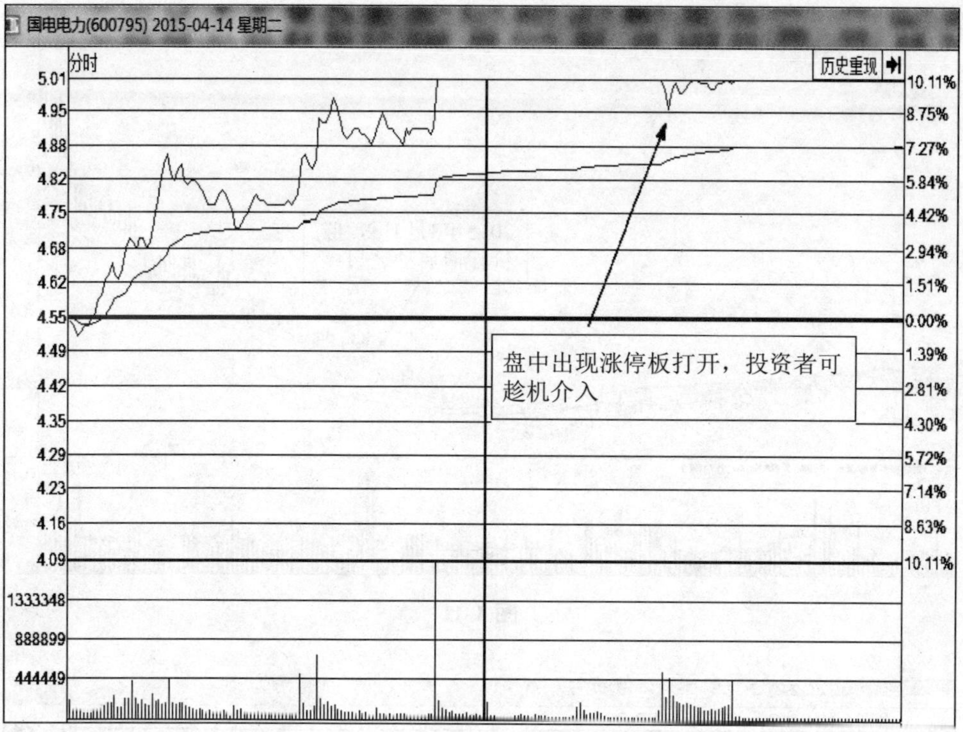

图 1-10

3. 盘中追涨

龙头股启动时，分时图上往往表现为当日开盘后冲高的走势，冲高的过程中伴随有成交量的逐步放大。在股价向上冲击后出现回落窄幅整理走势时，是投资者进场的时机。

例如科华生物（002022）2015 年 3 月 4 日启动的上涨行情，如图 1-11 所示。

图 1-12 是科华生物（002022）2015 年 3 月 4 日启动上涨行情当天的分时图。该股开盘后小幅放量上涨，随后回落转入窄幅整理走势，这为投资者提供了适宜的盘中追涨买入机会。

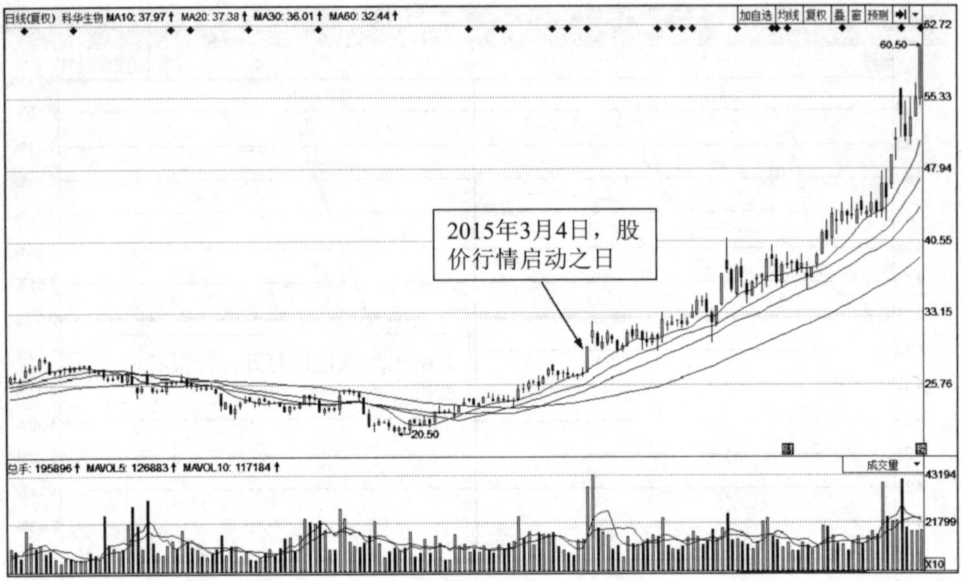
日线(复权) 科华生物 MA10: 37.97↑ MA20: 37.38↑ MA30: 36.01↑ MA60: 32.44↑
加自选 均线 复权 叠 窗 预测
62.72
60.50
55.33
47.94
40.55
33.15
25.76
20.50
2015年3月4日，股价行情启动之日
总手: 195896↑ MAVOL5: 126883↑ MAVOL10: 117184↑
成交量
43194
21799
X10

图 1-11

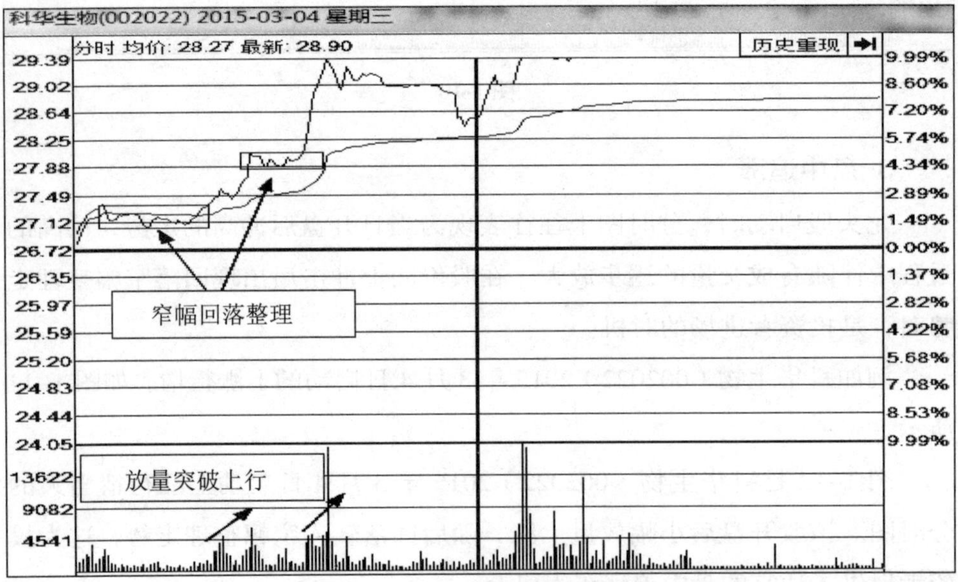
科华生物(002022) 2015-03-04 星期三
分时 均价: 28.27 最新: 28.90
历史重现
29.39
29.02
28.64
28.25
27.88
27.49
27.12
26.72
26.35
25.97
25.59
25.20
24.83
24.44
24.05
9.99%
8.60%
7.20%
5.74%
4.34%
2.89%
1.49%
0.00%
1.37%
2.82%
4.22%
5.68%
7.08%
8.53%
9.99%
窄幅回落整理
放量突破上行
13622
9082
4541

图 1-12

4. 密切重视“买一”委托买入量

“买一”就是现在这一时刻委托买入的单子中价格最高的那些委买单数量与价格。

涨停时的“买一”价格就是涨停价。“买一”委托买入量的大小，对是否能稳稳封住涨停板至关重要。

涨停“买一”委托买入量越大的股票，通常来说其后持续上涨的潜力越大，继续涨停的可能性也会越大。

从图 1-13 中可以看出，涨停“买一”委托买入量越大的股票，涨停板越不可能被打开，股价就会被牢牢封在涨停板。此时已经买进股票的投资者可以继续持股，但未买进股票的投资者就很难买进股票了。

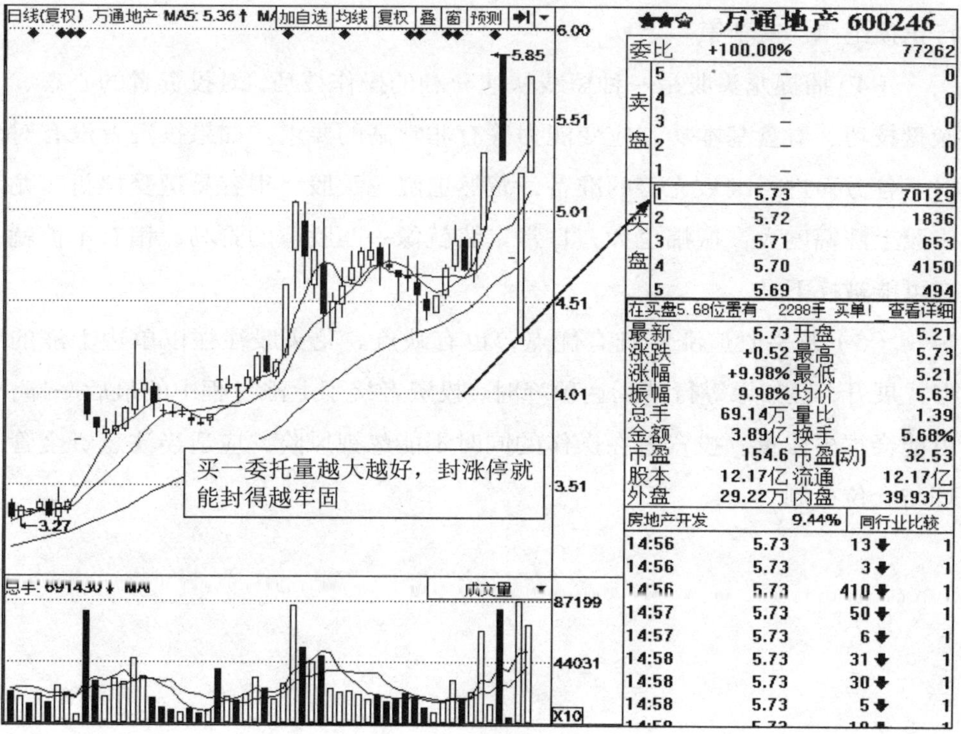

图 1-13

股市变化莫测，复杂多变，“买一”处的委买单是可以撤单的，遇到委买单迅速减少，投资者要根据情况随机应变。

四、捕捉龙头股注意事项

（1）捕捉龙头股优先在牛市环境或者熊市阶段的反弹行情中应用，在持续下跌行情或者上涨尾声阶段最好离场观望。弱市中忌重仓和加仓，行情走弱时，龙头股的机会极难把握，因为短暂涨停后进入调整整理的情况居多。

（2）要减少在弱市中的预期。弱市中，龙头股的上涨行情比较短暂。

（3）买入股票前要严格设置止损点，并动态设置止盈目标，掌握好高抛的机会。一旦出现跌破止损位和向下破位，要果断止损离场，严格执行止损纪律，安全第一。

（4）捕捉龙头股是一种短线快速获利的操作技巧，对投资者的心态、操盘技巧、看盘基本功和应变能力等有非常高的要求。如果投资者没有对以上各方面进行细致完善的准备，贸然追涨龙头股，很容易遭受挫折。龙头股上涨幅度大，振幅也大，日常走势就像一匹脱缰的野马，稍有不慎就有可能被摔下马。

（5）龙头股追涨停既有优点，也有缺点。龙头股往往以单边上涨的形式展开，但如果等行情到达顶峰时，投资者接了上涨过程中的最后一棒，可能会损失惨重。投资者在操作的同时不能忽视风险，应适当注意资金管理与仓位控制。

第二节　黑马主升浪战术

根据股价运行规律，个股的上涨行情可以划分为四个阶段：初升期、回调期、主升浪期，上涨末期。主升浪行情是一轮行情中涨幅最大、上升持续时间最长的行情。

主升浪处于波浪理论中的第 3 浪或第 5 浪上涨，是投资者主要的获利阶段，也是投资者捕捉黑马获利的“黄金阶段”。投资者应深刻理解主升浪的运行特征，千万不可错过这一获利的黄金阶段。

一、形态分析

从技术角度分析，主升浪行情具有以下确认标准。

（1）主升浪出现的阶段往往股价都有了一定的涨幅，多在 50% 以上，个别股票涨幅在 100% 以上才出现主升浪。

这里所说的主升浪出现在 3 浪和 5 浪环节，在此之前会有 1 浪和 2 浪，也就是庄家吸筹、试盘和洗盘阶段。庄家只有在确认拉升的可行性之后才会迅速拉升股价，进入主升浪环节。

（2）股价主升浪突破位置。股价突破位置可以参考压力位，也就是庄家试盘的位置。股价此时基本上已经脱离庄家筹码成本区。

（3）均线形态呈多头排列，呈现向上发散的形态。

（4）K 线形态会出现一根长阳线为标志的突破形态。此根长阳即主升浪行情的支柱和初始。

（5）成交量方面会呈现逐步放大的走势。

当然，在此之前，投资者也可以根据一些计“量”办法，计算庄家的持仓量，因为持仓量才是庄家推动股价的最大动力。

二、案例分析

下面通过案例去验证上述判断标准，并从具体案例中通过判断标准获取超额利润。

先看看大盘的走势，以便从中发掘主升浪。如图 1–14 所示。

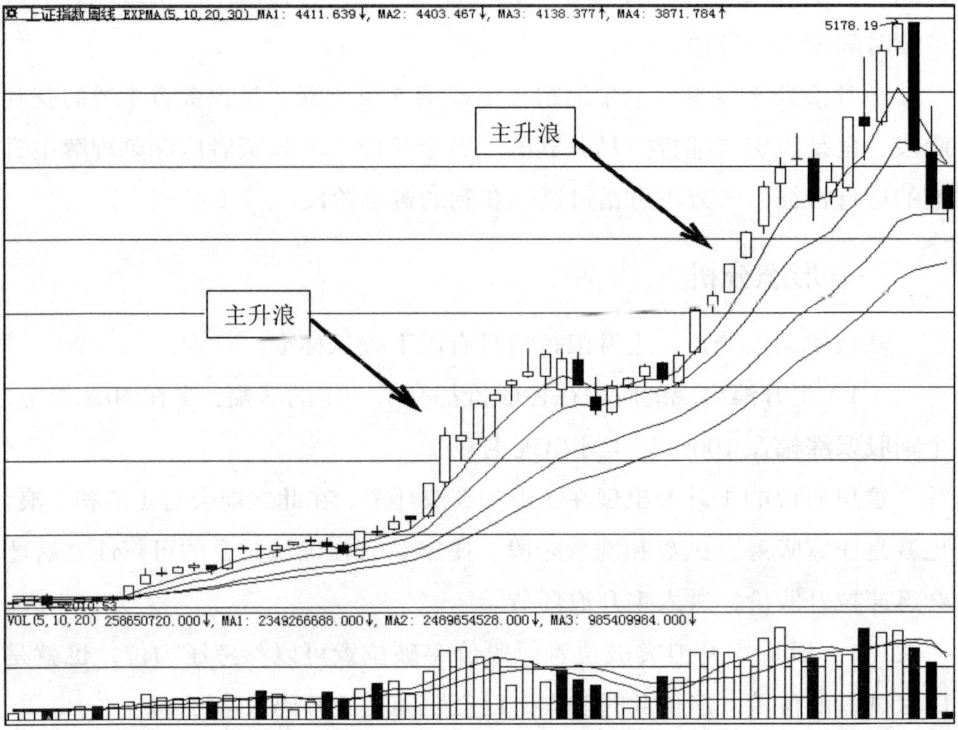

图 1-14

图 1–14 是上证指数 2014 年 7 月—2015 年 6 月的 K 线走势图。股价在这一轮上涨中出现了两个主升浪升势，股价在连续上涨动能的推动下，在短短一年的时间里，指数走出了翻倍行情，买进的投资者获利

巨大。

但在整个行情中可以看到，两个主升浪行情是时间与收益的最优配置，最短的时间里获得最大的利润，因此是投资者必须牢牢把握的行情。

下面再看一个案例，如图 1–15 中国联通（600050）的 K 线走势。

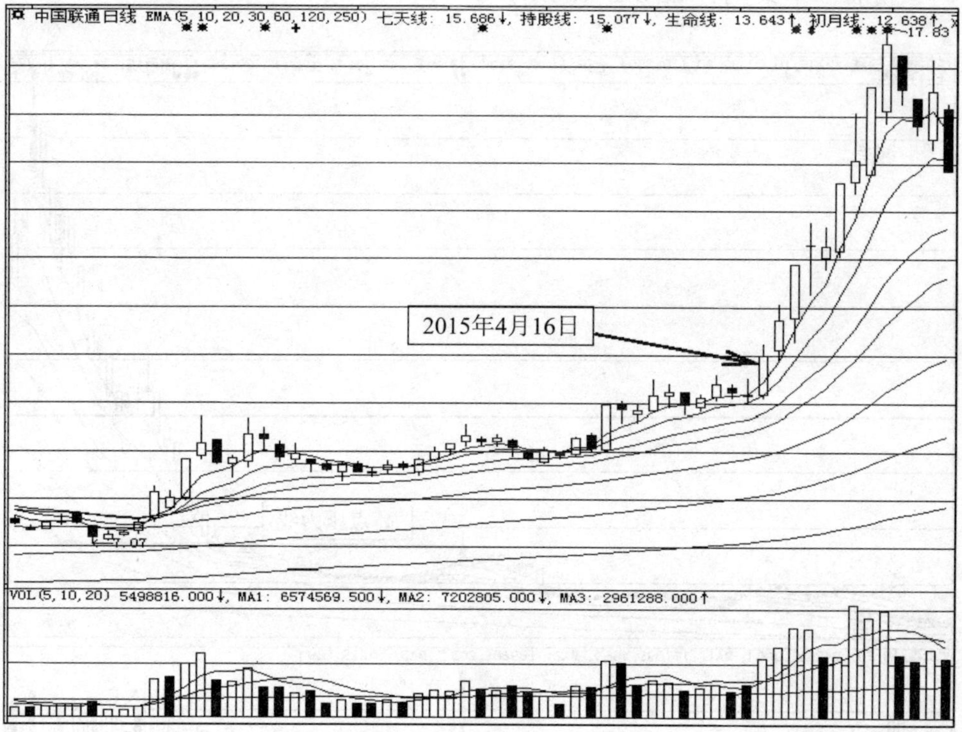

图 1-15

图 1–15 是中国联通（600050）2015 年 1 月—2015 年 5 月的 K 线走势图。股价经过前期的两次拉高建仓和洗盘后，于 2015 年 4 月 16 日以一根大阳线的方式开启主升浪行情。此后股价迅速飙升，投资者在此时介入，不仅后期利润空间巨大，还会收获多个涨停板，短线财富增值效应明显。

下面参考前面给出的判断标准看是否符合。

股价在前期吸筹阶段已有抬升，有了一定的升幅。均线系统经过金叉后多次黏合多头发散，股价拉升时量能稳步上涨，标志性长阳突破平台成本区。股价走出的形态符合前面对发动主升浪行情的判断，股价此后拉升迅速。

再看一个案例，如图 1–16 所示。

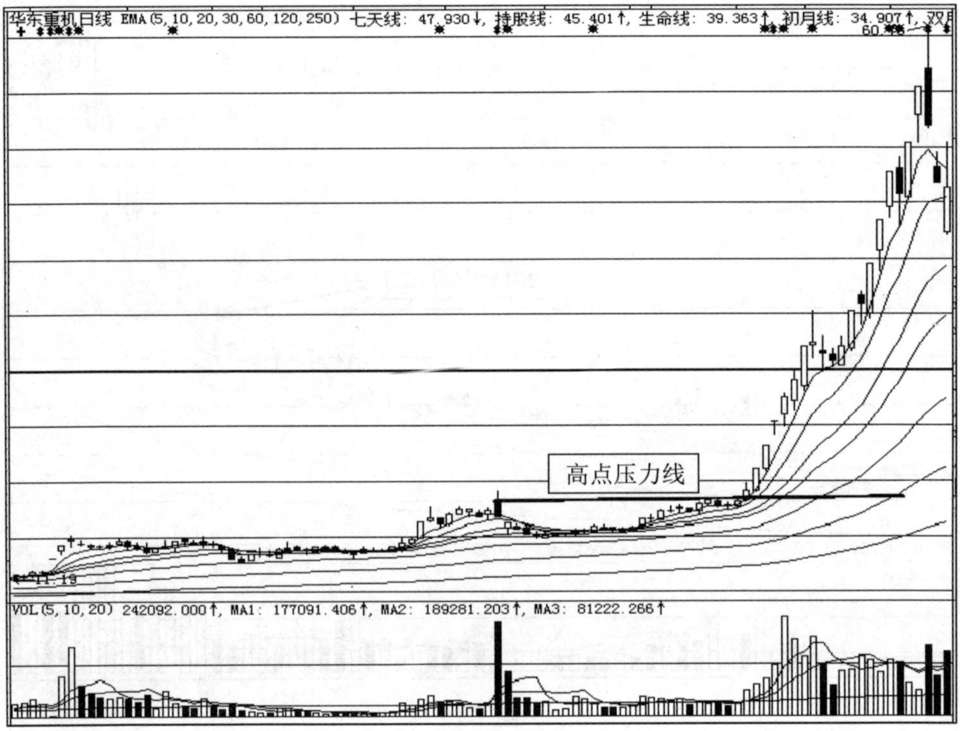

图 1-16

图 1–16 是华东重机(002685)2014 年 10 月—2015 年 4 月的 K 线走势图，股价在前期有一个漫长的放量吸筹阶段。当庄家完成吸筹，对前期高点时的套牢盘进行拉升试盘后，发现抛盘较小（此处为庄家打压式洗盘吸筹），股价随即突破高点压制，迅速进入拉升的主升浪阶段。此时投资者应积极

介入涨停，将利润一网打尽。

在开启主升浪行情后，股价连续拉升，短时间内出现巨大升幅。把握住主升浪行情的投资者，可以在最短的时间内获取最大的收益。

这只股票拉升前的运行形态，同样符合前文提出的判断标准。

下面再看新疆城建（600545）的主升浪行情，如图 1-17 所示。

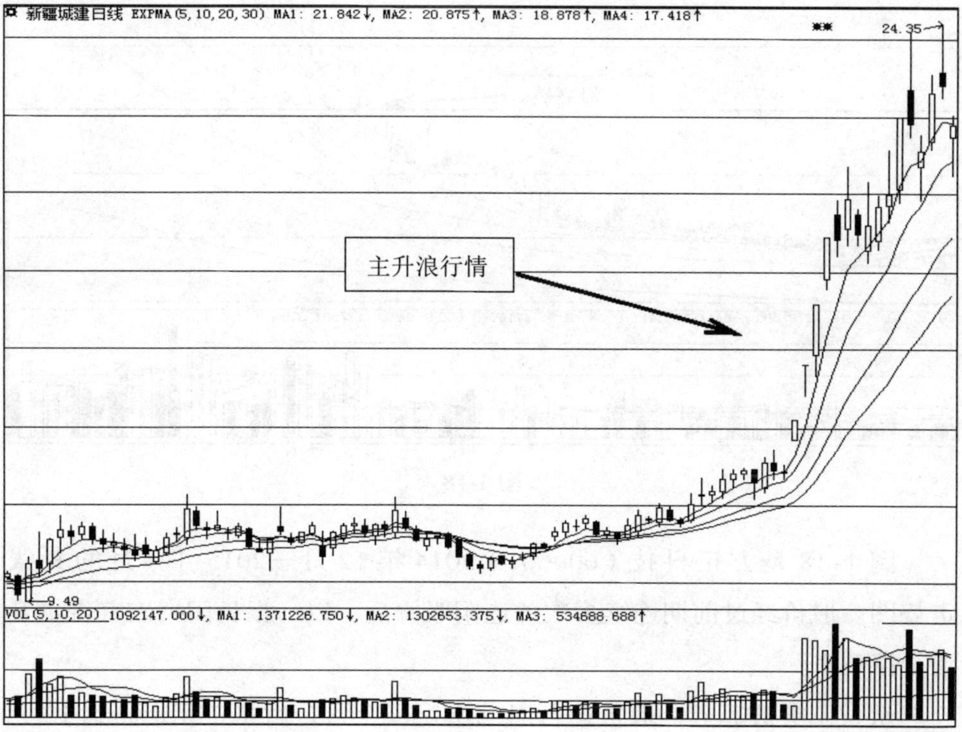

图 1-17

图 1-17 是新疆城建（600545）2014 年 12 月—2015 年 4 月的 K 线走势图。经过前期长时间的吸筹，股价底部逐渐抬高。2015 年 3 月 30 日股价放量涨停，股价运行的主升浪行情正式开启，此后出现了一个行情飙涨的走势。

对于短线买进的投资者来说，这是一个难得的投资机会，不可错失。

下面看方正科技（600601）的主升浪行情，如图 1-18 所示。

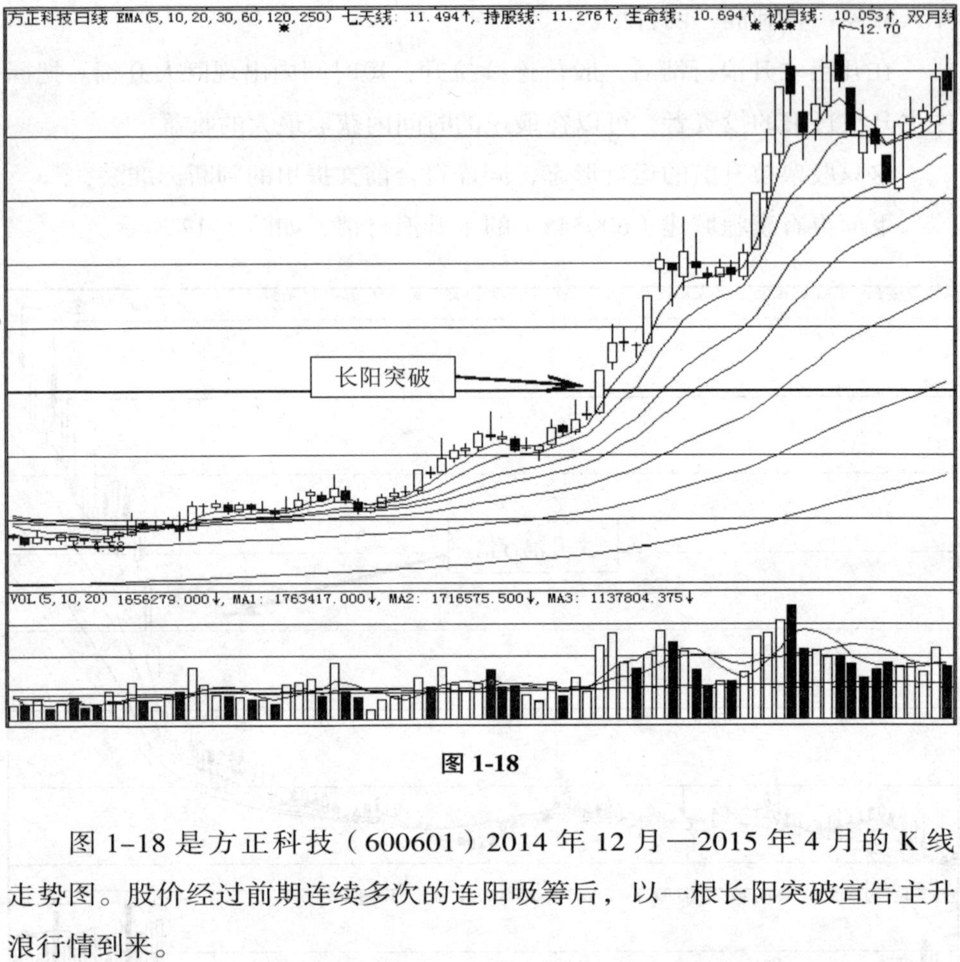

图 1-18

图 1-18 是方正科技（600601）2014 年 12 月—2015 年 4 月的 K 线走势图。股价经过前期连续多次的连阳吸筹后，以一根长阳突破宣告主升浪行情到来。

从长阳突破算起，股价运行时间不足一个月，就从 7 元走高到 12 元以上，升幅巨大。抓住此次主升浪行情的投资者将收益不菲。

下面看三丰智能（300276）的主升浪行情，如图 1-19 所示。

图 1-19 是三丰智能（300276）2015 年 1 月—2015 年 5 月的 K 线走势图。这里对主升浪行情的判断条件依然适用。

图中出现一个突破高点压力线的主升浪行情，股价在突破后直接以涨停的方式连续拉升，买进的投资者财富增值相信也是一天一个涨停板。

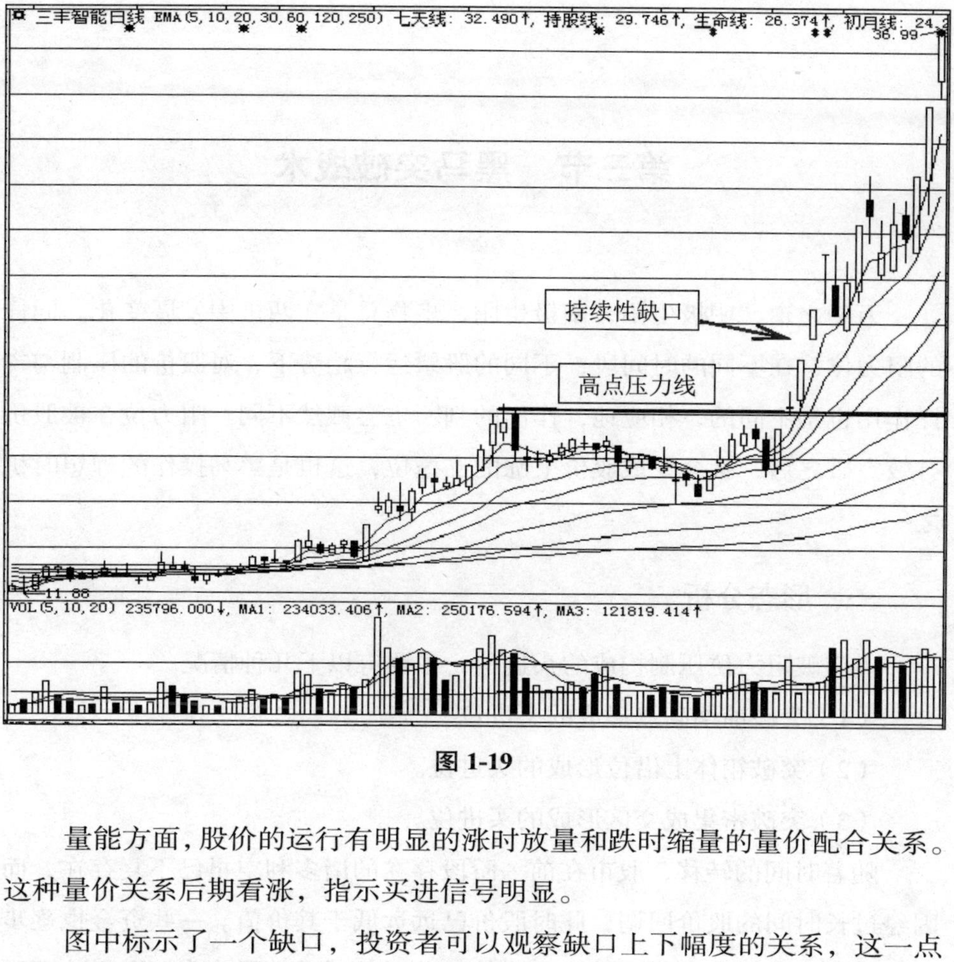

图 1-19

量能方面，股价的运行有明显的涨时放量和跌时缩量的量价配合关系。这种量价关系后期看涨，指示买进信号明显。

图中标示了一个缺口，投资者可以观察缺口上下幅度的关系，这一点在后文会有专门的论述。

主升浪行情是一轮行情中最能体现投资收益的阶段，投资者万万不可错失机会。

第三节　黑马突破战术

万物之道，阴极生阳，阳极生阴，事物总是在两极中发展变化。同样的阻力位，在不同的时间段，不同的股票运行趋势下，对股价的压制与支撑作用也是不同的，相应地，作出的判断也会截然不同。阻力位在被股价有效突破之后，就会变成股价上涨的支撑位，这也是黑马操作的理想时机之一。

一、形态分析

由突破阻力位压制构成的买进位，主要有以下几种情况。

（1）突破前期高点形成的买进位。

（2）突破箱体上沿位形成的买进位。

（3）突破密集成交区形成的买进位。

随着时间的转移，股市在前一阶段存在的诸多利空早已不复存在，而因经过长时间的股价回调，此时股价已远远低于其价值。一些资金也逐步介入个股，在股价底部区域隐秘吸筹。此时的浮动筹码不多，远远达不到大资金控制股价的要求，他们就把目光抬高，其中上方的巨额套牢盘成为其眼中的目标。

当大资金完成对套牢盘的收集后，筹码尽归庄家所有，此后股价行情自然是扶摇直上，自此阻力位摇身一变，成为股价飙升的助推器。

二、案例分析

下面以案例来分析说明，如图 1–20 所示。

图 1-20

图1–20是中国国航(601111)2014年10月—2015年4月的K线走势图。该股股价自2014年10月进入上升阶段，并于2015年1月走出一个高点，随后股价回调，但股价并未跌破均线支撑。当股价放量在此处站稳前期高点时，前期高点就成为股价下一阶段上涨的起点。股价站稳前期高点后，及时买进的投资者，则可获利不少。

对急于买进的投资者来说，在股价突破前高的阻力线位置买进不是一个最优的选择。因为此时股价随时可以回头向下，这样对追高的投资者就会造成难以估量的损失。对投资者来说，最好的买点往往是在股价突破后的短时间回调期，此时阻力线是否转化成股价上涨的助推器早已清楚，此时介入，安全系数最高。

再看一个案例，如图 1–21 所示。

图 1-21

相信大家对图 1–21 的走势都不陌生，这就是大盘在 2009 年 3 月—2015 年 6 月的月 K 线走势图。大盘指数在 2009 年 8 月走出 3478 点的高点，创出了反弹以来的最高点，并对以后的股价走势形成了强烈的压制，股价以后难获生机。

低迷的走势持续了近 6 年的时间，一直到 2015 年 3 月，股价强势突破压制才告一段落，此后压制转变为支撑，助力大盘指数直上 5176 点，股价走出一波靓丽的上涨行情。在突破阻力线后积极买进的投资者，则获利巨大。

再看内蒙华电（600863）的阻力位助推器转变，如图 1–22 所示。

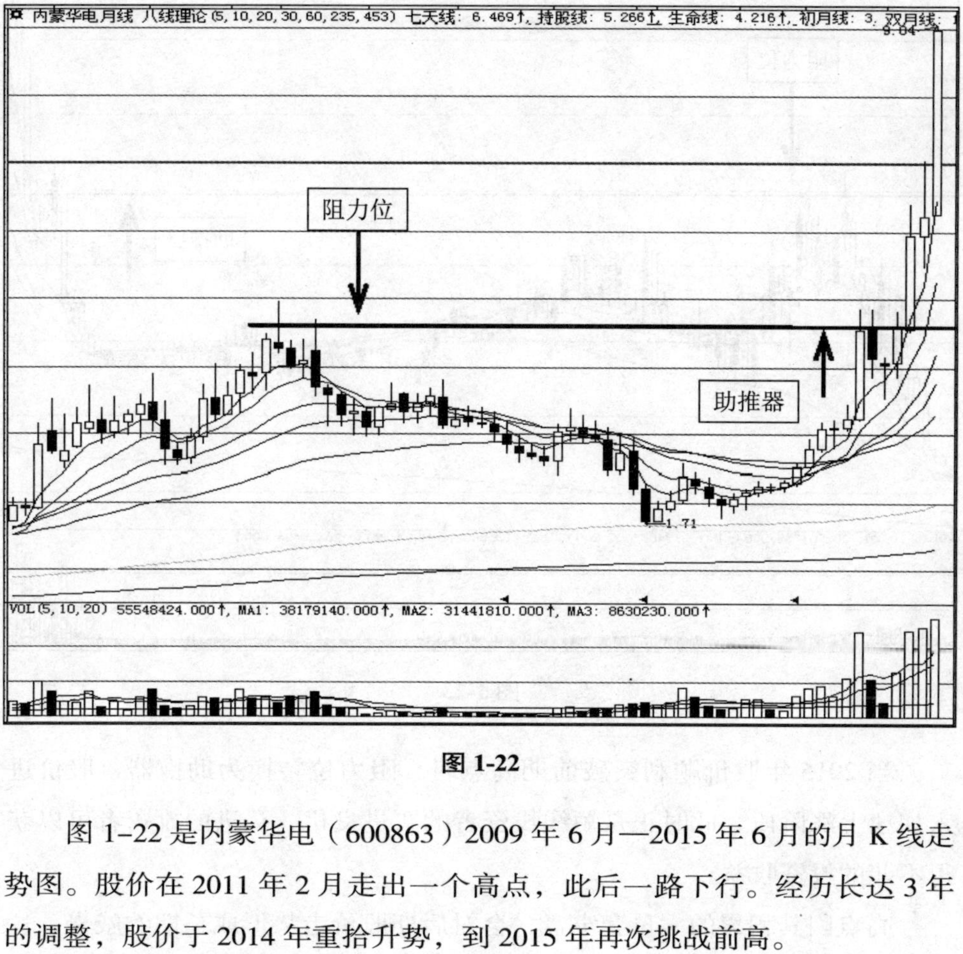

图 1-22

图 1–22 是内蒙华电（600863）2009 年 6 月—2015 年 6 月的月 K 线走势图。股价在 2011 年 2 月走出一个高点，此后一路下行。经历长达 3 年的调整，股价于 2014 年重拾升势，到 2015 年再次挑战前高。

当股价顺利突破前高后，阻力位转变为助推器，此后股价加速上行。买进的投资者又是赚取了一大笔的收益。

下面再看国电电力（600795）的走势，如图 1–23 所示。

图 1–23 是国电电力（600795）2006 年 11 月—2015 年 6 月的月 K 线走势图。股价在前期形成一个高点，此后出现一段反弹行情，但都不足以挑战之前的高位。当股价反弹不能站上高位时，随后就步入漫长的熊途。

图 1-23

当 2015 年股价顺利突破前期高点时，阻力位转换为助推器，股价进入加速上涨阶段。此时正是短线投资者的买进良机，买进的投资者可以获得不菲的投资收益。

高点因其积累的大量套牢盘，会对后期股价走势形成长期的威慑，这是它成为压力线和卖出位的原因。当主力资金积极做多股价时，积累的套牢盘则犹如一道丰盛的美食摆在庄家的面前。当庄家在此酒足饭饱后，行程自是更上一层楼。

下面看箱体中的压力位转化为助推器案例，如巨化股份（600160）的走势。

图 1-24 是巨化股份（600160）2014 年 9 月—2015 年 4 月的 K 线走势图。当股价在上升中途走出一段箱体震荡行情时，在箱体中投资者可以采

图 1-24

取高抛低吸的办法获利。在股价接近箱体上沿时卖出股票，在跌近箱体下沿时买进股票，利用短线买卖获得投资收益。

当股价的运行方向确定，向上突破箱体时，就是一波大的行情摆在投资者面前了。投资者要牢牢把握住机会，不要简单地卖出，错失巨大的投资收益。

这就是股市中“顺势而为”说法的内涵，时已不同，势也不同，投资者采取的办法自然要有所变通，这样方能乘风而上。

再看突破箱体上沿的案例，如图 1-25 所示。

图 1-25 是光线传媒（300251）2014 年 11 月—2015 年 6 月的 K 线走势图。股价小幅上涨后，进入一段箱体震荡行情中。股价在箱体中出现窄幅震荡走势，持续时间近两个月。

图 1-25

股价在 2015 年 2 月 16 日以一根长阳线突破箱体上沿，宣告股价将继续上行。此时的箱体上沿已经从阻力位转化为助推器，股价在快速回踩后迅速拉升，走出了翻倍行情。买进的投资者，短时间内可获得不错的收益。

投资者在阻力位转化为助推器时积极介入，定能获得不错的收益。

下面再看一个箱体突破的案例，如图 1–26 所示。

图 1–26 是保利地产（600048）2010 年 9 月—2012 年 7 月的周 K 线走势图。股价一年多的时间内都在箱体内宽幅震荡，若是投资者长线持有，在一年多的时间内，其收入将屈指可数。如果投资者按箱体上沿卖出，箱体下沿买进的短线操作方法，则可获得不错的收益。

当股价对箱体上沿形成突破时，阻力位转化成助推器。此时宜转变买

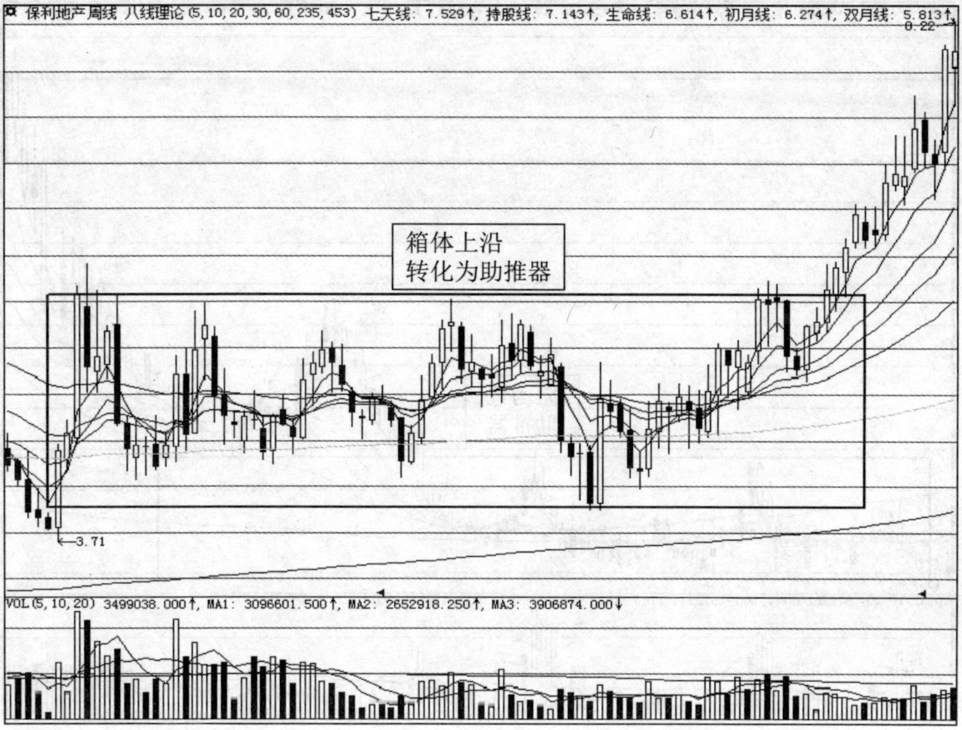

图 1-26

卖策略，积极获取股价上涨的利润，投资收益短期内十分丰厚。

下面再看全柴动力（600218）的走势，如图 1-27 所示。

图 1-27 是全柴动力（600218）2013 年 8 月—2015 年 6 月的周 K 线走势图。股价在前期阶段走出了箱体震荡走势，随着 2014 年 8 月一根长阳线突破阻力位，股价在短时间出现一波不错的飙涨行情。在突破时买进的投资者，将获得不错的投资收益。

图中把震荡的箱体做了延长，大家可以看到，箱体上沿在后期的股价回调中，起到了一次加油推进的作用。股价获得支撑后，再次飙升，行情更甚。箱体上沿由阻力位转化成助推器，又一次显现它对股价的助涨意义。投资者遇到此类行情时，可以大胆介入，把握赚钱良机。

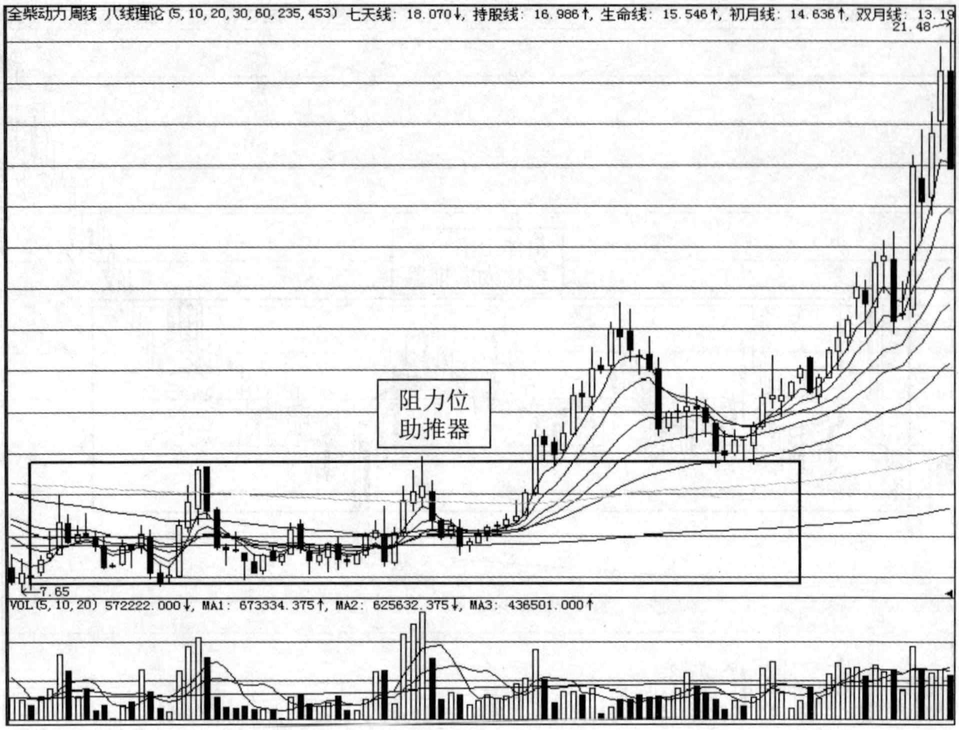

图 1-27

箱体上沿构成的压力位转化为助推器，分析到这里先告一段落。下面和大家一起讨论密集成交区由阻力位转变为助推器的情况。

图 1-28 是中科英华（600110）2010 年 9 月—2015 年 6 月的月 K 线走势图。股价在长期的下跌趋势中出现一个反弹行情，并在此形成筹码堆积，这一点从下面的量能上可以直观地看到。但此次反弹并不是股价行情的反转，随后股价又出现了下行走势。

2014 年 9 月，股价上涨的“天时”“地利”都已具备，股价强势突破前期的密集成交区。在一个快速的回踩之后，迅速进入主升浪行情。

当密集成交区形成的阻力位转化成助推器后，股价也就迎风而上了。此时积极买进的投资者，自然也都赚得盆满钵满。

图 1-28

下面再看一个案例，如图 1–29 所示。

图 1–29 是天沃科技（002546）2014 年 9 月—2015 年 6 月的 K 线走势图。股价在 2014 年 9 月—12 月的横盘中形成了大量的筹码堆积，这对股价的后市上扬起到很大的压制作用，股价横盘后的走势也就进一步下行了。

股价下行一段空间后，出现了两波向上拉高吸筹的走势。后期直接以一根大阳线逼近筹码的密集成交区，随后一天的放量阴线正是套牢盘涌出所致。但股价并未向下，而是顽强攀升，说明庄家实力强大，丝毫不惧抛盘的影响，充分暴露了其强势吸筹的目的。股价有强庄坐镇，强势收集筹码，此后的上涨也就是水到渠成、自然而然的事了。

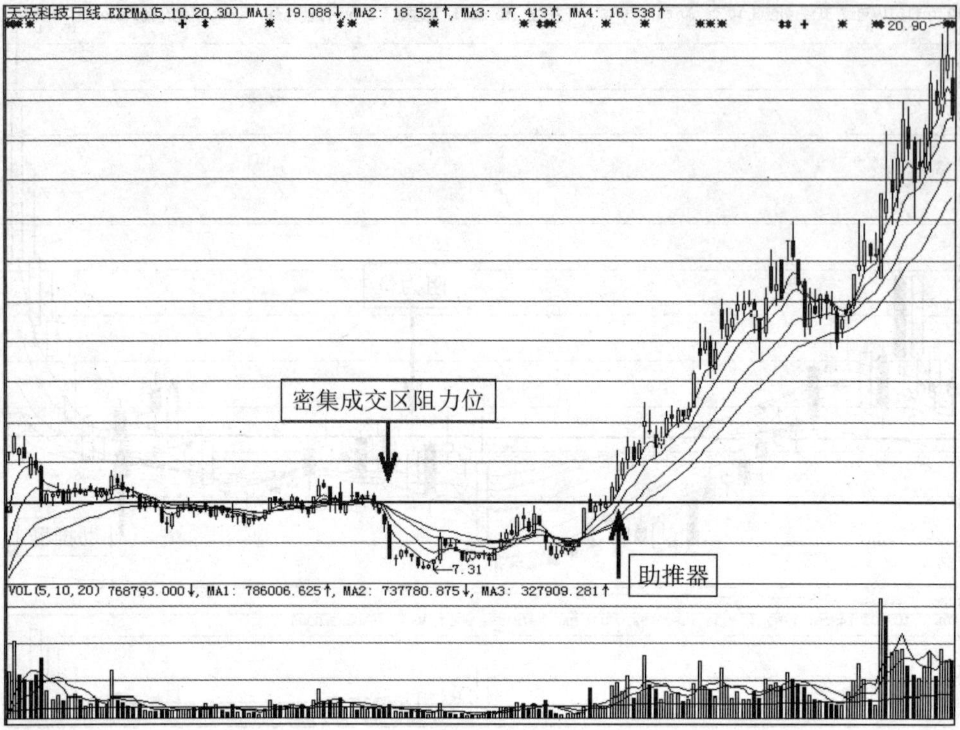

图 1-29

下面再看 ST 路翔（002192）的 K 线走势图，如图 1-30 所示。

图 1-30 是 ST 路翔（002192）2014 年 8 月—2015 年 4 月的 K 线走势图。股价在前期下跌过程中，于 2014 年 11 月做出一个反弹，致使在此出现大量的套牢盘，股价因此处形成的抛盘压制而一路向下。

股价于 12 月份创出新低后，主力逐步拉高吸筹，股价上涨时放量吸筹明显。当股价在 2015 年 2 月 16 日以长阳的方式站稳密集成交区后，股价在此处上下震荡吸筹。当庄家完成吸筹后，股价经过一次深蹲，然后原地起跳，快速拉升。

从图上可以看到，吸筹阶段释放出巨量，带来的是后期股价多次无量涨停，庄家对密集成交区的筹码收集非常明显。后来的股价走势则是对投

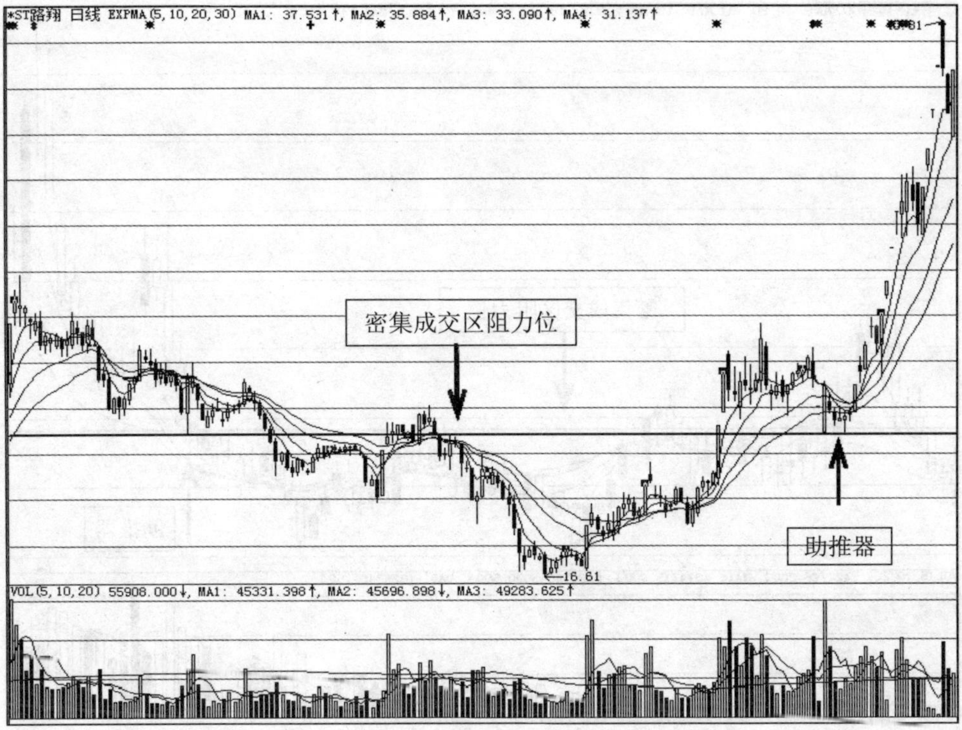

图 1-30

资者积极买进突破密集成交区个股的最好回报。

再看一个案例，如图 1-31 所示。

图 1-31 是蓝色光标（300058）2013 年 12 月—2015 年 6 月的 K 线走势图。股价在突破密集成交区时，阻力位转化为助推器，股价在此支撑下迅猛拉升。

在这个案例中可以看到，前期的两个反弹都是刚刚碰触密集成交区就迅速回调，这体现了密集成交区对后市股价的压制。这个时候投资者可参考的就是前文提到的压力位卖出位了。

股价在突破阻力位后，往往会有一个回踩的过程，以确认阻力位的支撑意义。这对投资者来说是最好的买进位置，投资者在此位置可多多参与，

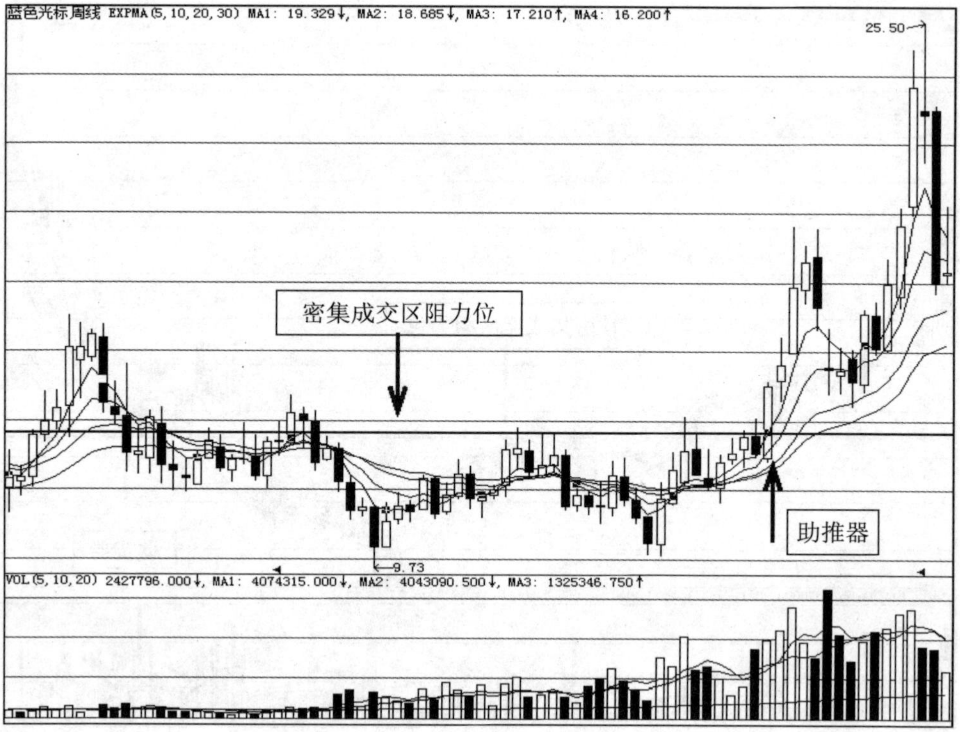

图 1-31

把握难得的盈利时机。

卖出与买进中两个截然不同的操作方向，同时存在于一处，并非是这种买卖技法存在矛盾。它反映的正是股市的复杂性，即在特定条件下多空双方力量的转换。当多方力量占优时，积极做多。当空方力量占优时，积极做空。不是一成不变，而要顺势而为。

阻力位的存在是由抛盘引起的，但当股价走到特定时期，市场上方出现的抛盘正是庄家梦寐以求的吸筹筹码时，此时攻守之势就会发生转化，涌出的抛盘正好满足了庄家的胃口。当庄家在此处大快朵颐，酒足饭饱后，自然会有一波大行情等待各位投资者，万望大家不要错失良机。

第四节 黑马起步战术

在黑马起步之时骑上马背，无疑是最理想的操作，但难点在于如何判断黑马的启动特征。本节讲解的黑马起步战术，是从均线着手，在均线出现“三线合一”的时候寻找出击的机会。

一、形态分析

三线合一是在上升行情中，5 日、10 日、30 日三条均线走到一起，呈现高度黏合并再次向上发散的形态。这种形态表明股价跌到了低位，并开始转头向上，投资者这时可以积极做多。

均线黏合，说明长短期投资者的买入成本趋于一致。因为此时股价处于较低的价位，大家都不会轻易做空，只要多头稍稍发力，股价就会止跌反弹。随着股价的推高，底部买入的投资者开始有了盈利，这种强烈的赚钱示范效应会吸引更多的场外资金介入，推动多头行情再次向上爆发。

在均线出现三线合一形态时，均量线与 MACD 指标黄金交叉点同时出现，这是更明确的股价见底回升指示信号，是可靠的做多信号。投资者可以放心买入，捕捉黑马有保障。

二、案例分析

下面看一个案例，通过案例分析找出其中的买点。如图 1-32 所示。

图 1-32 是西陇化工（002584）2015 年 1 月—2015 年 6 月的 K 线走势图。股价经过长期下跌后逐步企稳，2015 年 2 月，均线系统走出三线合一的走

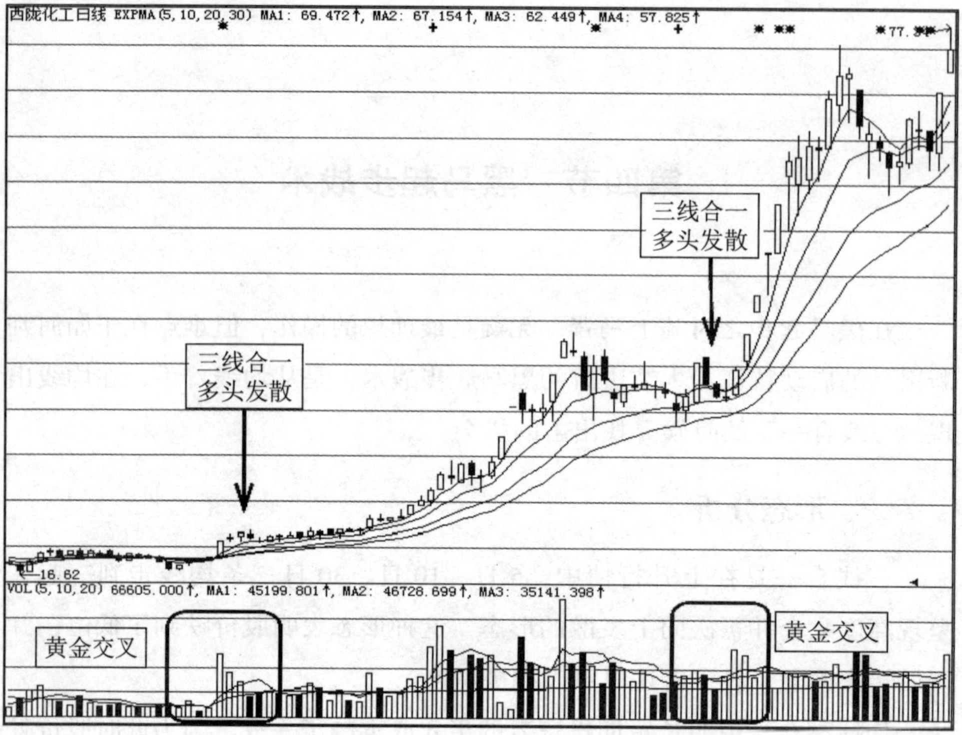

图 1-32

势，开启了股价上涨行情。此后一发不可收拾，从 20 元的位置一路走高到 77 元的高位，涨幅巨大。投资者在均线系统出现三线合一的形态后买进，获益巨大。

从本案例中可以看到，在均线系统出现三线合一形态时，量能方面出现了放量，均量线系统也出现了黄金交叉。有两个指标共同指示，股价转势的意义就很明确了。

在股价运行过程中，可以看到，在股价上涨期间又出现了一个三线合一的形态，均线系统由黏合再次转向发散，股价也再次出现飙升。投资者据此买进，仍能获得巨额收益。下方均量线系统同样出现了一个黄金交叉，指示买进意义强烈，买点明确。

前文给出了三个指标，均线系统三线合一、均量线系统金叉、MACD金叉。下面看个股MACD指标的同期走势，如图1-33所示。

从图1-33中可以看到，在均线出现三线合一多头发散时，MACD指标同时出现了金叉，也发出了买进的信号。

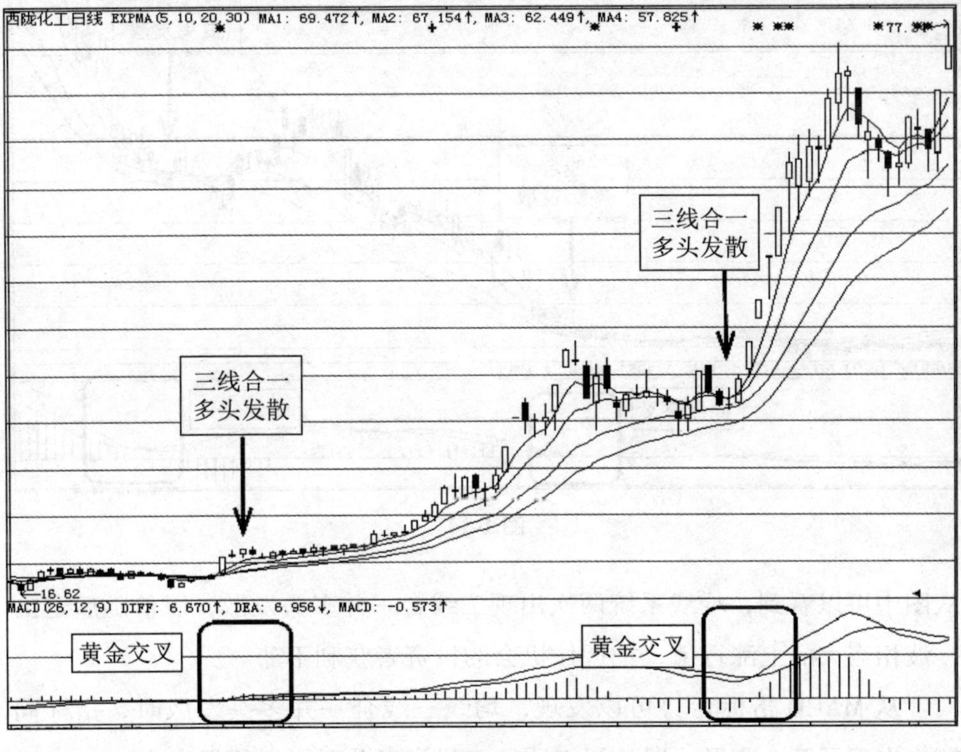

图1-33

在股价出现均线三线合一、MACD黄金交叉和均量线金叉后，股价出现大幅上涨，买进的投资者获利巨大。投资者可据此作出买卖操作，获取投资收益。

下面再看一个案例，如图1-34所示。

图1-34是雅致股份（002314）2014年12月—2015年6月的K线走势图。

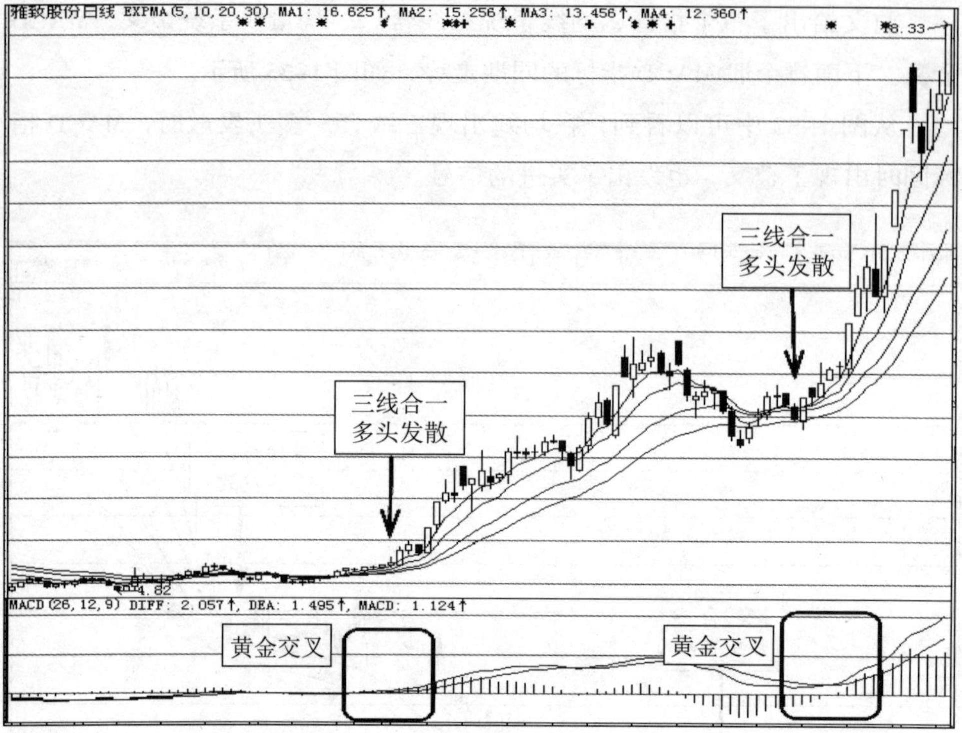

图 1-34

从图中可以看到，均线系统两次出现三线合一并多头发散，股价随后走出一波相当大的上涨行情，把握住机会的投资者获利不菲。

从 MACD 指标走势可以发现，均线三线合一并多头发散时，指标同期也出现了黄金交叉。股价买点明确，投资者此时可以积极介入。

下面再看当时的均量线系统，如图 1–35 所示。

在图 1–35 雅致股份的均量线系统上，也能看到上涨启动时，同期出现了均量线金叉的形态，买进信号明确。又是一个三种指标同时发出买进指示的个股，投资者据此买进，也是大获丰收。

再看一个起步买进、快速上涨的案例，如图 1–36 所示。

图 1–36 是综艺股份（600770）2015 年 1 月—2015 年 6 月的 K 线走势

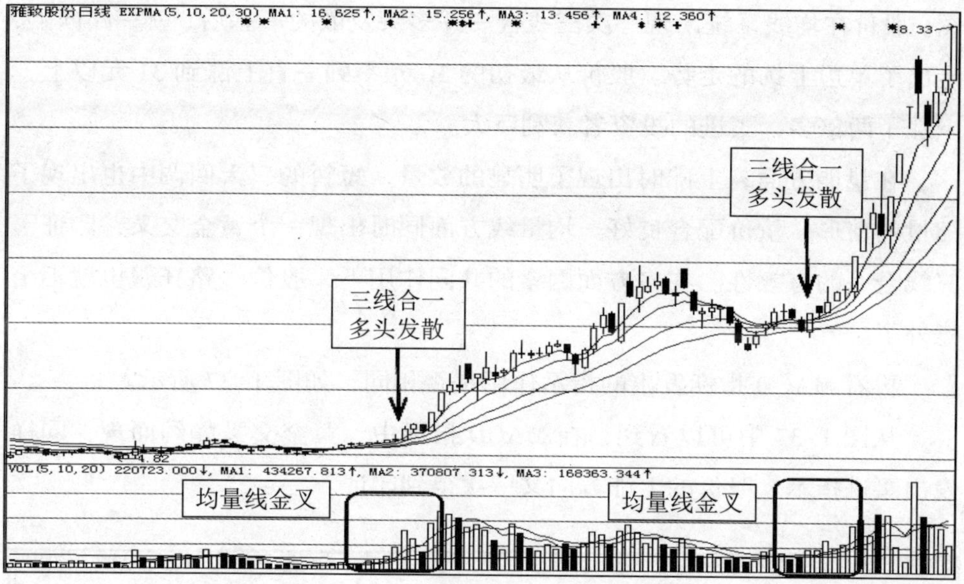
雅致股份日线 EXPMA(5,10,20,30) MA1: 16.625↑, MA2: 15.256↑, MA3: 13.456↑, MA4: 12.360↑
18.33
4.82
三线合一
多头发散
三线合一
多头发散
VOL(5,10,20) 220723.000↓, MA1: 434267.813↑, MA2: 370807.313↓, MA3: 168363.344↑
均量线金叉
均量线金叉

图 1-35

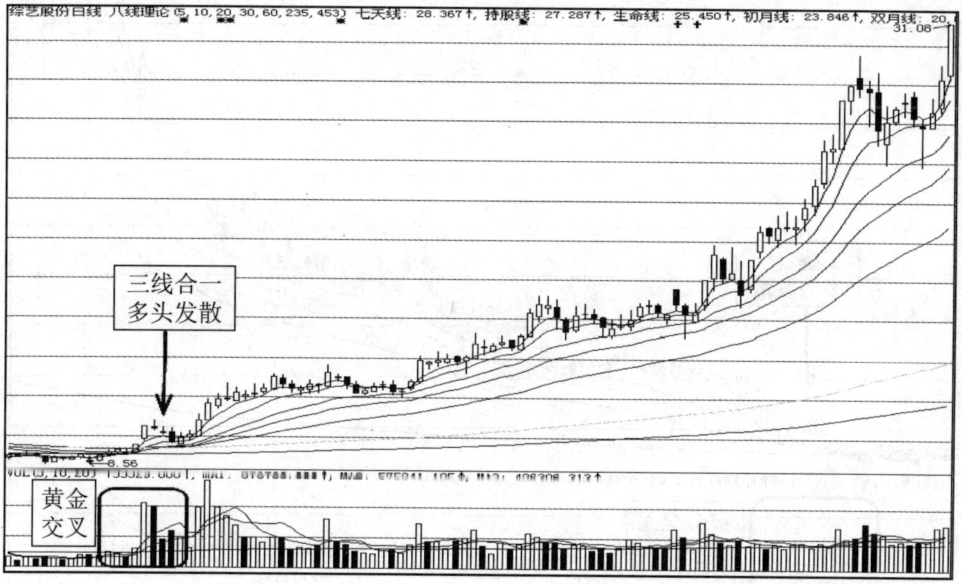
综艺股份日线 八线理论(5,10,20,30,60,235,453) 七天线: 28.367↑, 持股线: 27.287↑, 生命线: 25.450↑, 初月线: 23.846↑, 双月线: 20.
31.08
8.56
三线合一
多头发散
黄金
交叉

图 1-36

图。股价在均线系统出现一次三线合一并多头发散的形态后，就一路向上，走出了单边上扬的走势。股价从最初的10元不到一直上涨到31元以上，上涨了两倍多，买进的投资者获利巨大。

在量能方面，上涨时出现了明显的放量，短暂的三天回调中也出现了缩量的情形，量价配合良好。均量线方面同时出现一个黄金交叉，印证了三线合一的有效性。在多方面因素的共同作用下，股价一路狂飙也就不出意外了。

再看MACD指标发出的指示作用是否相同，如图1-37所示。

从图1-37中可以看到，在MACD指标中，黄金交叉如约而现，同样发出买进指示。股价的上涨方向又一次得到印证。

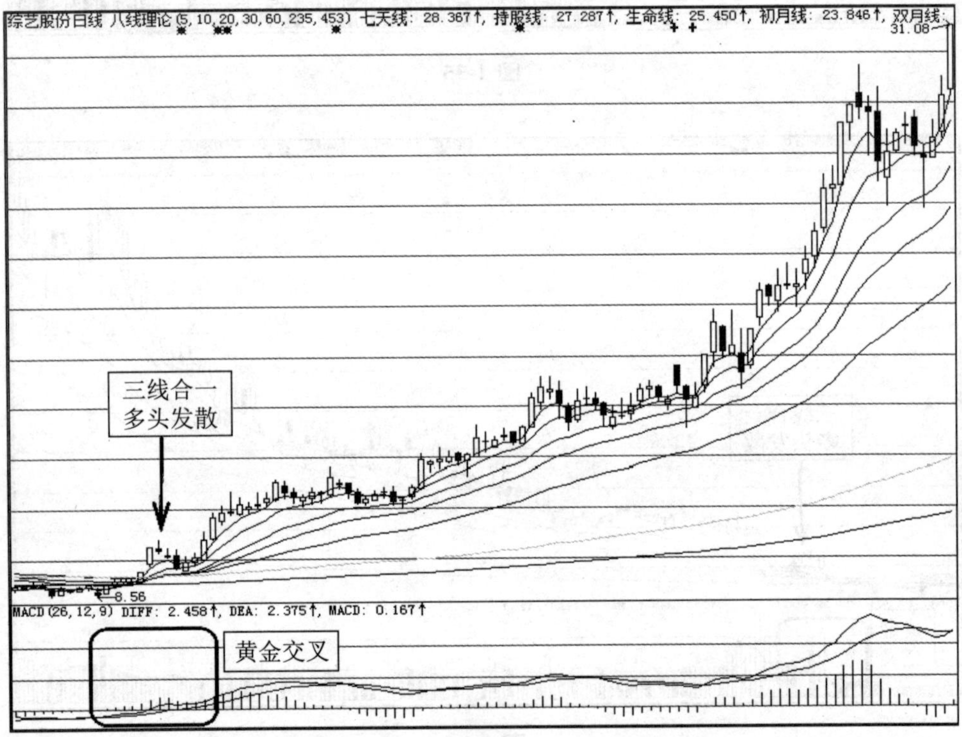

图 1-37

在股市里，各种指标的使用范围不同，有时在同一时间段会发出不同甚至是相反的买卖指示，这也是我们利用多指标分析的原因。当指标发出不同的指示时，投资者需要注意区分情况，把握正确的投资方向。当多个指标发出同向指示时，则可积极介入，后市大多会出现大的行情。

看上面这个案例就能发现，在 MACD 指标黄金交叉后，也出现了多次死叉，但均线支撑明显，股价并未出现下行走势。此时投资者只要耐心持股，关注均线的支撑力度，就可以把握住本轮上涨行情，获得投资收益。

下面通过一个案例稍加说明，希望投资者仔细辨别。如图 1–38 所示。

图 1–38 是中储股份（600787）2015 年 1 月—2015 年 6 月的 K 线走势

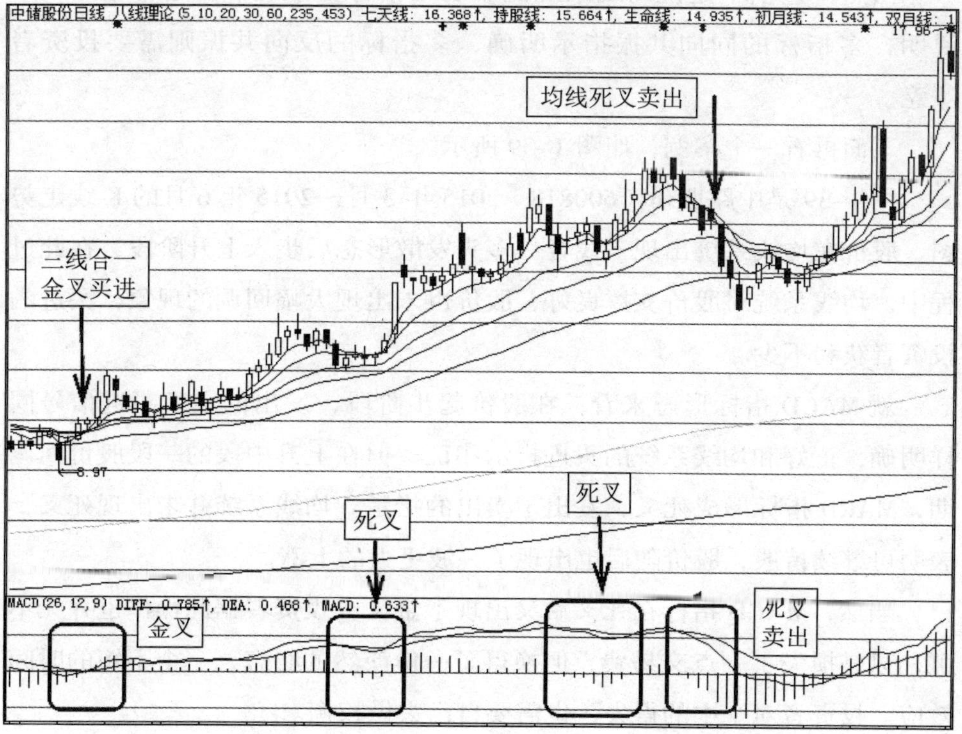

图 1-38

图。均线系统出现三线合一后，股价逐步上升。当股价在高位出现一个死叉后，宣告一波行情结束。直到股价随后再次出现三线合一，预示下一波上涨行情再次启动。均线系统在此过程中发出的买卖信号简单有效，投资者据此操作，也可获利不少。

与此同时，MACD 指标也发出个股买进卖出指示。出现第一个金叉时，和均线发出的买进信号是同向的，从这里也可以看到指示的正确性。

但在中间出现的两个死叉，则与均线系统发出的信号不同。均线系统此时并未出现死叉的情况，股价也只是稍作盘整而已，并未出现大幅回调。当 MACD 指标最后发出死叉卖出信号时，则与均线系统一致，股价随后展开了深幅回调。投资者按此操作，也能避开这次回调。

当然，这里不是说均线系统比 MACD 指标更准确，而是希望向大家说明，多指标的同向共振指示明确，多指标的反向共振则需要投资者注意。

下面再看一个案例，如图 1–39 所示。

图 1–39 是中路股份（600818）2015 年 3 月—2015 年 6 月的 K 线走势图。股价在均线系统出现三线合一多头发散形态后步入上升阶段，在此过程中，均线系统对股价支撑良好，股价也未出现大幅回调的现象，买进的投资者获利不少。

就 MACD 指标形态来看，在股价起步阶段，发出的金叉买进信号同样明确，正好和均线系统的买进指示印证。但在上升中段的一段股价回调期，MACD 指标形成死叉，发出了卖出的指示。均线系统并未出现死叉，表明可继续持股，股价随后也出现了一波更大的上涨。

当然，MACD 指标在死叉后又出现了金叉，投资者据此操作也并无不可，只是损失了一点交易费，但换得了一份淡然的心态，一个不短的时间效应。投资者对个中的得失，也需要自己去做权衡。

通过本节的讨论，大家可以看到，起步三线合一在操作过后，可以去

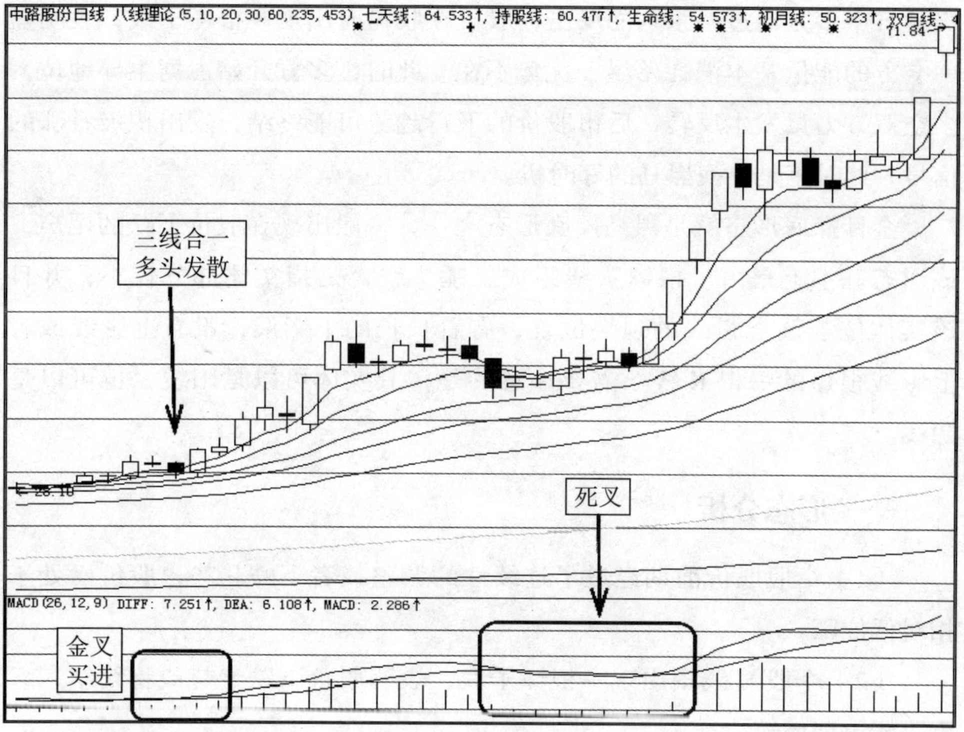

图 1-39

印证这一技法的准确性，以享受它带来的获利后的兴奋。但是，需要引起读者朋友们注意的是，在利用此法时，要尽量避免效率风险，在合适的时机要有恰当的动作。

第五节　黑马探底战术

在股价下跌过程中，空方一直占据绝对优势，但是个股下跌的同时，空方的做空能量也一直处于消耗状态，并且其能量会逐渐减小。当某一个交易日中多方经过一系列的反击，股价在收盘时出现一根锤子线，表明盘中空方的能量基本消耗殆尽，优势不在。此时，多方开始占据主导地位，多空双方力量发生反转，后市股价的下行趋势可能终结，发出积极看涨的信号，此时正是寻找黑马的好时机。

金针探底形态就是黑马探底形态之一，一般出现在股价下跌的尾声，该形态基本上是由一根锤头线组成。锤头线，是指实体部分较小，并且该实体位于整个 K 线的顶端位置，有着长长的下影线，没有上影线或者上影线很短的一根 K 线。需要注意的是，其实体可以是阳线，也可以是阴线。

一、形态分析

（1）个股股价前期经过了连续性的调整或者下跌趋势，股价已处于相对低位区。

（2）个股 K 线图出现一根锤子线，表明股价下跌走势或将终结，后市可能出现反转。

（3）下一个交易日股价反转走强（股价突破锤子线的收盘价），表明金针探底形态的买入信号得到了验证，投资者可以积极进场，买入股票。

（4）如果下一个交易日股价延续跌势，则金针探底形态的见底信号失效，投资者应该继续保持观望状态。

二、实战操作要点

（1）股价经过长期的下跌后出现金针探底形态，若成交量同步放大，短线可以迅速追进，耐心等待一轮反弹行情。

（2）在横盘整理期间出现金针探底形态，此时市场表现为股价莫名其妙地 大幅下跌，若成交量并未放出，通常为获利盘涌出，或是庄家刻意打压，此时可见跌即买，甚至将买单挂在接近跌停的位置，短线抄底。

（3）对大幅洗盘的个股，洗盘结束之后常会继续拉抬，此时可继续持股。

三、案例分析

下面通过几个实例来具体了解前面所讲的操作要点。

1. 上海电力（600021）

（1）形态分析。

图 1-40 是上海电力（600021）的日 K 线走势图。在图中可以看到，该股股价经过前一阶段的上涨之后，出现了小幅回调。在回调的过程中，

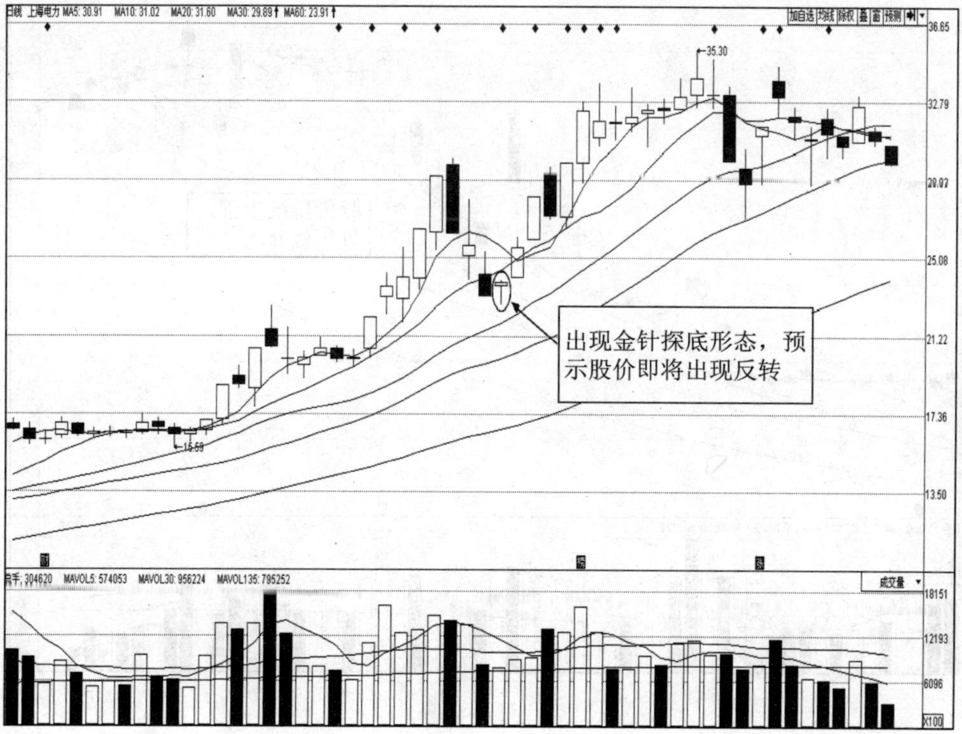

图 1-40

股价收出了一根实体较小的锤子线，表明此时盘中多空双方的力量出现了逆转，空方做空动能将尽，多方力量开始占据主导地位，股价后市将有可能发生反转。实战中遇到这种情况，可积极观察股价的后续走势，寻找买点介入。

（2）介入分析。

如图 1-41 所示，在上海电力（600021）的日 K 线图中，该股股价收出锤子线之后，下一个交易日又收出了一根中阳线，表明盘中多方开始了进一步的反攻。在此情况下，股价结束了前期的回调走势，开始进入到上涨趋势中。

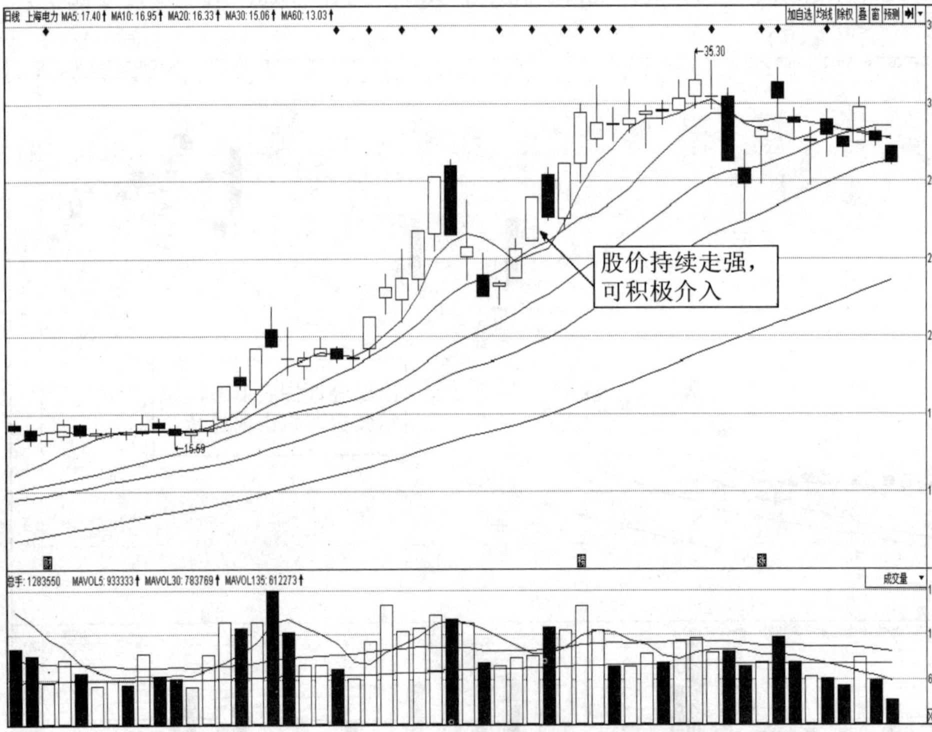

图 1-41

之后，股价持续走强并突破均线阻力位，成功站到5日均线之上。投资者可在股价有效突破5日均线之后积极买入，获取筹码，以期获得短线收益。

（3）卖出分析。

如图1-42所示，在上海电力（600021）的日K线图中，该股股价出现金针探底形态之后，开始了一波上涨行情。在这一过程中，股价突破了前期的价格高位之后，逐步进入到整理状态，并且日K线出现射击之星，预示盘中多方做多动能有可能耗尽，上涨行情即将结束，后市股价将会出现下跌。遇到这种情况后，应积极减仓或离场，以规避风险，实现盈利。

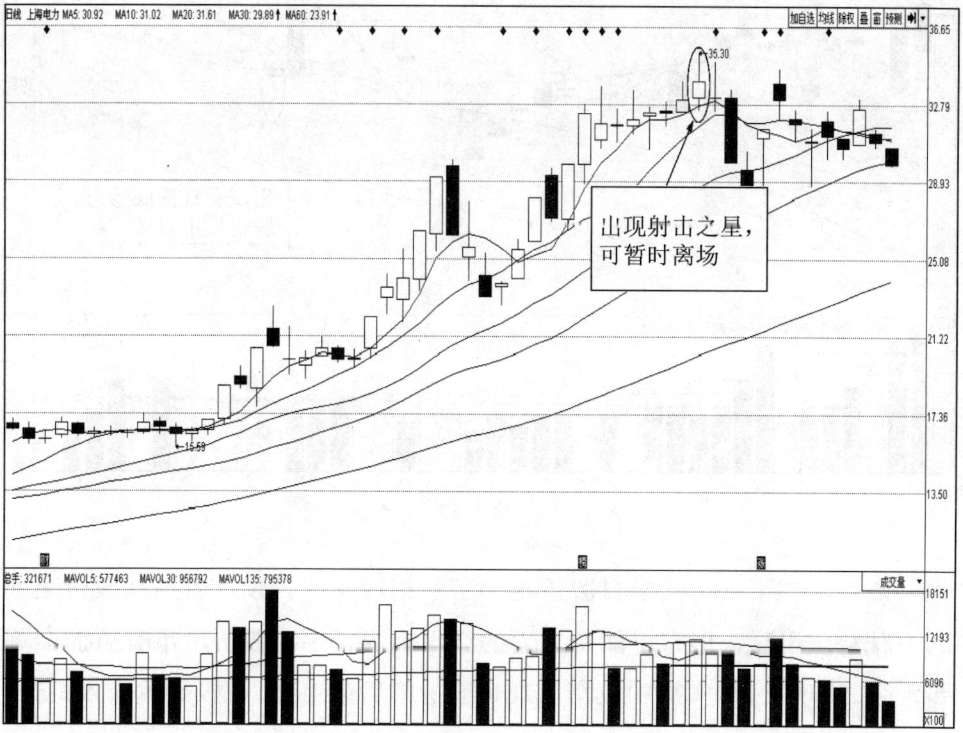

图 1-42

2. 招商银行（600036）

（1）形态分析。

如图 1–43 所示，在招商银行（600036）的日 K 线图中，该股股价小幅上涨之后开始出现了回调，并且出现一根大阴线，击穿了均线系统的支撑位。

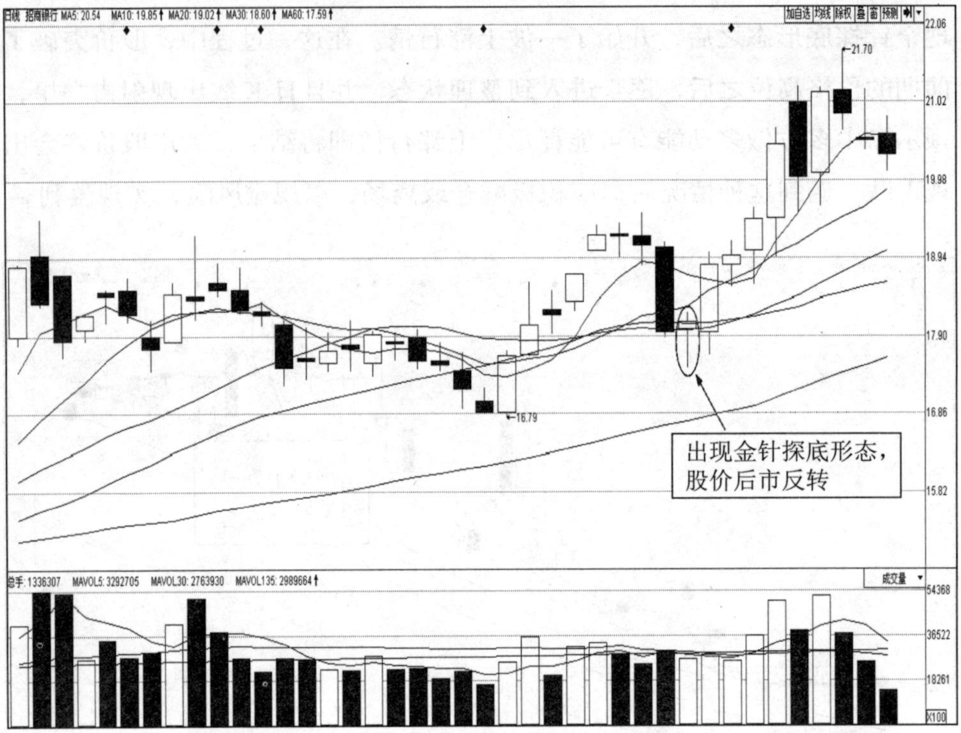

图 1-43

之后，在下一个交易日股价走出了一根锤子线，预示着虽然股价之前的下跌势头迅猛，但有可能是主力的洗盘行为，个股股价后市有可能会逐步走强，出现反弹。实战中应密切观察股价的后市走势，积极寻找介入机会。

（2）介入分析。

如图 1–44 所示，在招商银行（600036）的日 K 线图中，该股股价出

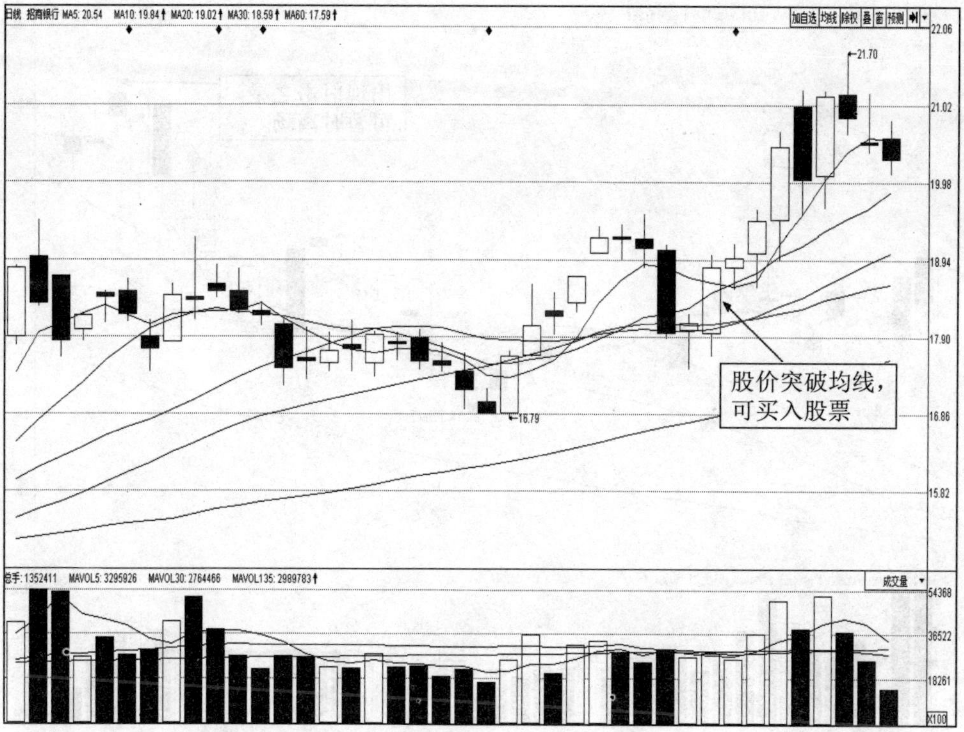

图 1-44

现金针探底形态之后继续走强。下一个交易日的阳线突破了均线系统的阻力位，表明股价结束了之前的下跌走势，开始出现反转。同时也表明之前出现的大阴线是主力的洗盘行为，后市股价会继续之前的上涨行情。

在股价成功站上 5 日均线之后，投资者可以积极寻找有利的介入时机，买入股票。

（3）卖出分析。

如图 1-45 所示，在招商银行（600036）的日 K 线图中，该股出现金针探底形态之后，股价走出了一波上升行情。在股价上涨途中，日 K 线图出现了射击之星，表示股价已经失去了上升动力，多方抵挡不住空方的打击，股价随时有可能见顶回落。

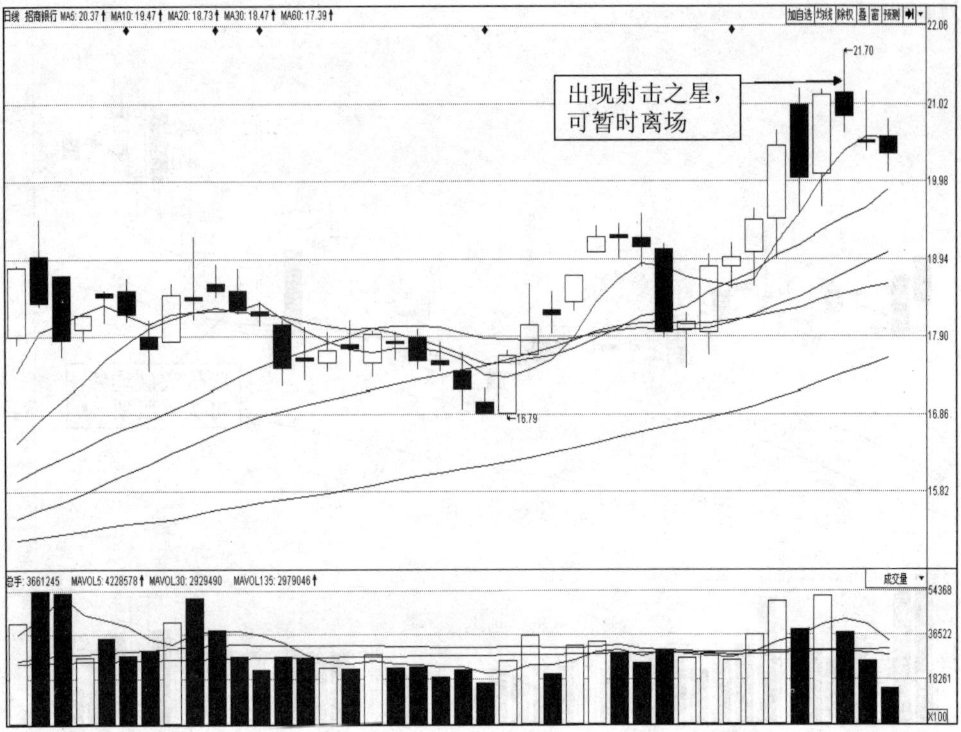

图 1-45

在股价大幅上扬后，观察到有射击之星出现时，应尽早进行卖出或减仓操作，以兑现之前的短期收益，然后继续观望，寻找新的买入机会。

金针探底形态作为一种研判行情的参考形态，可以帮助投资者分析形势，从而采取正确的操作方法。但是，这仅仅是众多操作技巧中的一个技法，下文将继续讲解其他技法，以帮助投资者在股票市场上获取更多收益。

第二章
黑马捕捉之成交量技法

美国著名投资专家格兰威尔在其所著的《股票市场指标》一书中指出："成交量是股市的元气，股价只不过是它的表征而已，成交量的变化是股价变化的前兆。"这一说法精辟地论述了成交量与股价之间的密切关系。

对于成交量与股价之间的关系分析，在股市里最常用、最重要的分析方法就是量价分析法。量价分析法，是股市里的经典分析系统，也是指数和个股上涨与下跌的重要参数。

股市中常有"量价配合，量在价先"之说。投资者通过对量价关系的分析，不仅可以研判指数的运行趋势，同时也可以研判个股的变动方向。通过分析量价关系，能让投资者对股市趋势和个股形态有更明确的认识，可以提高捕捉个股涨停板的成功率，这对投资者追涨并获得短期收益有非常重要的意义。

第一节　成交量探秘

成交量是指在某一交易时段内指数或个股具体的交易数量。广义的成交量包括成交股数、成交金额、换手率；狭义的成交量仅指成交股数。成交量是判断股价走势的重要依据，投资者对成交量异常波动的股票应当密切关注。

一般情况下，成交量逐步放大且个股价格上涨的股票，后市趋势向好；成交量持续低迷且个股价格表现平平的股票，后市股价看跌。

下面通过几个方面来了解成交量的基本信息。

一．基本形态

股票市场是多空力量相互争斗的场所。虽然成交量有时会出现假象，控盘主力常常利用广大散户对技术分析的一知半解而自买自卖，但成交量仍是研判股价走势最客观的要素之一。

下面简要介绍几种成交量的基本形态。

1. 缩量形态

顾名思义，缩量形态是指市场交投极为清淡，大部分投资者对市场后期走势基本认同，意见一致。这时又分两种情况：一是市场上的投资者都十分看淡后市，只有卖出，却没有买入，因此成交量急剧萎缩，二是市场上的投资者都对后市看好，只有买入，却没有卖出，所以造成成交量急剧萎缩。

缩量形态一般发生在股价运行趋势的中期，投资者都对后市走势十分

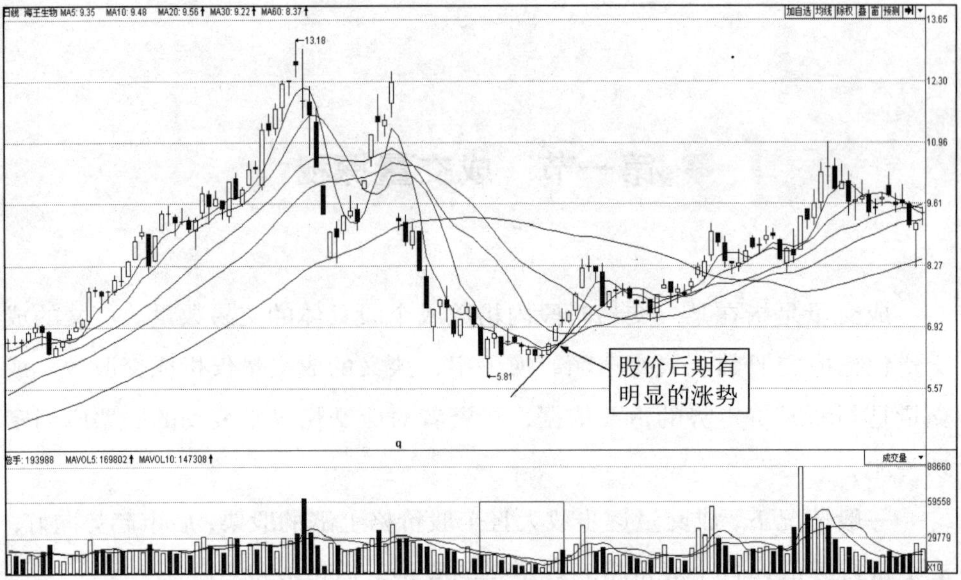

图 2-1 缩量上涨

图 2-2 缩量下跌

认同。当碰到下跌缩量这种情况时，投资者应坚决出局。等成交量缩到一定程度，股价开始放量上攻时，再积极买入。同样，当投资者碰到上涨缩量这种情况时，就应坚决介入，坐等获利。等股价出现上冲乏力，有巨量放出的时候，再卖出离场。

2. 放量形态

放量形态一般出现在市场趋势的转折点处，此时，市场上各方力量对后市预期的分歧逐渐加大，差距悬殊，在一部分投资者坚决看空后市时，另一部分投资者却对后市坚决看好。当一部分投资者纷纷抛售筹码时，另一部分投资者却在大笔吸筹，如此便造成了成交量逐步放大。

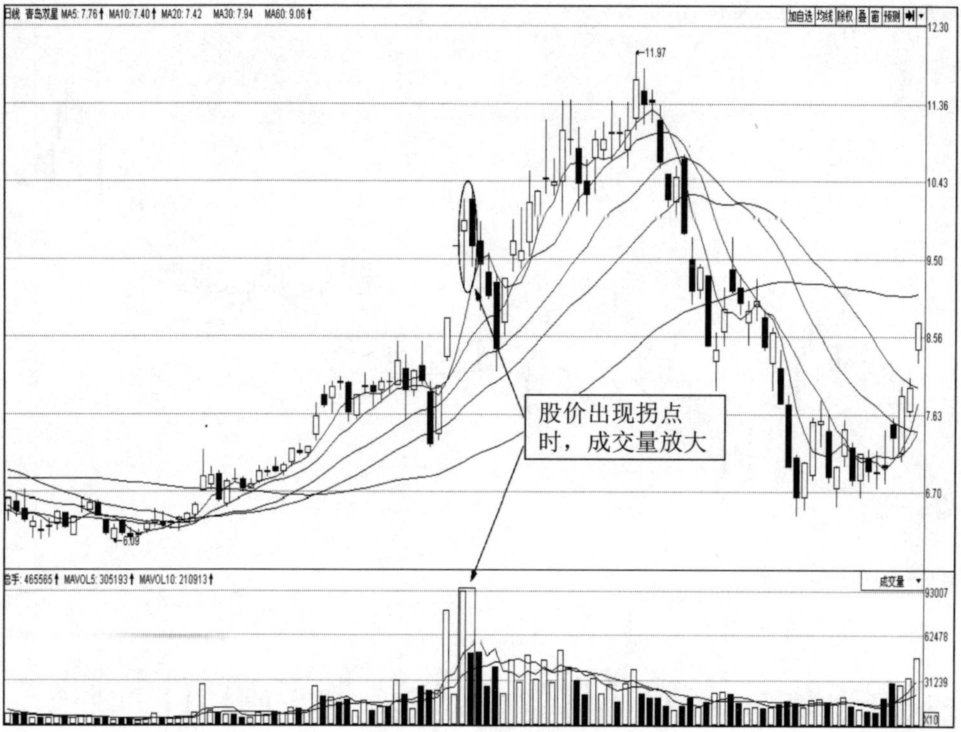

图 2-3　放量形态

相对于缩量形态来讲，放量形态有很大的虚假成分。控盘主力利用手中的筹码大笔对倒，以此让成交量放出天量，这是非常简单的事。因此，在出现放量形态时，投资者应多方观察，分析主力的真正用意，然后做出正确的操作决策。

3. 堆量形态

每当主力意欲拉升股价时，常常会在成交量上做文章。一般以几日或几周为一周期，操作成交量缓慢放大，股价慢慢推高。这种情况反映在K线图上，便形成了一个形状类似土堆的形态。

堆量形态若出现在低位，股价后市有可能产生大的上升行情。相反，

图 2-4 堆量形态

堆量形态出现在高位，则表明主力有大举出货之嫌，投资者应迅速离场避险。

4. 量不规则性放大、缩小形态

量不规则性地呈现放大缩小形态，一般是在没有突发利好或大局基本稳定的前提下，妖庄控盘所为。在市场风平浪静时，个股突然放出历史巨量，随后又没了后音，这种情况一般是实力较弱的庄家为吸引市场关注以便出货进行的操作。

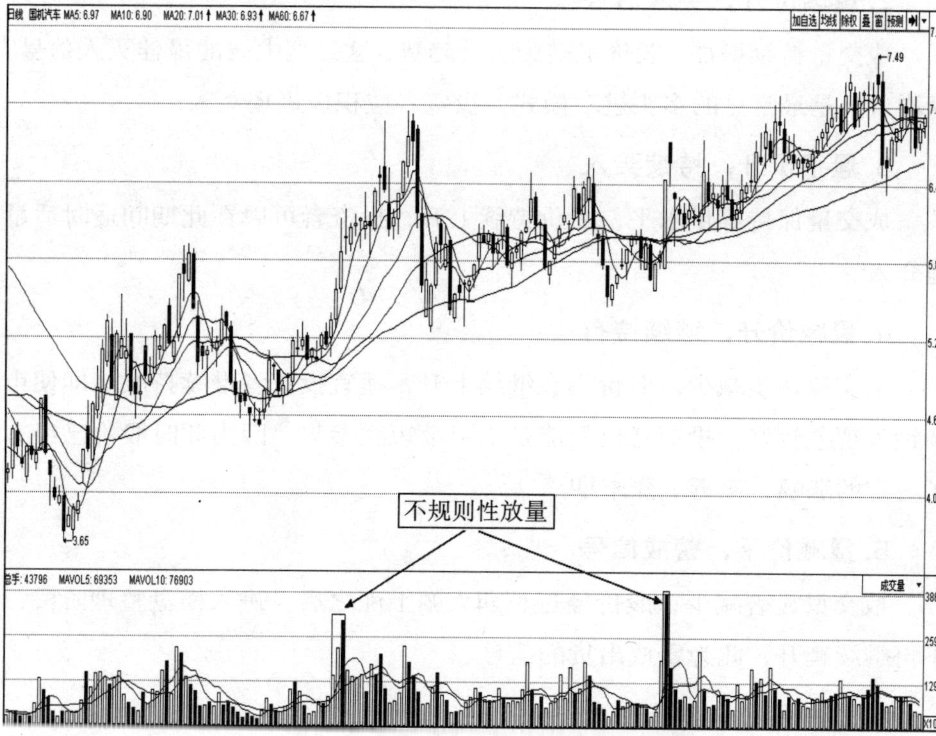

图 2-5 量不规则性放大、缩小形态

二、成交量变化“八阶律”

前文探讨了成交量的一般形态。实战中也会提到成交量变化的几种情况，简称为成交量变化“八阶律”。

1. 量增价平，转阳信号

股价经过持续的下跌之后，在低位区出现成交量增加、股价企稳的现象。此时，一般成交量的阳柱线明显多于阴柱线，凸凹量差比较明显，说明底部多头在积聚上涨动力，可以适量买进筹码，持股待涨。

有时量增价平也会出现在上升趋势的中途，说明股价上行趋势暂时受挫，只要上升趋势未破，一般经过整理后仍会有上涨行情。

2. 量增价升，买入信号

成交量持续增加，股价也转为上升趋势，这是短中线的最佳买入信号。量增价升是最常见的多头进攻模式，投资者应积极进场买入。

3. 量平价升，持续买入

成交量保持等量水平，股价持续上升，投资者可以在此期间适时适量地介入。

4. 量减价升，继续持有

成交量逐步减少，股价仍在继续上升，适宜投资者继续持股。即使市场锁筹现象较好，投资者也只能是小资金短线参与，因为此时股价已经有了一定的涨幅，接近上涨末期。

5. 量减价平，警戒信号

成交量显著减少，股价经过长期大幅上涨之后，进入横盘整理阶段，不再继续爬升，此为警戒出货的信号。

6. 量减价跌，卖出信号

成交量继续减少，股价趋势开始转为向下，为卖出信号。此为无量阴跌，此时底部遥遥无期，这就是所谓的“多头不死，跌势不止”这句股谚的含义。

这种情况下，价格一般会持续下跌到多头彻底丧失信心，斩仓认赔，市场爆出巨大的成交量，跌势才会停止。在操作上，只要上涨趋势发生逆转，投资者应及时止损出局。

7. 量平价跌，继续卖出

成交量停止减少，股价却急速滑落，此阶段投资者应继续坚持及早卖出的方针。

8. 量增价跌，弃卖观望

股价经过长期大幅下跌之后，成交量出现增加态势，此时即使股价仍在下挫，也要慎重对待极度恐慌的“杀跌”。在此阶段，操作原则是放弃卖出，持仓观望。

低价区出现量增现象，说明有资金在低位接盘，而且说明后期有望形成底部或产生反弹，投资者应适当关注。若在趋势逆转进入跌势的初期出现“量增价跌”，那么投资者更应果断地清仓出局。

作为股市中判断个股走势，帮助投资者有效决策的一项重要指标，成交量不仅仅简单地反映一个时期的市场交易量，更多地体现了个股走势背后多空因素相互作用的实质。

任何一个单一因素都和其他因素发生或大或小的联系，这就要求投资者在实战中做个有心人，仔细分析，谨慎研判，综合多种因素，减少任何一种决策所隐藏的风险。

以成交量来说，虽然量为价先，但成交量和股价之间的关系不是谁比谁更重要，而是互为因果，共同作用于交易市场。利用成交量来捕捉黑马，需要交易者在关注成交量形态的同时，熟记成交量变化“八阶律”，在实战中灵活运用，及时把握介入与出局的时机，如此可在操作中稳操胜券。

第二节 5 日均量线捕捉黑马

成交量中的均量线是一种反映一定时期内股票市场平均成交情况的技术性指标，同时，也是表明交易量后市趋势的指标。

根据不同的交易时间，可以将均量线分为不同的周期均量线，不同的周期均量线又代表了不同的含义。投资者可以根据不同周期均量线组合发出的交易指示信号来进行交易。

一般的交易软件中会给出 5 日、10 日、30 日和 135 日的均量线指标，投资者也可以根据自己的需求设定均量线指标的周期。

实战运用过程中，均量线一般都遵循以下规则。

（1）在个股上涨行情中，均量线一般会先于股价的上涨作出反应。当股价上涨到一定价位后，均量线会慢慢变得迟滞，甚至呈现出下跌走势。这时，投资者应注意后市股价走势，其上涨趋势可能终结，开始进入下跌行情。

（2）在个股下跌行情中，均量线一般会先于股价的下跌而下行。当股价下跌到一定价位后，均量线会拐头向上或者走势趋于平行，这意味着股价下跌已经到了谷底，投资者应注意后市股价走势，股价有可能企稳反弹。

（3）均量线的运行方向无论是向上还是向下，都意味着个股行情可能会出现转向。

一、形态特征

对于短期成交量来讲，5 日均量线是重要的参考线。同样，30 日均量线也反映了中期成交量变化的趋势。当5日均量线回靠与突破30日均量线时，股价都会发生重要的变化。此时，投资者应利用5日均量线与30日均量线所形成的形态追击个股的涨停板。

（1）当个股的成交量出现萎缩状态时，5日均量线会逐渐向30日均量线靠拢。

（2）当5日均量线上穿30日均量线后，成交量突然呈放大态势，并且成交量突破了5日均量线，这意味着股价很快就要上涨，投资者可以迅速跟进买入股票。

（3）5日均量线回靠30日均量线的过程中，跌破了30日均量线，并不影响形态的成立。

二、案例分析

下面来看几个案例，以对5日均量线这种指标捕捉黑马有一个深入的了解。

1. 永新股份（002014）

（1）5日均量线回靠分析。

如图2-6所示，在永新股份（002014）的日K线图中，该股股价经过前期的上涨之后，开始进入横盘整理状态。同时观察该股的成交量，其量能也出现了同步萎缩。

2015年5月18日，该股的5日均量线下穿30日均量线，预示着股价还将进一步下跌。出现这种形态后，投资者应暂时离场观望，待成交量指标出现买入信号后，再积极介入。

（2）5日均量线突破分析。

如图2-7所示，在永新股份（002014）日K线图中，该股股价经过短期的整理之后，日K线出现十字星形态，表明股价后市将会出现突破。

2015年5月20日，该股的5日均量线上穿30日均量线，预示着股

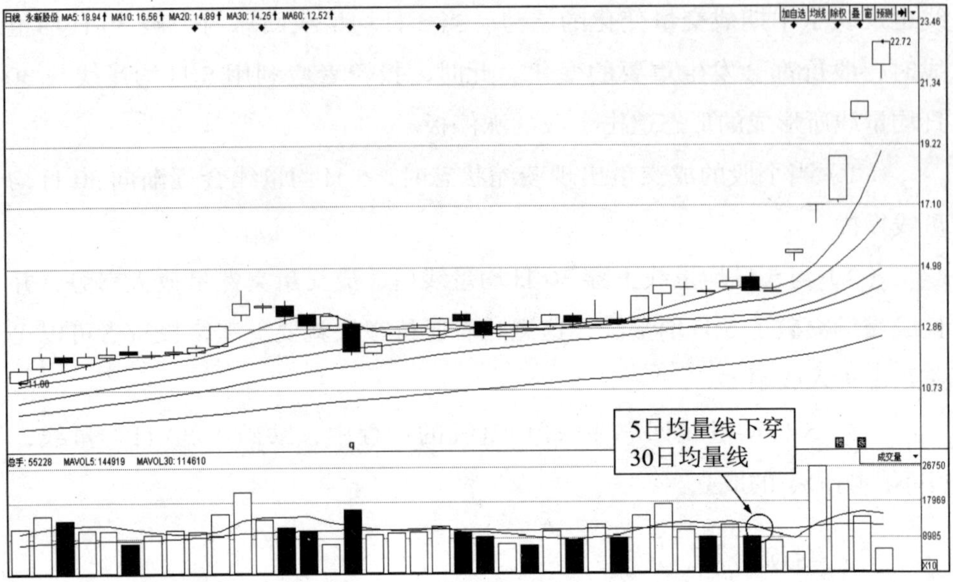
日线 永新股份 MA5: 18.94 MA10: 16.56 MA20: 14.89 MA30: 14.25 MA60: 12.52
22.72
11.00
5日均量线下穿
30日均量线
总手: 55228 MAVOL5: 144919 MAVOL30: 114610
成交量

图 2-6

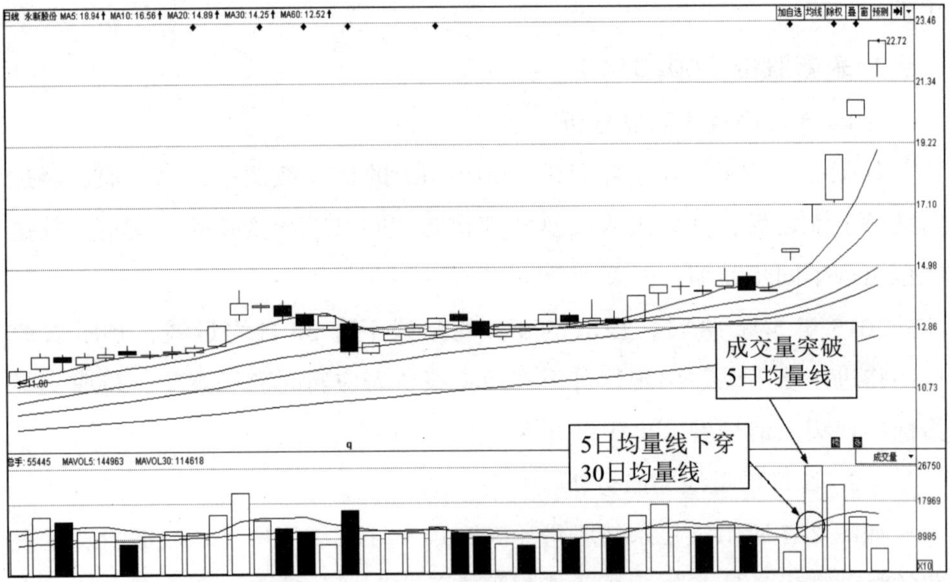
日线 永新股份 MA5: 18.94 MA10: 16.56 MA20: 14.89 MA30: 14.25 MA60: 12.52
22.72
11.00
成交量突破
5日均量线
5日均量线下穿
30日均量线
总手: 55445 MAVOL5: 144963 MAVOL30: 114618
成交量

图 2-7

价将会出现上涨趋势。如果当日成交量突破5日均量线，就确认了买入信号的准确性。投资者可在分时图中寻找介入时点，积极追涨，以期获得短期收益。

（3）买入时点分析。

如图2-8所示，在永新股份（002014）的分时图中，股价以涨停价开盘，之后便出现了回调。但股价回调并没有持续多久。10:14股价向上拉升并封上了涨停板。这一走势为投资者买入股票获得筹码提供了有利的时机。

投资者借助成交量确认了买入信号之后，应积极追涨获得筹码。在接下来的交易日拉出获利空间之后，再卖出筹码获取收益。

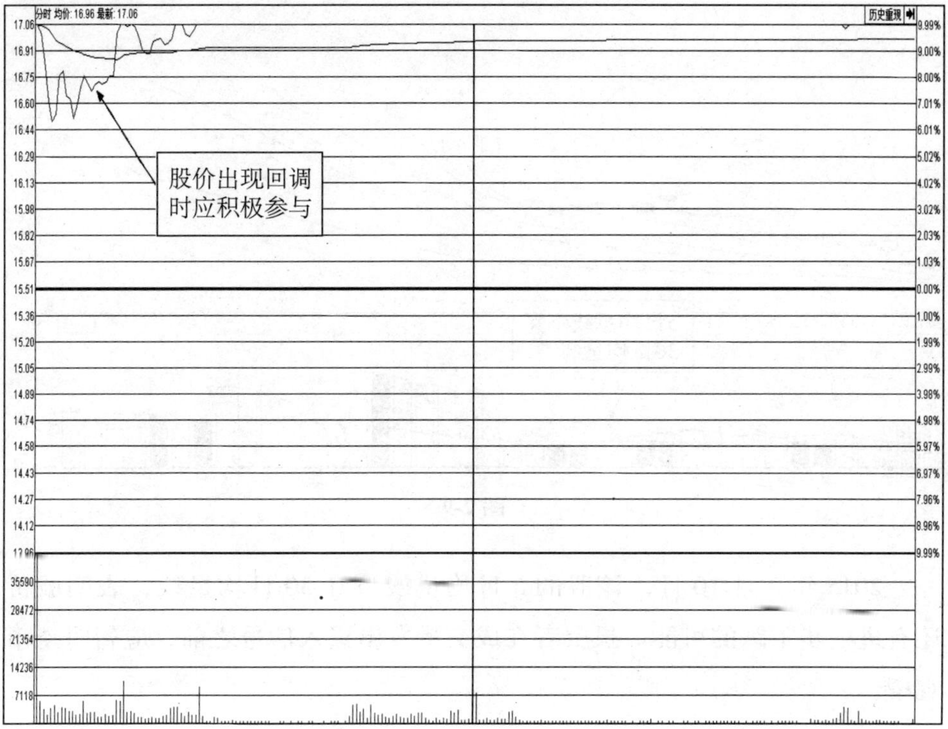

图 2-8

2. 国脉科技（002093）

（1）5 日均量线回靠分析。

如图 2–9 所示，在国脉科技（002093）的日 K 线图中，该股股价前期并没有良好的表现。从该股的成交量来看，其量能基本处于“地量”状态，并且还有逐渐萎缩的趋势，表明该股的交投并不活跃。

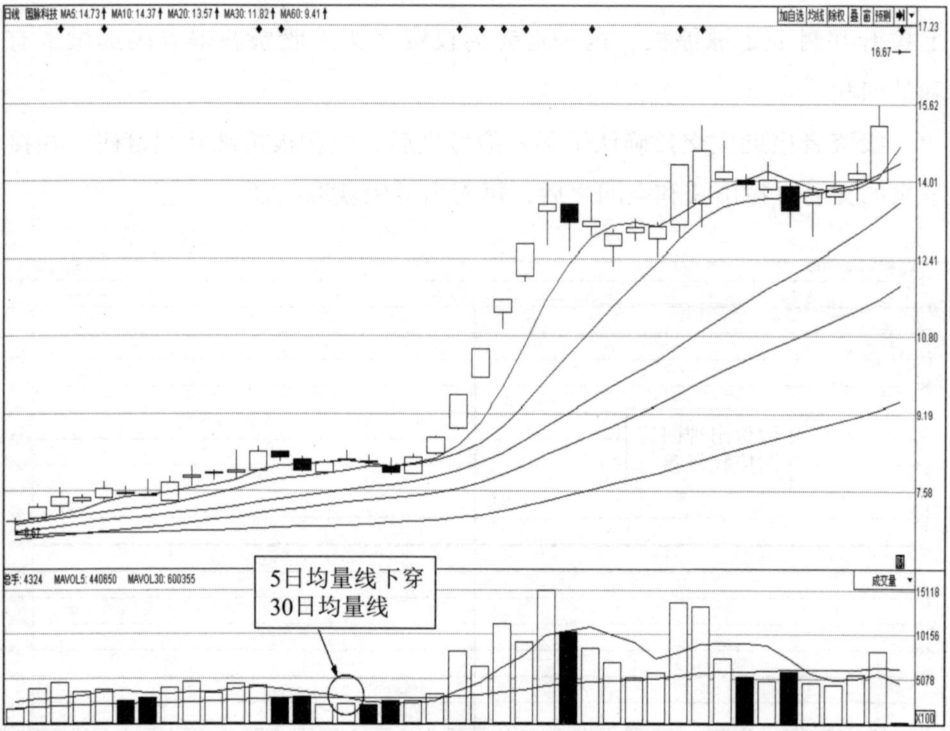

图 2-9

2015 年 3 月 10 日，该股的 5 日均量线下穿 30 日均量线，表明股价还有进一步下跌的可能。投资者在成交量发出买入信号之前，应暂时持币观望。

（2）5 日均量线突破分析。

如图 2-10 所示，在国脉科技（002093）的日 K 线图中，该股均线系统中，5 日均线欲下穿 10 日均线，但在死叉形成之前，5 日均线又掉头向上，表明股价有向上突破的可能。

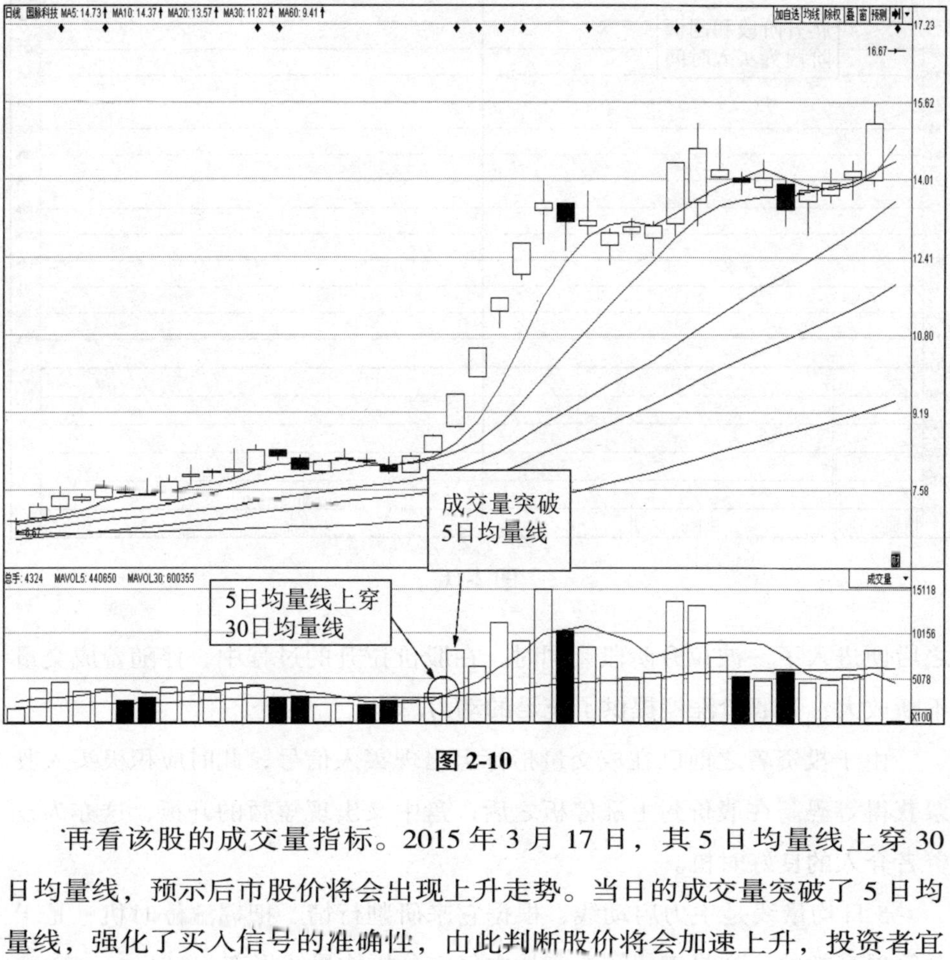

图 2-10

再看该股的成交量指标。2015 年 3 月 17 日，其 5 日均量线上穿 30 日均量线，预示后市股价将会出现上升走势。当日的成交量突破了 5 日均量线，强化了买入信号的准确性，由此判断股价将会加速上升，投资者宜此时跟进买入股票。

（3）买入时点分析。

如图 2-11 所示，在国脉科技（002093）的分时图中，该股股价开盘

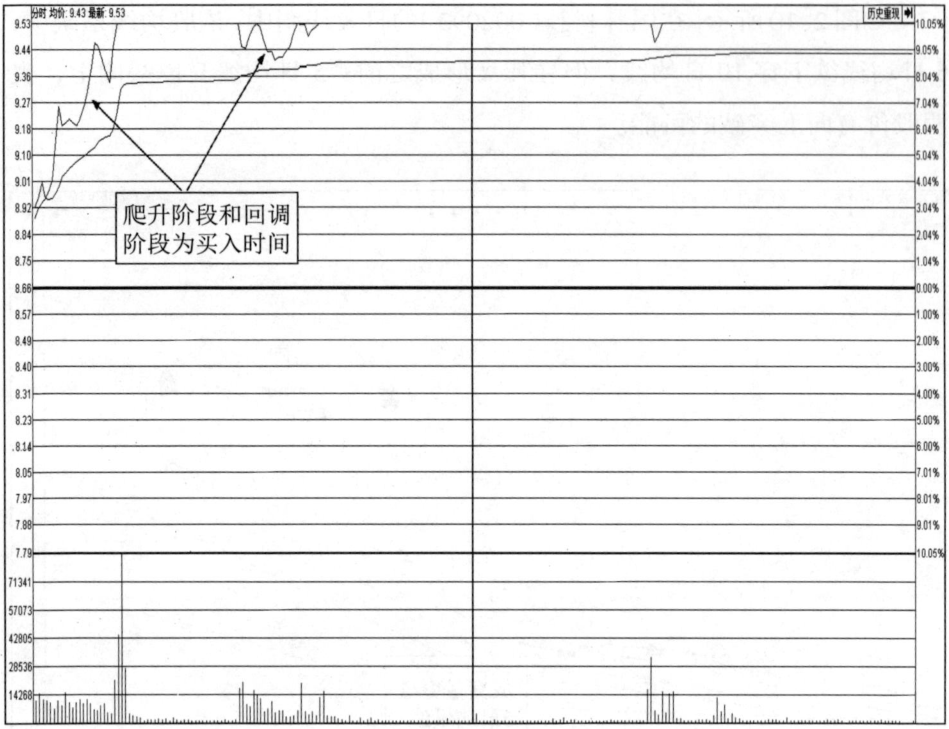

图 2-11

之后便进入了一波拉升阶段。同时，在股价拉升的过程中，伴随着成交量不断放大，为股价涨停提供了充足的动力。

由于投资者之前已在成交量指标上出现买入信号，此时应积极买入股票获得筹码。在股价封上涨停板之后，盘中又出现短暂的开板，这亦为投资者介入的良好时机。

5 日均量线是主力启动线，根据它来研判行情、把握涨停时机，是十分简单高效的，交易者应该在实战中仔细分析均量线形态。

第三节 均量线三线交叉捕捉黑马

均量线三线交叉形态中的三条均量线，可以设定为5日均量线、30日均量线和135日均量线。三条均量线形成金叉穿越后，其形态犹如喇叭花一样，故此又可称为“三线开花形态”。

均量线三线交叉形态可以分为三种类型：一是并线三线交叉，二是顺向三线交叉，三是逆向三线交叉。这三种技术走势形态对预测股票价格走势都十分有效，投资者应尽量掌握。

一、形态特征

1. 并线三线交叉

并线三线交叉形态一般是由5日均量线、30日均量线和135日均量线构成的，其形态一般表现为30日均量线和135日均量线处于极度接近的平行状态，同时，5日均量线由下而上穿越这两条均量线，形成均量线的金叉穿越。

该形态的主要特征如下。

（1）若个股出现上涨行情，其成交量呈现出逐步放大的趋势，则预示并线三线交叉形态成立，股价后市看涨。

（2）并线三线交叉形态要求5日均量线、30日均量线和135日均量线运行方向向上。

2. 顺向三线交叉

顺向三线交叉形态也是由5日均量线、30日均量线和135日均量线构成的，其形态一般表现为30日均量线与135日均量线顺向交叉，也就是30日均量线从下向上穿越135日均量线，形成黄金交叉，同时，5日均量线从下向上穿越这两条均量线的交叉点，并且5日均量线、30日均量线和135日均量线呈现多头排列形态。

该形态的主要特征如下

（1）若个股出现上涨行情，其成交量呈现出逐步放大的趋势，表明“顺向三线交叉”形态成立，股价后市看涨。

（2）顺向三线交叉形态中，5日均量线上穿30日均量线和135日均量线的交叉点是最好的买入时机。

3. 逆向三线交叉

逆向三线交叉形态由5日均量线、30日均量线和135日均量线构成，其形态一般表现为30日均量线与135日均量线逆向交叉，也就是30日均量线从上向下穿越135日均量线，形成死亡交叉，同时，5日均量线从下向上穿越这两条均量线的交叉点。

该形态的主要特征如下。

（1）在5日均量线从下向上穿越30日均量线和135日均量线的交叉点时，其成交量应出现有效的放大，这样“逆向三线交叉”形态成立，股价后市看涨。

（2）当5日均量线从下向上穿越30日均量线和135日均量线的交叉点时，股价已上涨到一定的高位，预示后市股价将会下跌，那么此信号则成为卖出的信号。

二、案例分析

下面来看一下几个实例，通过不同的形态分析，对三线开花这种方法捕捉黑马有更全面的认识。

1. 信维通信（300136）

（1）5 日均量线第一次上穿分析。

如图 2-12 所示，在信维通信（300136）日 K 线图中，该股股价经过前期的爬升之后，逐渐进入到回调阶段，并且其成交量也开始逐步萎缩。观察该股的日均量线，5 日均量线、30 日均量线、135 日均量线处于水平状态。

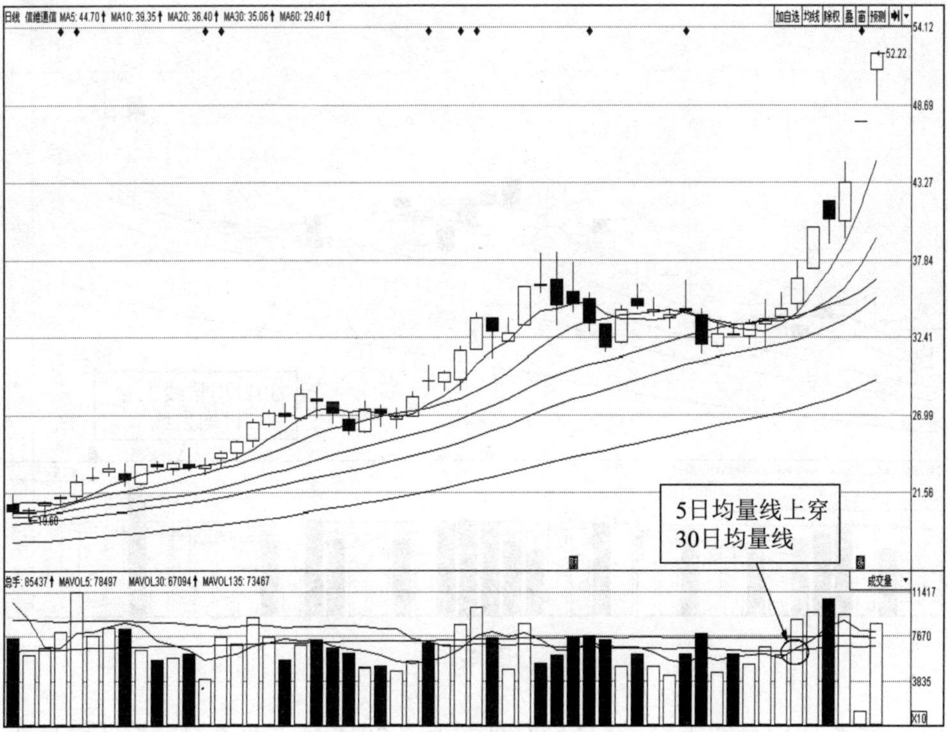

图 2-12

2015 年 5 月 7 日，日成交量突破 5 日均量线，表明该股交易活跃，后市看涨。同时，5 日均量线上穿 30 日均量线，再一次确认了这一信号，投资者可迅速跟进买入股票。

（2）5 日均量线第二次上穿分析。

如图 2–13 所示，在信维通信（300136）的日 K 线图中，该股股价出现小幅回调之后，其成交量也开始萎缩，并且 5 日均量线、30 日均量线、135 日均量线呈现出空头排列状态。

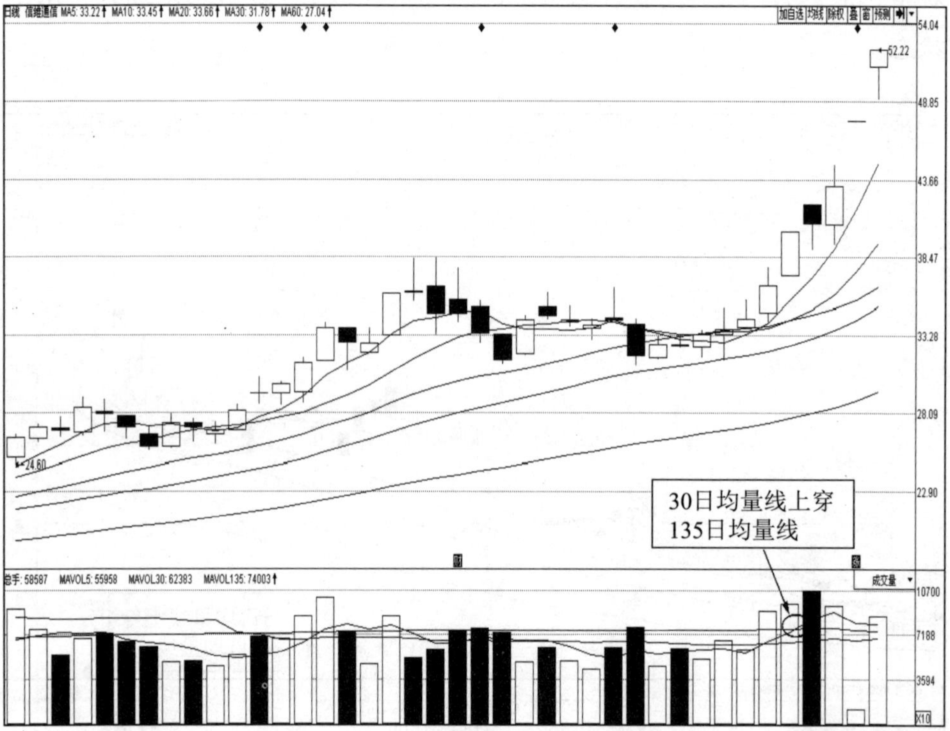

图 2-13

在 5 日均量线上穿 30 日均量线之后，2015 年 5 月 8 日，5 日均量线又上穿 135 日均量线，形成“三线交叉”形态，同时，其日成交量也开始逐步放大。

如此一来，股价便具备了涨停的潜能。投资者在日均量线形成这种形态时，应积极介入，买入股票获取筹码。

（3）买入时点分析。

如图 2–14 所示，在信维通信（300136）的分时图中，该股股价小幅高开之后，便出现了一波急速拉升。不过该股主力并未一鼓作气地将股价拉升至涨停，之后股价开始进入横盘整理的状态。

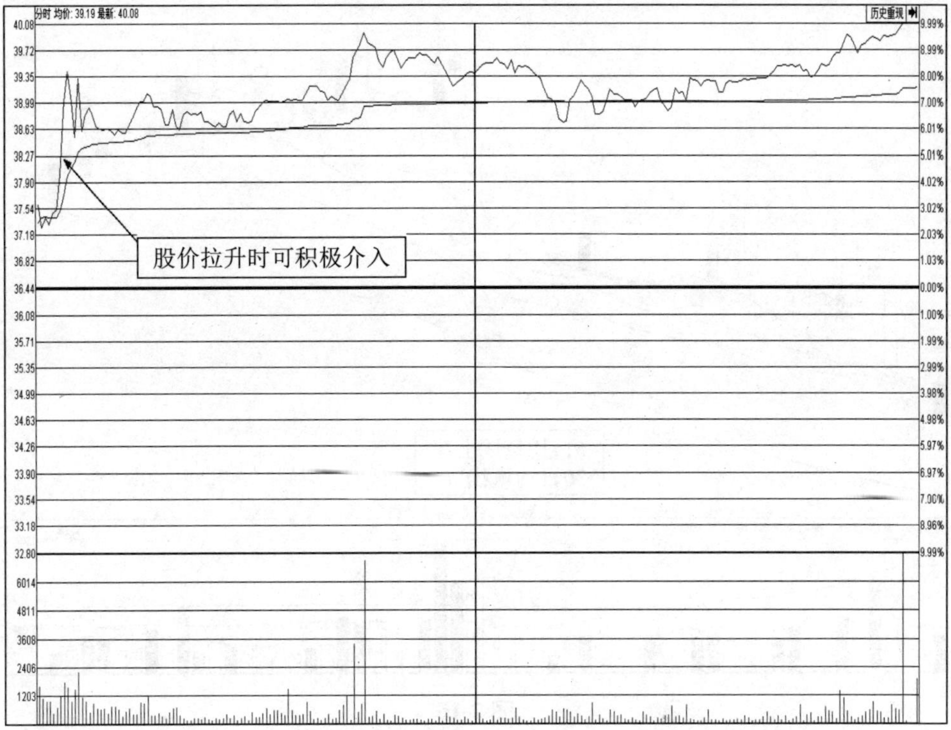

图 2-14

投资者在日 K 线图中根据成交量的均量线形成的“三线交叉”形态确认买入信号之后，应在拉升阶段积极介入。在这一阶段买入股票，可降低投资者的持仓成本，形成更大的获利空间。

2. 艾派克（002180）

（1）5 日均量线第一次上穿分析。

如图 2-15 所示，在艾派克（002180）的日 K 线图中，该股股价前期基本上处于一种楔形整理状态，从技术形态上来看，具有向上突破的可能。

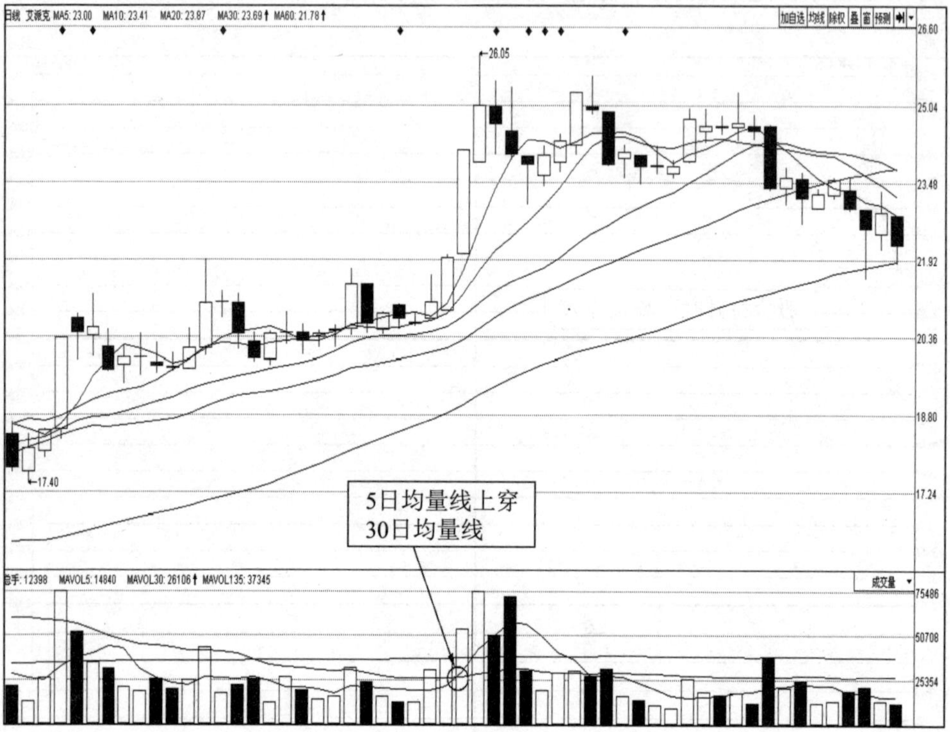

图 2-15

再结合该股成交量的日均量线来进行观察，2014 年 9 月 2 日，5 日均量线上穿 30 日均量线形成“三线交叉”形态的先兆，预示着股价后期将会出现上涨的行情。投资者在该信号出现之后应积极布局，如此操作可以获得追涨的筹码。

（2）5 日均量线第二次上穿分析。

如图 2-16 所示，在艾派克（002180）的日 K 线图中，该股成交量出现“地

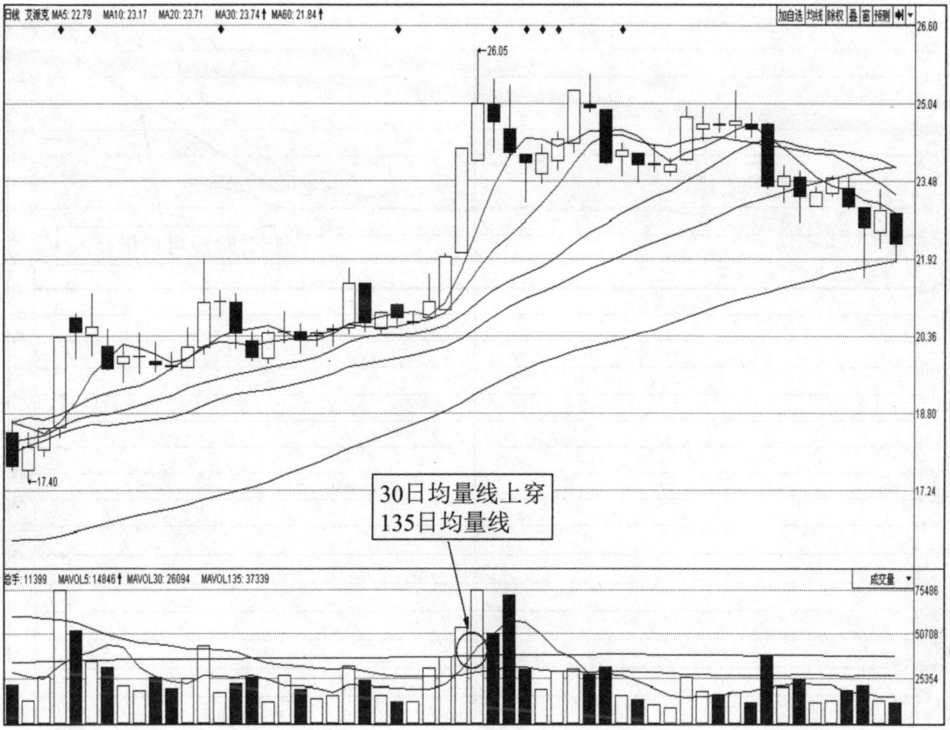

图 2-16

量”之后，其量能开始逐渐放大，表明市场人气逐步回升，该股交投趋向活跃。

再观察其成交量的日均量线，在 5 日均量线上穿 30 日均量线的当日，5 日均量线又上穿了 135 日均量线，形成完整的“三线交叉”形态，此形态表明股价后市将会加速上涨。在形态确认之后，投资者应积极跟进买入股票。

（3）买入时点分析。

如图 2–17 所示，在艾派克（002180）的分时图中，股价开盘之后出现了一波缓慢的爬升，之后便进入到横盘整理阶段。在这一过程中，股价走势表现平平，很难引起市场的注意。

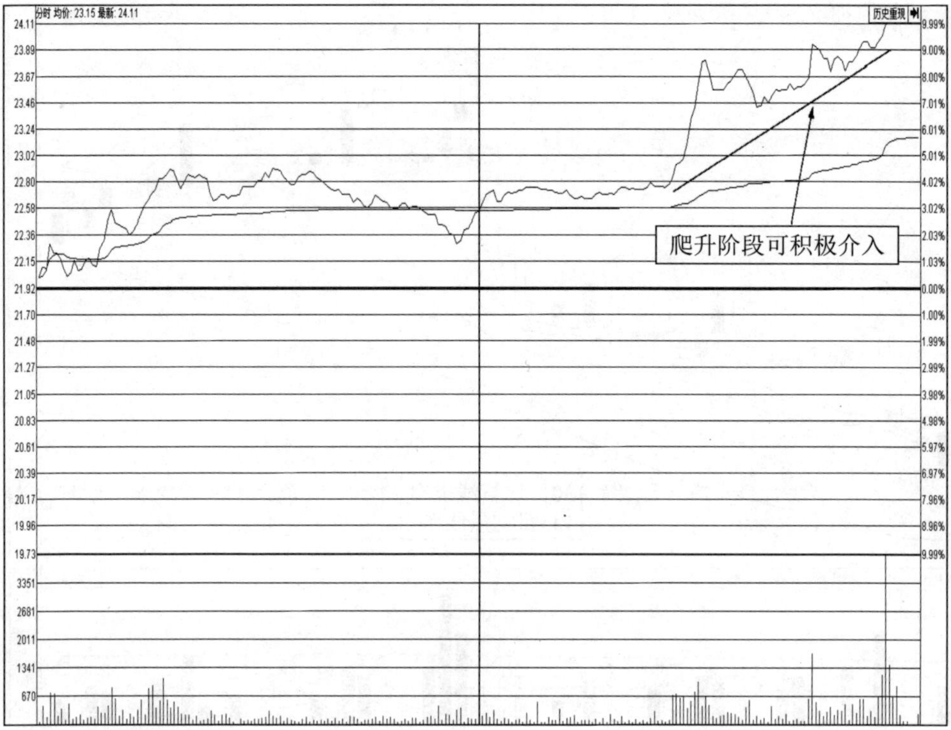

图 2-17

不过，投资者在观察到日均量线形成的“三线交叉”形态，确认发出买入信号之后，应在股价横盘阶段买入筹码。尾盘时的放量拉升阶段，也是投资者买入股票的良好机会，追涨之后可在形成利润空间时卖出股票，以期获取追涨的短期收益。

除了上述几种研判形态外，还可以在三线交叉的基础上，结合其他技术指标发出的买进信号，从侧面进一步证明三线开花的有效性，以提高研判的准确率。

第四节 均量线二次金叉捕捉黑马

均量线表现出的不同形态，是投资者研判行情走势的有力暗示。前一节中提到了均量线三线开花形态，那么，这里将展开对另外一种形态的探讨，即二次金叉。

在成交量图中可以看出，均量线在成交量的柱形图之间来回穿梭波动，指示着股价变动的趋向。在市场上涨行情初期，均量线随股价的上涨不断创出新高，显示市场人气正在经历一个聚集的过程。

当市场行情进入尾声时，尽管股价再创新高，但均量线已衰退疲软，形成价量背离，这种情况表明市场追高意愿发生变化，股价也已接近顶部，后市将有可能出现反转。

在市场下跌行情之初，均量线一般随股价的下跌持续下跌，显示市场人气涣散。当下跌趋势接近尾声时，即使股价不断创出新低，但均量线亦多已走平，或企稳上升，这时表明股价已经见底，投资者可以考虑伺机介入。

在实际的股票交易中，投资者利用均量线形成的“黄金交叉”来寻找买点，是一种行之有效的方法。均量线二次“黄金交叉”，表明股价上涨动力十足。同时，在量能的有效配合下，股价往往会出现涨停。投资者可在均量线出现二次“黄金交叉”之后积极买入股票，追击涨停获取收益。

一、形态特征

在个股行情启动初期，短期均量线自下而上穿越中长期均量线所形成的交叉叫做“黄金交叉”。均量线二次“黄金交叉”形态，一般情况下是指5日均量线上穿30日均量线形成的交叉，30日均量线上穿135日均量线形成的交叉。

在个股成交量的均量线出现两次金叉之后，预示着股价后市会出现一波上涨行情。在成交量有效配合的情况下，股价亦会出现涨停走势。投资者可利用这种形态追击个股涨停板，获取短期收益。

二次“黄金交叉”形态的操作要点如下。

（1）当股价大幅下跌之后，短期、中期、长期三条均量线出现“黄金交叉”形态，预示着股价后市看涨，投资者可以根据这种形态买入股票。

（2）均量线形成黄金交叉之后，短期、中期、长期三条均量线应呈现多头排列，也就是短期均量线位于最上方，中期均量线位于中间，长期均量线位于最下方。

（3）当短期均量线上穿中期均量线，中期均量线上穿长期均量线时，若成交量能有效放大，将确认买入信号的准确度。

二、案例分析

这里通过几个实例来验证上述几个操作要点。

1. 航天通信（600677）

（1）5日均量线上穿分析。

如图2–18所示，在航天通信（600677）的日K线图中，该股股价经过前期的小幅爬升之后，开始出现了短暂的回调。同时，其成交量也逐渐萎缩，甚至出现了地量。

2014年6月24日，5日均量线上穿30日均量线和135日均量线，形成第一次“黄金交叉”，预示着股价后市将结束回调态势。当日量能出现有效放大，突破了5日均量线，也为股价的上涨提供了又一证明。出现这

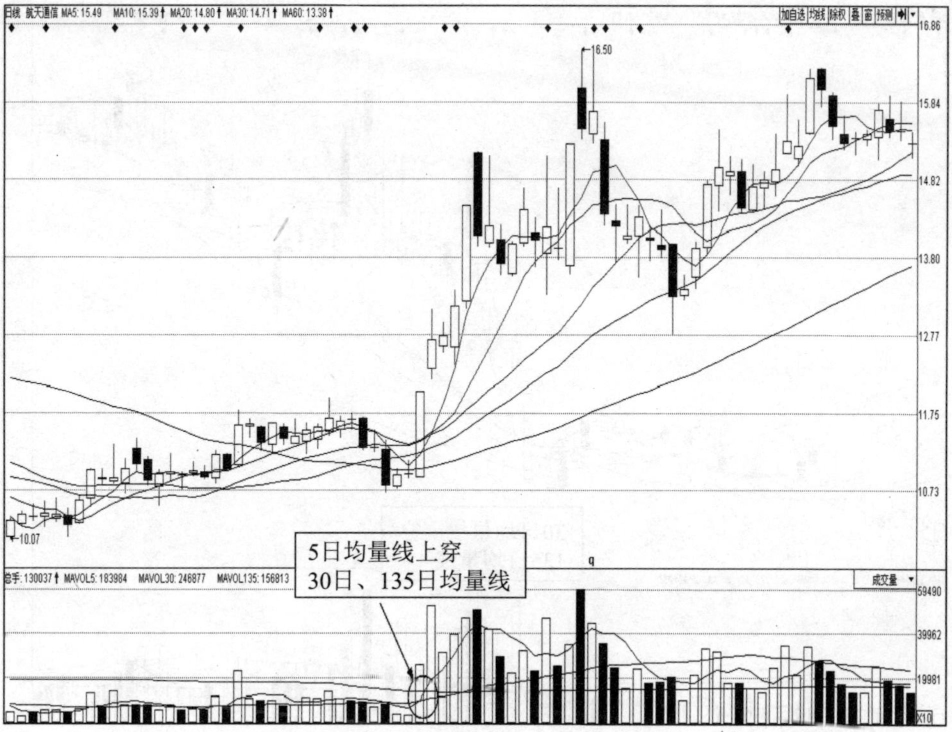

图 2-18

种形态时，投资者应积极关注股价的后市走势，寻找买入时机。

（2）30 日均量线上穿分析。

如图 2-19 所示，在航天通信（600677）的日 K 线图中，该股股价结束回调走势之后，出现了强势反转。十字星之后出现的光头光脚阳线，突破了前期的价格高点，表明股价上涨动能强劲，后市仍有上行空间。

2014 年 6 月 30 日，30 日均量线上穿 135 日均量线，形成均量线的第二个金叉。此时两次金叉形态完成，在成交量的有效配合下，股价也封上涨停。投资者可在第二个金叉形成时积极介入，追击买入获得筹码，以期获得短期回报。

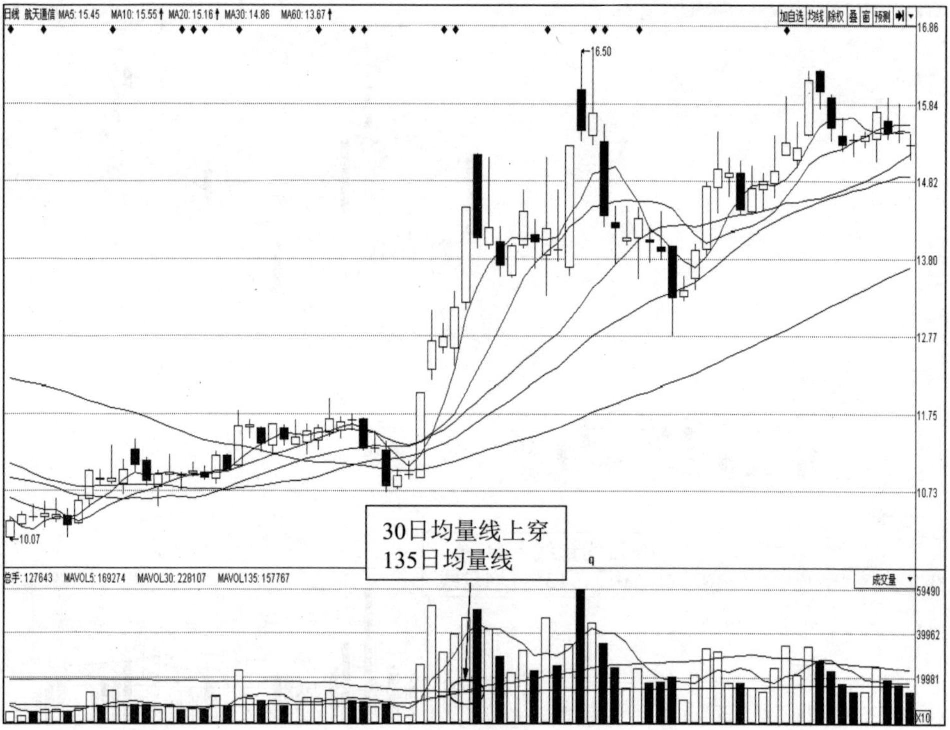

图 2-19

（3）买入时点分析。

如图 2-20 所示，在航天通信（600677）的分时图中，股价开盘之后就开始了一波向上爬升的行情，同时其成交量也出现了有效放大。根据均量线两次金叉发出的买入信号，投资者可积极介入获取筹码。

股价经过一段横盘走势之后，在上午收市之前急剧拉升，并且上封涨停。投资者亦可在此处买入以获取筹码，待股价下一个交易日冲高形成获利空间后再卖出股票，以获取短期收益。

2. 华星创业（300025）

（1）5 日均量线上穿分析。

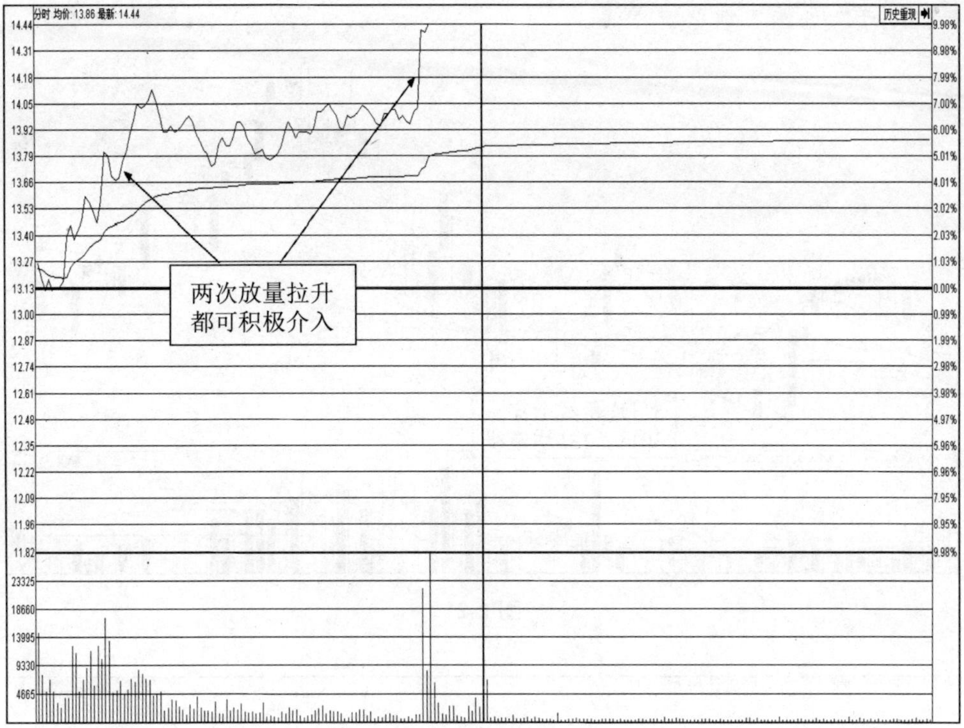

图 2-20

如图 2-21 所示，在华星创业（300025）的日 K 线图中，该股股价经过前期的回调之后，开始进入爬升阶段。观察该股成交量指标的均量线，2014 年 1 月 17 日，5 日均量线上穿 30 日均量线，之后 1 月 22 日又上穿 135 日均量线，形成了第一次黄金交叉。

投资者在第一次出现"黄金交叉"之后，应密切关注股价的后期走势，再结合其他指标寻找合理的介入时机。

（2）30 日均量线上穿分析。

如图 2-22 所示，在华星创业（300025）的日 K 线图中，股价小幅上涨之后，出现了急速的下跌走势。当日 K 线走出十字星之后，股价又进入到上升行情之中，可见这一回调可能是主力有意为之，目的是为后市拉升

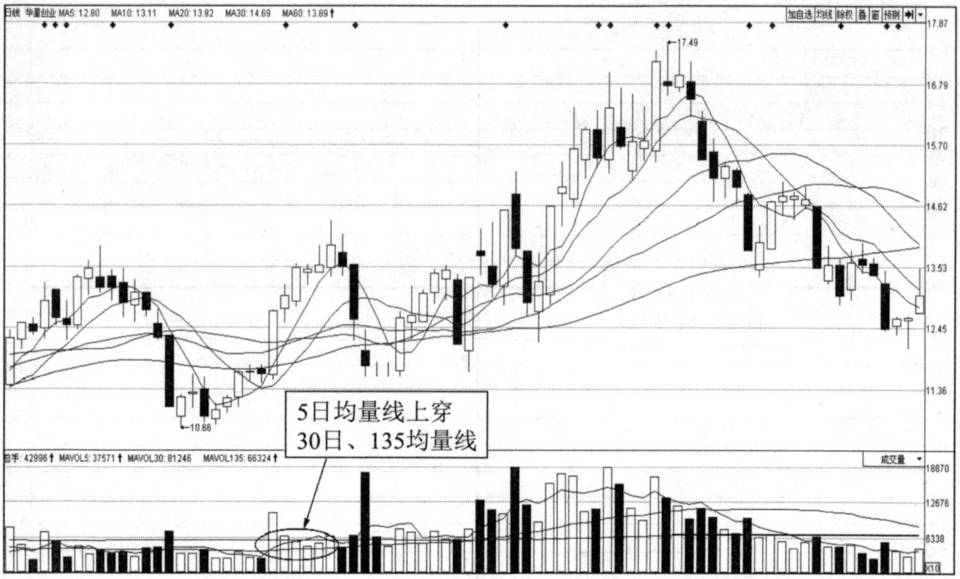
日线 华星创业 MA5: 12.80 MA10: 13.11 MA20: 13.92 MA30: 14.69 MA60: 13.89
17.49
10.66
5日均量线上穿
30日、135均量线
总手: 42996 MAVOL5: 37571 MAVOL30: 81246 MAVOL135: 66324
成交量

图 2-21

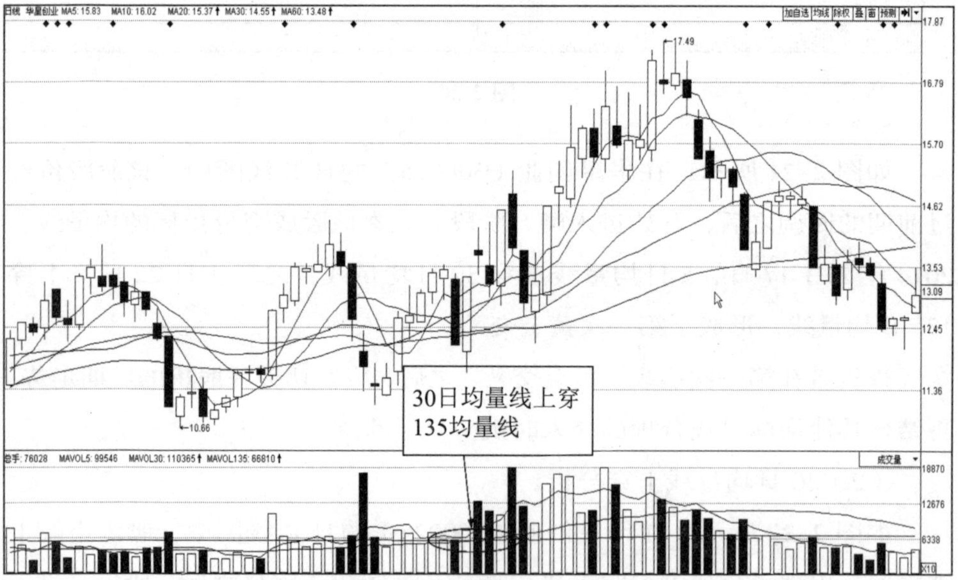
日线 华星创业 MA5: 15.83 MA10: 16.02 MA20: 15.37 MA30: 14.55 MA60: 13.48
17.49
10.66
30日均量线上穿
135均量线
总手: 76028 MAVOL5: 99546 MAVOL30: 110365 MAVOL135: 66810
成交量

图 2-22

股价创造条件。

2014 年 3 月 26 日，30 日均量线上穿 135 日均量线，形成了第二次黄金交叉。同时，其当日量能也出现有效放大，并且上穿三条均量线，为股价的上涨提供了有力的支撑。投资者此时可以积极追涨，以期获得短期收益。

（3）买入时点分析。

如图 2–23 所示，在华星创业（300025）的分时图中，该股股价小幅低开后，便开始向上爬升，同时其成交量也出现了放大。之后股价便进入了小幅回调走势。此时，因为股价表现并不强势，所以投资者很难做出判断并买入股票。

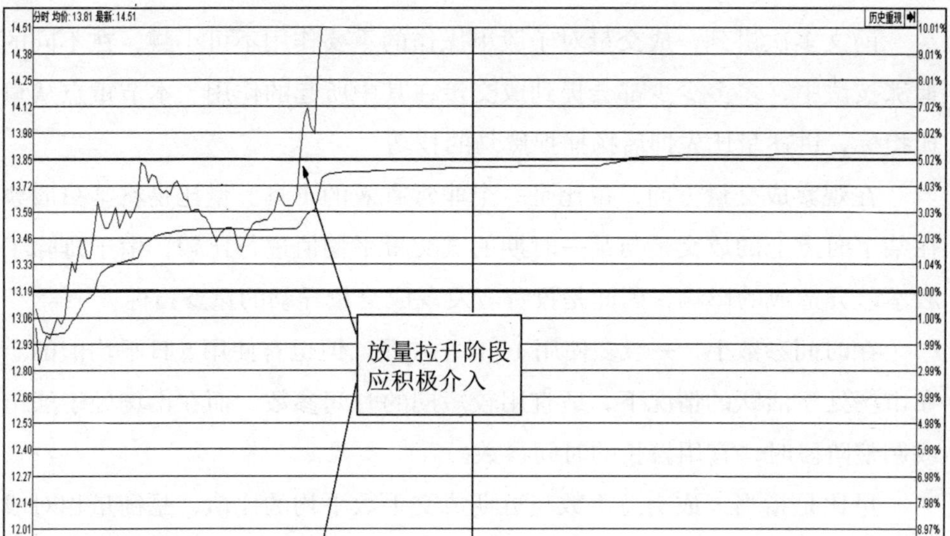

图 2-23

经过小幅回调，股价又重拾升势，并且出现了急剧拉升的状态。伴随成交量的有效放大，股价最终封上涨停板。根据均量线两次金叉指示的买点，投资者此时应迅速跟进获取筹码，如此才能获得追涨收益。

由此观之，均量线二次金叉捕捉黑马，需要投资者结合成交量和股价的变化进行综合分析，并时刻关注三条均量线形成的形态，以此来谨慎分析，研判行情，做出有益于自己的操作。

第五节　量比先抑后扬捕捉黑马

前文多次讲到，成交量对于股市操作的重要作用不可小觑，在不同的追涨技法中，多多少少都会提到成交量在其中所起的作用。本节重点从量比指标，讲述量比先抑后扬捕捉黑马的技巧。

在观察成交量方面，量比是一个非常有效的工具。量比是将某只股票在某个时点上的成交量与某一时期的成交量平均值进行比较，由于排除了股本差异造成的影响，因此是投资者发现成交量异动的重要指标。

在时间参数上，一般多使用 10 日平均量，但也有使用 5 日平均值的。在市场处于活跃的情况下，适宜用较短期的时间参数，而在市场处于熊市或调整阶段时，宜用较长的时间参数。

量比是指当天成交总手数与近期成交手数平均的比值，是衡量相对成交量的指标。它是指股市开市后平均每分钟的成交量与过去 5 个交易日平均每分钟成交量之比。

其计算公式为：

量比 = 现成交总手 /[（过去 5 个交易日平均每分钟成交量）× 当日累计开市时间（分）]

量比数值的不同，往往对交易有不同的指示含义。一般情况下会有如下含义。

（1）量比为 0.8~1.5 倍，说明成交量处于正常水平。

（2）量比在 1.5~2.5 倍，为温和放量。如果股价也处于缓升状态，则涨势相对健康，可继续持股；若股价处于下跌状态，则可判断跌势难以在短期内结束，投资者可考虑暂时离场。

（3）量比在 2.5~5 倍，则为明显放量。若股价相应地突破重要支撑或阻力位置，则突破有效的概率很高，投资者可以进行相应的操作。

（4）量比达 5~10 倍，则为剧烈放量。如果个股处于长期低位时出现剧烈放量突破，后市上涨空间巨大。如果个股已有巨大涨幅，此时出现如此剧烈的放量，投资者应高度警惕。

（5）量比达到 10 倍以上，一般可以考虑反向操作。在涨势中出现这种情形，说明见顶的可能性较大。即使行情不是彻底反转，至少涨势会休整相当长一段时间。在股价阴跌的后期，突然出现巨大的量比，说明该股在目前位置彻底释放了下跌动能。

（6）量比在 0.5 倍以下的缩量情形，也需要投资者好好关注。严重缩量不仅显示市场交易不活跃，同时也暗藏着一定的市场机会。缩量创新高的股票多数是长庄股，庄家控盘程度相当高，而且可以排除拉高出货的可能。缩量调整的股票，特别是放量突破某个重要阻力位之后缩量回调的个股，常常是市场上的买入对象。

（7）涨停板时量比在 1 倍以下的股票，上涨空间无可限量，第二天开盘即封涨停的可能性极高。在跌停板的情况下，量比越小，则说明杀跌动能释放得越不充分，后市下行空间越大。

（8）当量比大于 1 时，说明当日每分钟的平均成交量大于过去 5 日的平均值，交易比过去 5 日活跃；当量比小于 1 时，说明当日成交量小于过去 5 日的平均水平。

一、形态特征

在实际交易中，量比先抑后扬的形态一般表现为，当个股经过长期的横盘整理之后，量比变小，股价也会走低。在这个过程中，若量比突然扩大，股价也迅速拉升，则意味着股价后市将会出现一波上涨行情。

量比指标有以下操作要点。

（1）个股经过长时间的横盘整理，其量能配合合理，即量价关系呈现出量增价升、量减价跌的走势。

（2）在横盘整理的尾端，主力运用缩量洗盘的方法，使股价出现下跌。

（3）经过一段时间的下跌之后，股价企稳回升，量比也急剧扩大，出现量增价涨的态势。

（4）当股价上涨到前期横盘整理位置时，往往会被大幅拉升。此时，个股的涨停板常常会出现在股价上涨过程中。

二、案例分析

下面来看几个实例，通过案例分析对量比先抑后扬这种形态捕捉涨停板形成直观认识。

1. 和顺电气（300141）

（1）横盘整理分析。

如图 2-24 所示，在和顺电气（300141）的日 K 线图中，该股前期走势一直处于横盘整理态势，股价在一定的幅度内上下波动。观察该股的成交量指标，其成交量基本上处于“地量”状态，并未出现有效放大。

这一形态表明该股交投比较平淡，市场人气并不旺盛，对该股的后市走势也不看好。投资者遇到此类个股时，应留心观察其成交量的变化，以免错过最佳的买入时机。

（2）量比分析。

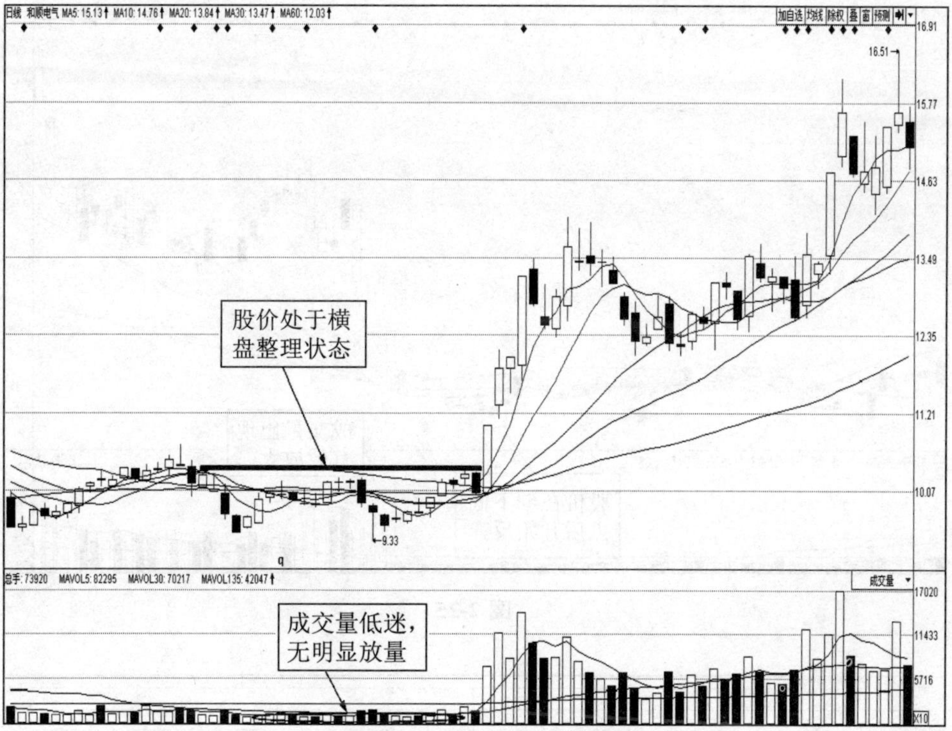

图 2-24

如图 2–25 所示，在和顺电气（300141）的日 K 线图中，该股股价经过前期的盘整之后，出现了小幅下跌，并且创出了新的低点。之后，股价并未延续前期的下跌走势，而是开始企稳反弹。可见，此处是主力控盘有意为之，目的是为后期拉升股价创造条件。

在横盘整理时，股价冲破多条均线并走出了涨停阳线，同时，成交量也出现了有效放大，量比不断扩大，形成了量比先抑后扬的态势。投资者若在这时积极介入，可以获得不错的追涨收益。

（3）买入时点分析。

如图 2–26 所示，在和顺电气（300141）的分时图中，该股股价小幅高开之后，开始进入向上爬升的阶段。在股价向上爬升的过程中，成交量

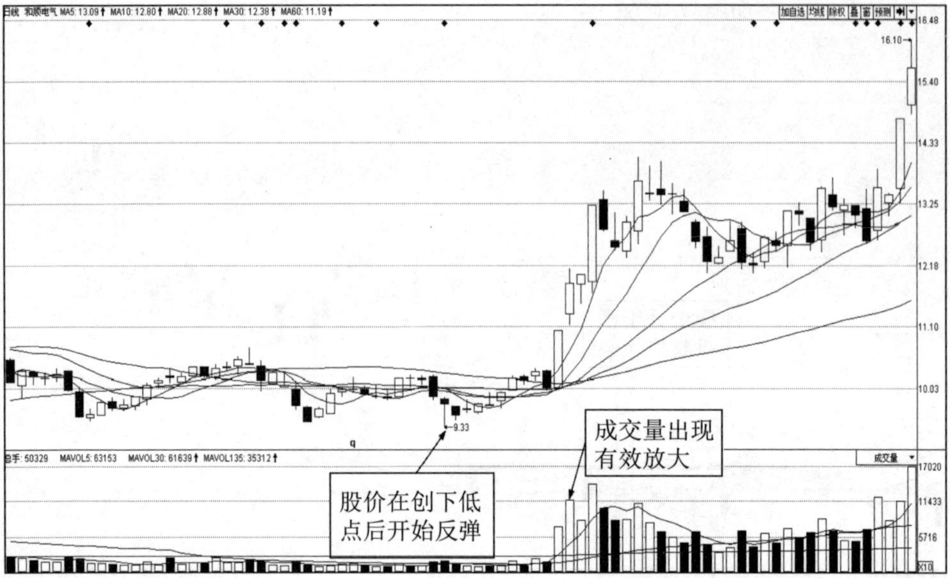

图 2-25

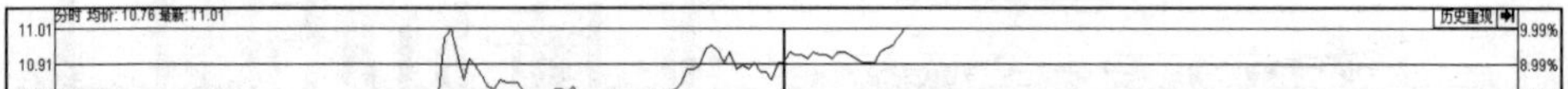

图 2-26

也逐步放大，呈现出价涨量增的态势。

投资者根据股价前期形成的“量比先抑后扬”态势，在股价爬升的过程中可以积极介入，获取追涨的筹码。在股价横盘之后的第二次拉升过程中，投资者亦可介入，待股价下一交易日冲高后卖出股票，以获取短期追涨收益。

2. 中颖电子（300327）

（1）横盘整理分析。

如图 2-27 所示，在中颖电子（300327）的日 K 线图中，该股股价经过前期的向上爬升之后，开始进入到横盘整理状态。同时，其成交量也开始出现逐渐萎缩的态势，量比明显开始缩小。

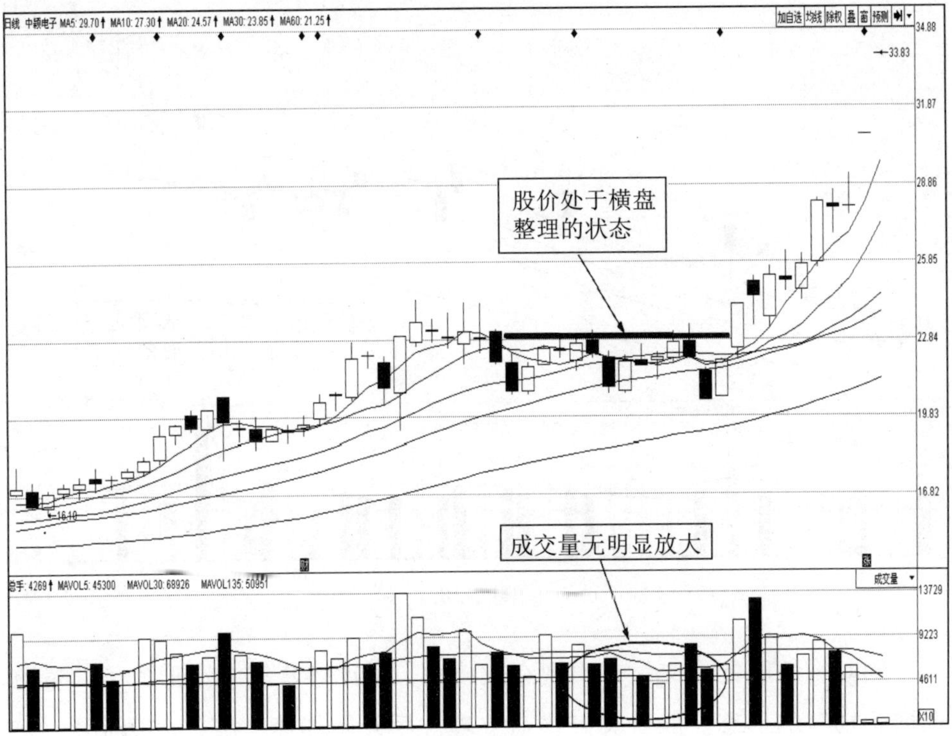

图 2-27

这一走势表明，该股的交投状态由活跃逐渐转向平淡。投资者在个股出现横盘整理走势时，可暂时离场，等到“量比先抑后扬”的形态确认之后，再寻找合适时机介入追涨。

（2）量比分析。

如图 2–28 所示，在中颖电子（300327）的日 K 线图中，该股股价在横盘整理的过程中创下新的低点，之后股价没有延续之前的跌势，下一个交易日出现的光头光脚阳线使股价逐渐企稳。

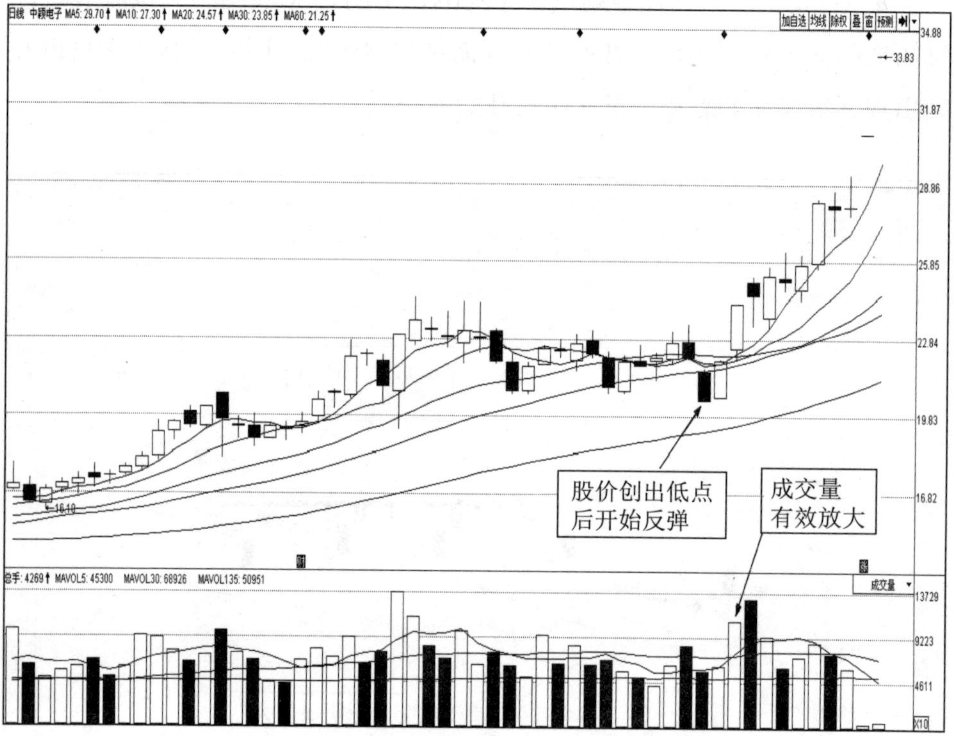

图 2-28

同时，该股的成交量也出现有效放大，量比逐步扩大，形成了“量比先抑后扬”的形态。股价突破横盘整理位后开始加速上涨，成功站上了 5

日均线。投资者可在此处积极介入，追击个股的涨停板，在股价拉出一定利润空间后，再卖出筹码获取利润。

（3）买入时点分析。

如图 2–29 所示，在中颖电子（300327）的分时图中，该股股价小幅高开之后，开始向上拉升。之后，股价并没有一鼓作气直接拉升到涨停位，而是开始进入到横盘整理阶段。由于个股所形成的“量比先抑后扬”的形态已表现出介入时机，投资者可在股价横盘整理的阶段买入股票。同时，投资者也可在股价第二次拉升时买入股票，在股价冲高后再卖出筹码，获取短期追涨收益。

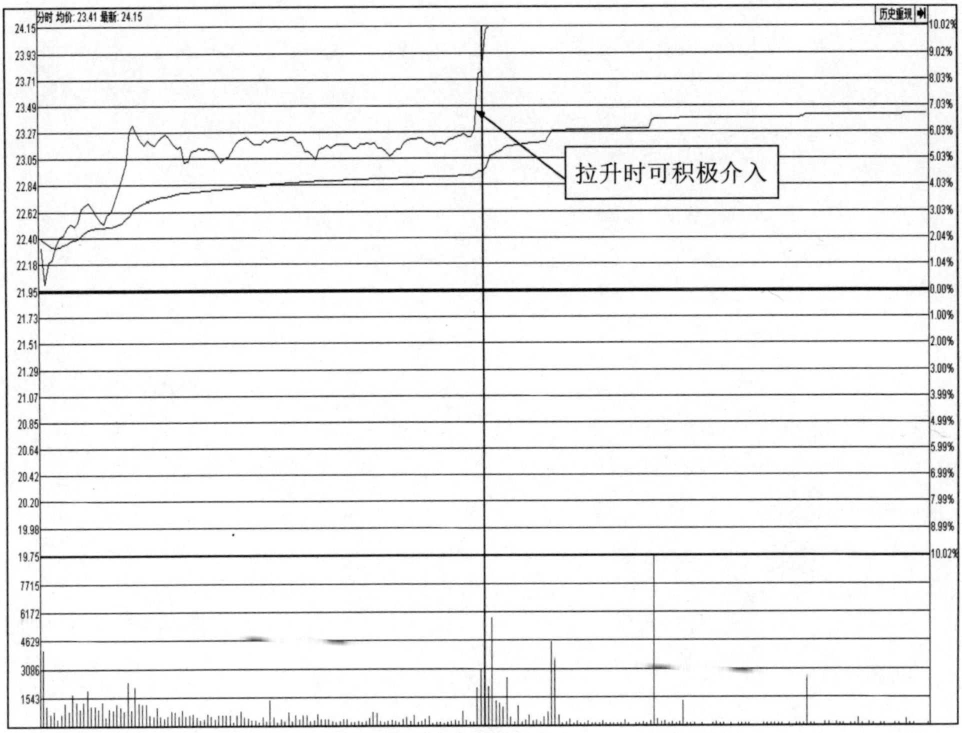

图 2-29

最佳的追涨时机是当个股完成初涨期并调整回落，重新确认原来的底部过程中，投资者从中选择时机介入，积极把握追涨的机会。

实战中，投资者需要掌握这种量比形态，一旦发现其具有先抑后扬的形态，就应该抓住机会介入，积极捕捉黑马。

第三章

黑马捕捉之短线买入定式

股价涨跌实质上是由于主力资金持续流入和流出导致的。主力资金少则几千万元，多则百十亿元。如此巨大的资金流入和流出，必然会在个股的盘面上留下痕迹。

主力建仓任何一只股票，在K线、成交量、均线上都有迹可循。通过个股形态走势识别主力资金的进出，就如老中医看面相。通过面相，便可知道人的身体健康状况，这是具有一定的可靠性和推理性的。

如果把这些技术面上的痕迹一个个整理出来，形成固定的操盘模式，则是一个个的“买入定式”了。读者只需依据这些操盘定式，按图索骥，就能准确地找到短线买入点了。据此买入，事半功倍。

本章罗列的十多个短线买入定式都是实战心得，涵盖了技术面操作的各个层次，读者朋友可以在操作中组合运用。

第一节 黑马均线买入定式

均线是最常用、最经典的技术指标之一，不少技术指标都是由均线系统衍生而来的。在短线交易中，均线的运用方法主要有以下几类。

一、10 日均线交易系统

10 日均线是一条短期均线，代表了近 10 个交易日内的市场平均交易成本。如果股价处于 10 日均线上方，近 10 日内买入的交易者皆获利，这时市场就会出现惜售心理，从而使得股价维持强势；反之，如果股价处于 10 日均线的下方，短期被套的交易者就会对股价上涨造成压力，因此股价会弱势运行。

需要注意的是，这里探讨的不仅仅是一个买入定式，也是一个“有买也有卖”的交易系统，可以成为独立操作的依据，也可以辅助其他买入技法进行操作。

（1）一条均线构成的短线交易系统。

在短线高手眼中，一条 10 日均线就可以构成一个完整的短线交易系统。

买入参考：10 日均线上买入持股，10 日均线下卖出持币。

股价上涨过程中，稳健的交易者在股价跌破 10 日均线时应该立即卖出，以免出现亏损风险。卖出之后，可在后续行情中另找良机。

积极的交易者不必全部卖出持仓，为了防止高位筑顶，可适当进行减仓，然后关注接下来的走势。如果呈现顶部形态，则继续卖出。假如跌破

10日均线后只是短期调整，股价重新盘稳后会再次回归升势，此时会收复10日均线，可继续参考10日均线的买卖原则操作：股价上升趋势完好，则继续买入；反之则谨慎对待，择机高抛。

如图3–1所示，荣丰控股（000668）前期股价一直运行在10日均线下方，股价从14.5元左右一路下跌，最低跌至11.44元，之后股价横盘企稳。在这一过程中，交易者不宜过早买入，虽然这里可能是底部，但后市方向尚不明确。等股价站上10日均线，多头力量开始发力，这时可以分批买入。买入之后，如果股价不破10日均线，交易者可以耐心持有。

10日均线作为短线操作的参考线，实现了化繁为简、轻松获利的目的。纵观A股市场，大部分股票在强势拉升的时候，一般都不会跌破10日均线，

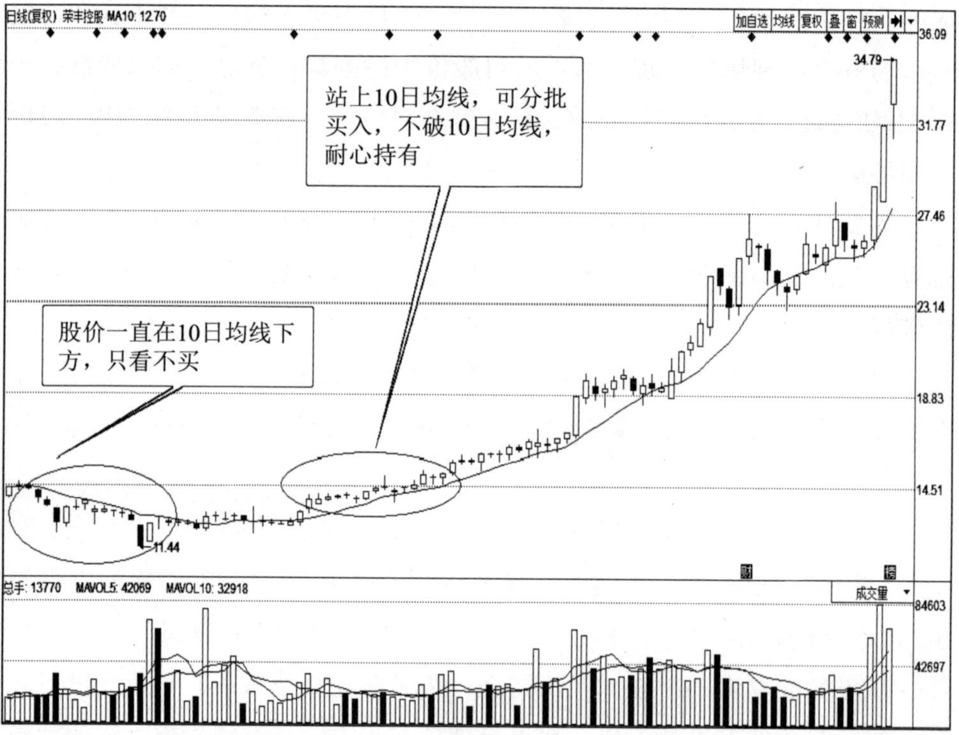

图3-1

特别是在连续拉升上涨之后，更应该重视这条均线的价值。如果10日均线被跌破，就应当减仓或者卖出。

（2）并非突破10日均线都是很好的买入时机。

10日均线代表了市场短期的运行趋势。当短期趋势还在下行时，10日均线对股价有压制和向下牵引的作用。当10日均线还是下行趋势时，股价突破10日均线并不是非常好的买点，因为此时很可能仅仅是个小反弹，股价或许还会在10日均线的牵引下再次下探。

比较可靠的买入点，应该是在10日均线往上翘时，这时冲过10日均线才是真正的突破，这时候买进就十分可靠了。

图3–2是当代东方（000673）的日K线走势图。当10日均线向上翘时，

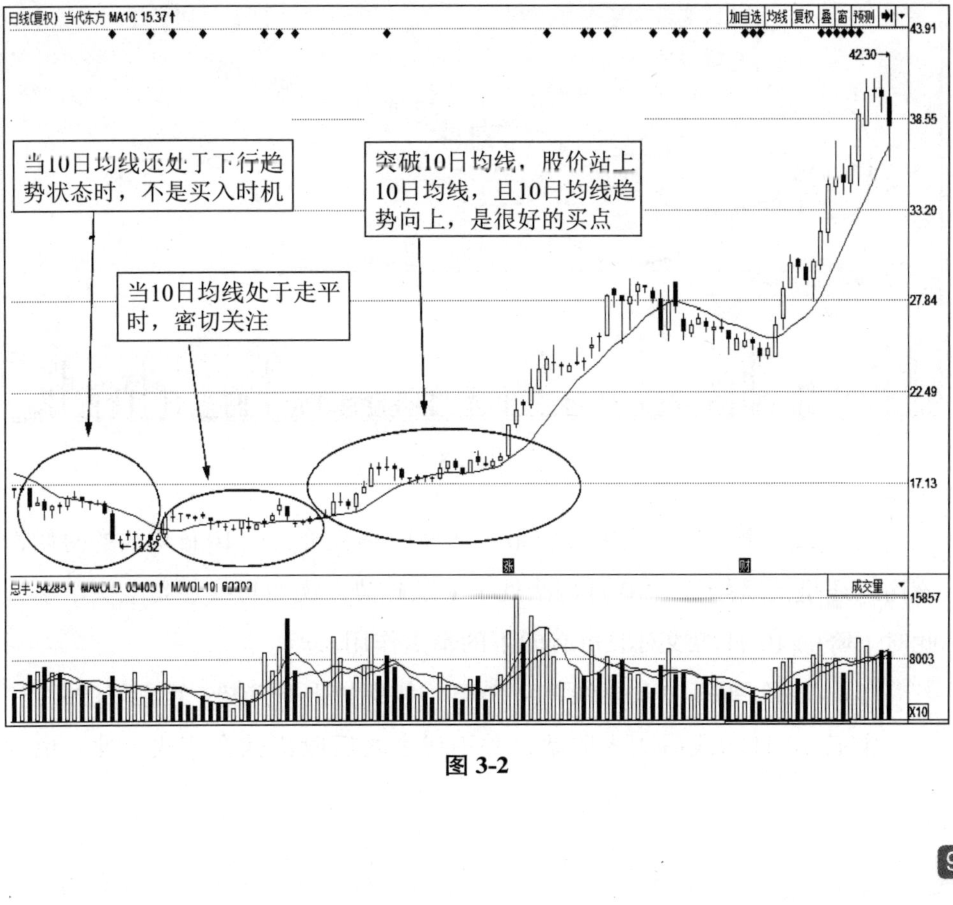

图 3-2

股价突破10日均线且站上10日均线时，是很好的买点。此时，短线交易者应该积极跟进，以获取短期利润。

图3–3是智度投资（000676）的日K线走势图。如果在A点买入，虽然股价站上了10日均线，却是一个失败的买入点，随后需要止损。

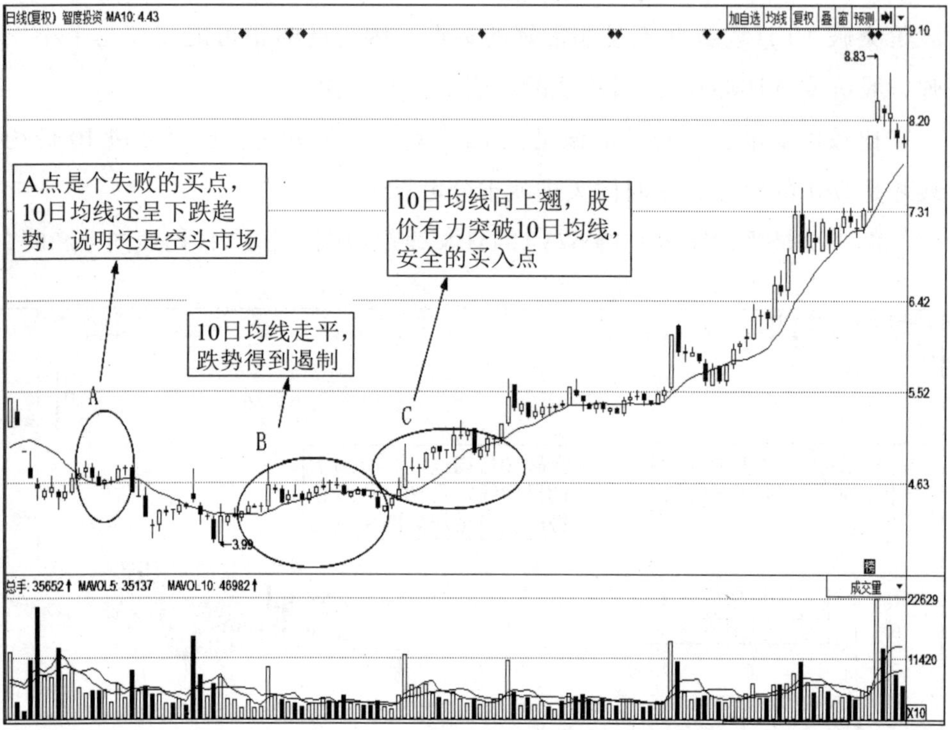

图 3-3

为什么这个买点会失败呢？最大的原因是股价突破10日均线的时候，该均线还呈下跌趋势。10日均线处于下跌趋势，说明短线还是空头市场，此时下降的10日均线对股价有向下的牵引作用。

（3）股价回踩10日均线，且10日均线保持上升趋势，是良好的买点。

突破10日均线后买入股票，并不代表之后股价就会直线上冲，也常有回调出现。股价回调到 10 日均线后企稳，之后再次启动上涨，可能会加速上升，这也是交易者买入的机会。股价回踩 10 日均线，买入的条件是前期股价涨幅不大，且 10 日均线还保持上升趋势。

图 3-4 中的太龙药业（600222），股价在突破 10 日均线后回调。仔细观察的交易者可以看到，回调时成交量是萎缩的，说明此时市场惜售，有假跌诱空的嫌疑。

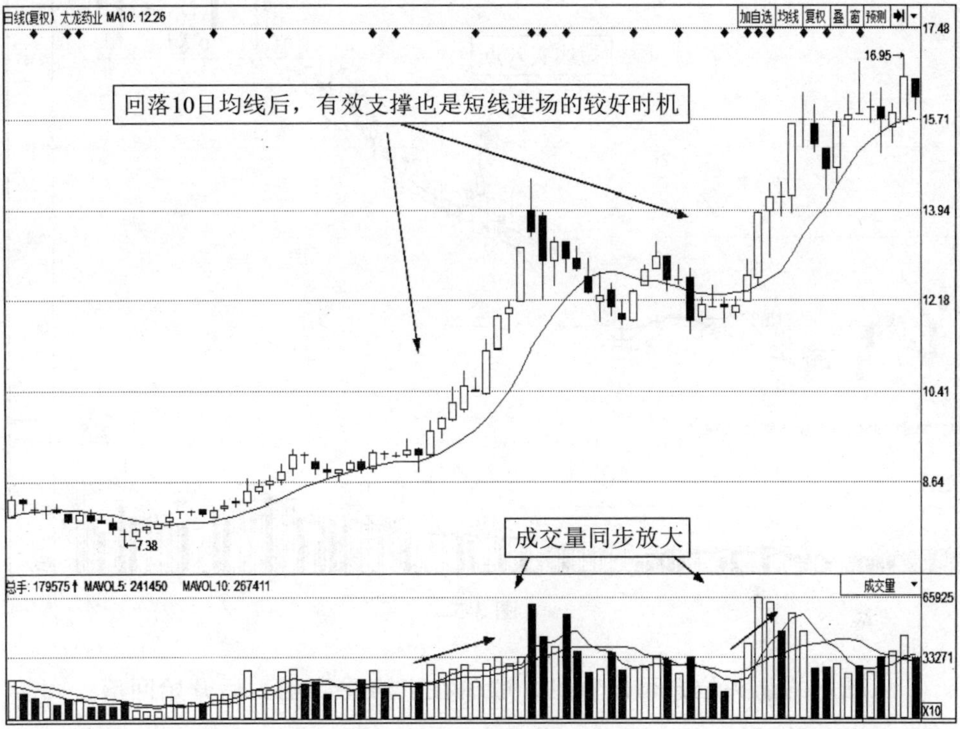

图 3-4

此后股价止跌攀升，可密切关注 10 日均线的支撑力度。如股价能够获得有效支撑，成交量同步放大，量价配合良好，将是短线买入的较好时机。

如图 3–5 所示，烽火电子（000561）的股价在底部启动后，就开始依托 5 日均线上涨，成交量也随之温和放大，这预示着股价已经进入了上涨趋势。

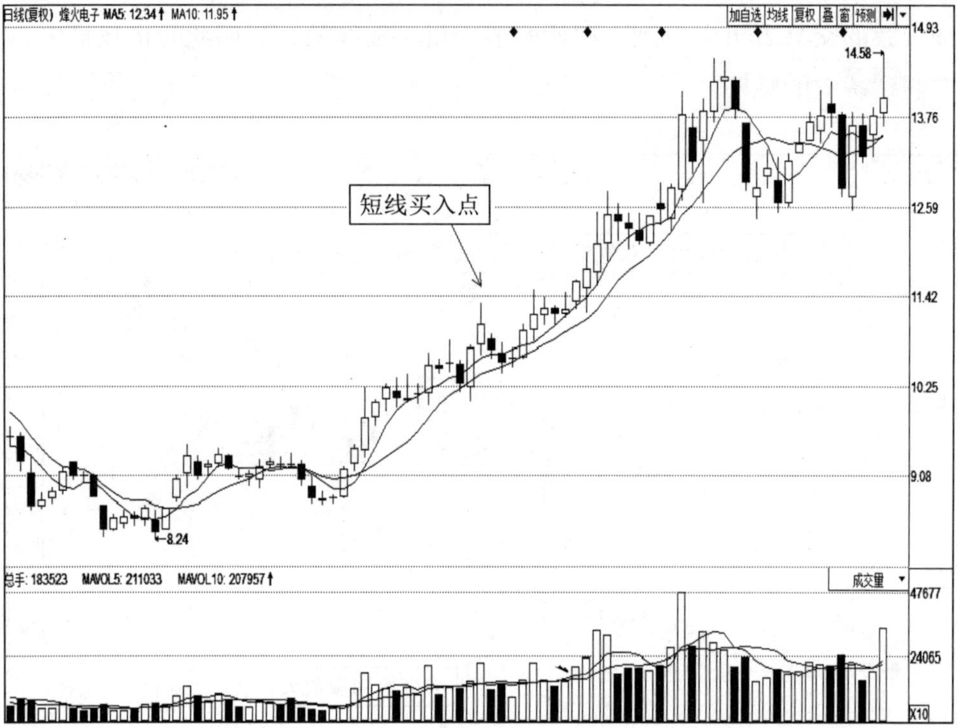

图 3-5

从图上的箭头位置可以看到，股价在上涨受到阻力后开始回落，回落过程中成交量不断缩量。股价回落到 10 日均线附近时，受到了均线的支撑，随后股价便掉头向上，继续往上攻击。短线交易者可以趁机买入，以期获得短线利润。

如图 3–6 所示，在上涨的过程中，海德股份（000567）的股价也依托 5 日均线上涨。从图上的箭头处可以看到，股价连续 4 天缩量回调，在 10

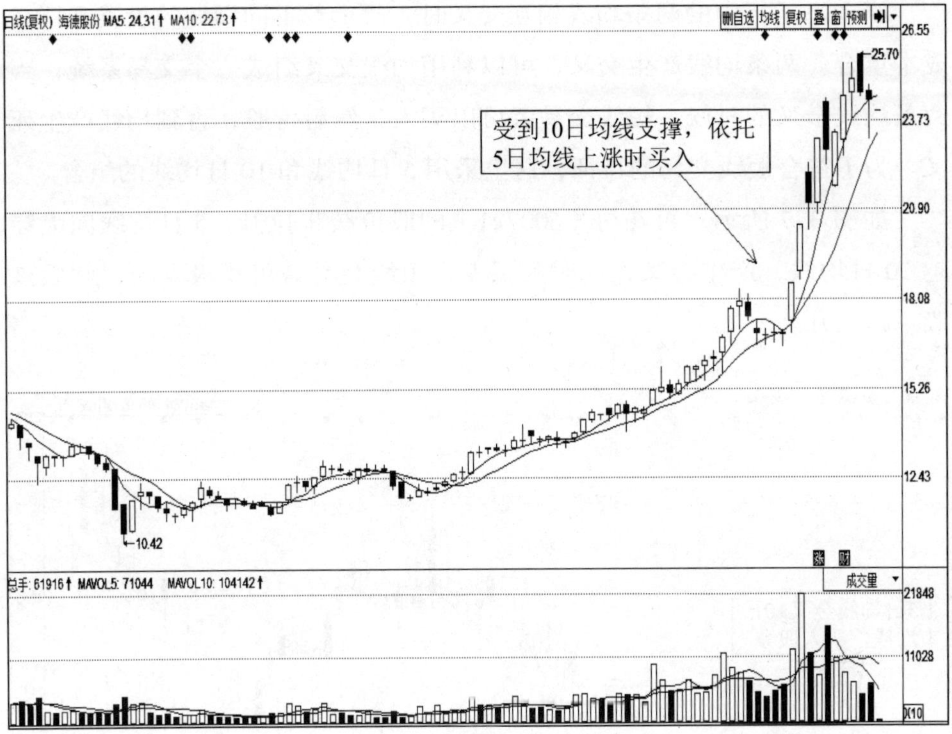

图 3-6

日均线附近得到了支撑，之后开始掉头向上，站上 5 日均线，此时短线交易者可以进场买入。

从图上可以看到，在上涨的过程中，股价缩量回落到 10 日均线附近，受到支撑后拉起。这是庄家边拉边洗盘的操盘方式。此时交易者须注意，等股价掉头向上时，那就是买点。

二、均线金叉买入定式

（1）两条均线构成的短线交易系统。

前面说的是一条 10 日均线对买卖时机的参考，现在来说说两条均线在实战中对买卖时机的指示作用。

当动态运行中的两条均线相互交叉时，预示着不同周期的投资者持仓成本重合。两条均线产生交叉，可以利用均线交叉组成一个交易系统，当两条均线金叉的时候，短线交易者可以买入，然后持股，直到均线产生死叉。为了符合短线交易的特征，这里采用 5 日均线和 10 日均线的组合。

如图 3–7 所示，百花村（600721）的股价缓步拉升，5 日均线向上穿越 10 日均线，产生金叉，此时为买点，短线交易者可积极参与，此后该股一路上升。

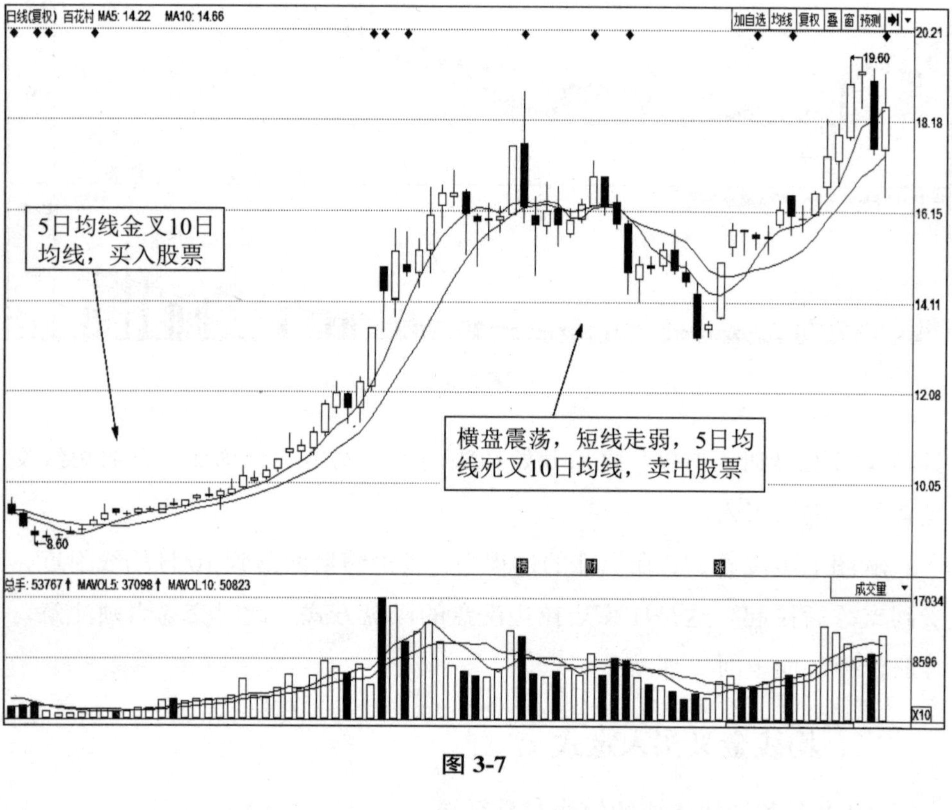

图 3-7

后期出现横盘震荡走势，市场短线走弱，这时要密切关注该股的后期走向。当 5 日均线死叉 10 日均线，交易者可以果断卖出股票。

从金叉买进股票到死叉卖出，形成一个完整的交易系统，这样就可以赚取大部分中间利润，盈利面比较大。

（2）两条均线金叉买进。

当5日均线从下往上交叉比其周期更长的10日均线时，称为“金叉”，反之则称为“死叉”。从字面上就可以看出，金叉能让我们挖掘金矿，死叉能让我们亏损；金叉往往助涨，死叉助跌。

在实际操作中，可以利用均线之间的金叉和死叉来进行相应的买入和卖出操作。当出现金叉时，个股上涨的概率总是大于下跌的概率。

如图3-8所示，上峰水泥（000672）日K线中的两条均线分别为5日均线和10日均线。当5日均线从下方上叉10日均线时，形成金叉，此时

图 3-8

交易者可以买入。当 5 日均线从上下叉 10 日均线时，形成死叉，此时可以卖出。

交易者只要按照这样的金叉买、死叉卖的方法操作，基本上都能获得阶段性的收益。考虑到指标的滞后性，先有股价下跌才有死叉形成，因此，在股价欲形成死叉的时候，就可以进行减仓操作，而不是等死叉形成之后再卖出。

标准的金叉应该是：周期长的均线走平然后上行，周期短的均线由下而上穿越周期长的均线。激进的交易者可以在普通的金叉时进场，谨慎的交易者可等 10 日均线上行时金叉买进，胜率较高。当 10 日均线正处于下跌趋势或横向波动时，说明此时的看涨信号不强，谨慎的交易者应该继续观察。

如图 3-9 所示，宁波富达（600724）从跌势反转上行，5 日均线与 10 日均线产生金叉，说明市场开始走强，是短线进场的时机。不过，该股这个金叉不是标准的金叉，因为 10 日均线还呈下行走势，可能会出现二次探底，只能少量参与。还好该股此后持续上涨，中间未出现回调，连续强势上涨。我们要知道，标准的金叉后期走势大多不是这样的。

（3）均线拒绝死叉可加仓。

股价波浪上行，均线也会跟随起伏变化。当股价回调的时候，5 日均线靠近 10 日均线而不产生死叉，再度抬头往上行，说明调整结束，短线交易者可积极加仓。

均线拒绝死叉是强势调整的表现，适合短线交易者介入。有些个股走势可能稍弱，均线死叉后又快速金叉，也说明调整结束，可以稳步加仓。

如图 3-10，瑞和股份（002620）的股价波浪上行，期间不断出现回调，导致两条均线靠拢。就在两条均线将要死叉的时候，股价再度拉起，这说明短线调整结束，是多头强势的表现。

5 日均线和 10 日均线拒绝死叉，是短线加仓的机会，交易者此时应

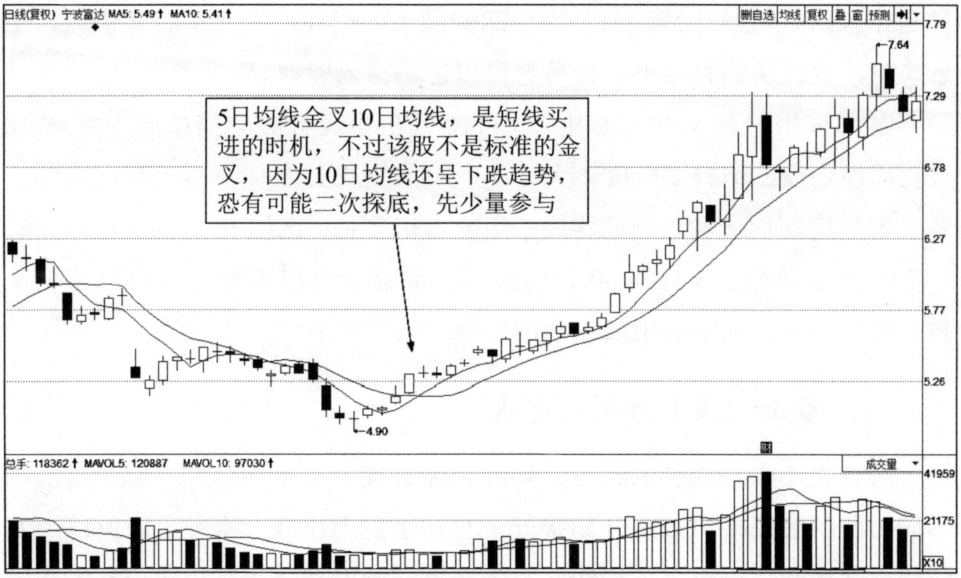
日线(复权) 宁波富达 MA5: 5.49 MA10: 5.41
5日均线金叉10日均线，是短线买进的时机，不过该股不是标准的金叉，因为10日均线还呈下跌趋势，恐有可能二次探底，先少量参与
7.64
4.90
7.79
7.29
6.78
6.27
5.77
5.26
总手: 118362 MAVOL5: 120887 MAVOL10: 97030
成交量
41959
21175
X10

图 3-9

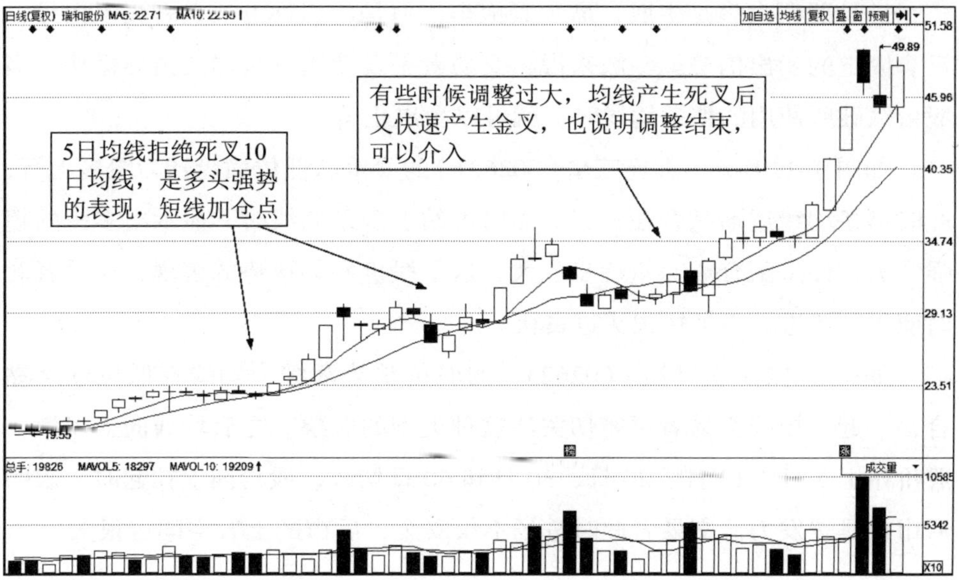
日线(复权) 瑞和股份 MA5: 22.71 MA10: 22.55
有些时候调整过大，均线产生死叉后又快速产生金叉，也说明调整结束，可以介入
5日均线拒绝死叉10日均线，是多头强势的表现，短线加仓点
49.89
19.55
51.58
45.96
40.35
34.74
29.13
23.51
总手: 19826 MAVOL5: 18297 MAVOL10: 19209
成交量
10585
5342
X10

图 3-10

果断介入。有时候行情稍弱，均线回调过大，但在产生死叉后又快速产生金叉时，也说明调整结束，交易者可以进场买入股票。

在均线拒绝死叉的形态中，5 日短周期均线可能会稍微向下跌破 10 日长周期均线，但只要幅度不大，该形态依然成立。

像短周期均线和长周期均线的组合有很多种，比如 10 日和 30 日均线，5 日和 20 日均线，5 日和 30 日均线等。交易者可以不断寻找自己感觉比较有效的一组，在实战中加以利用。

三、多条均线上方买入定式

股价在中低位震荡的时候，均线逐渐靠拢，甚至黏合在一起，这说明不同时期的股民持股成本开始接近，有利于主力拉升。有一天股价以中大阳线突然拔起，穿越多条均线，宣告庄家开始发动攻势，短线交易者正好趁机买进。

这种股票大多是牛股，需紧紧抱牢。但是，这种方法只有买入信号，没有固定的卖出信号。一般来说，交易者平日使用哪条均线指导操作，当股价跌破所使用的那条均线时，就可以卖出止盈了。

如图 3-11 所示，大连三垒（002621）的股价从低位横盘转为缓慢上行，此时多条均线逐渐黏合在一起。当股价站上多条均线时，显示出多头的超强实力，如果配合成交量逐步放大，这是股价发动攻势的表现，交易者此时应果断买进，不可错失买进良机。

如图 3-12，亚玛顿（002623）的股价跌势渐缓，均线在低位逐渐黏合在一起，短线交易者可密切关注这种类型的股票。之后均线向上发散，股价站上 5 日、10 日、20 日、30 日和 60 日均线，股价向上拉起时，表明后市极具爆发力。交易者此时进场不仅安全，后市的上升空间也很大。

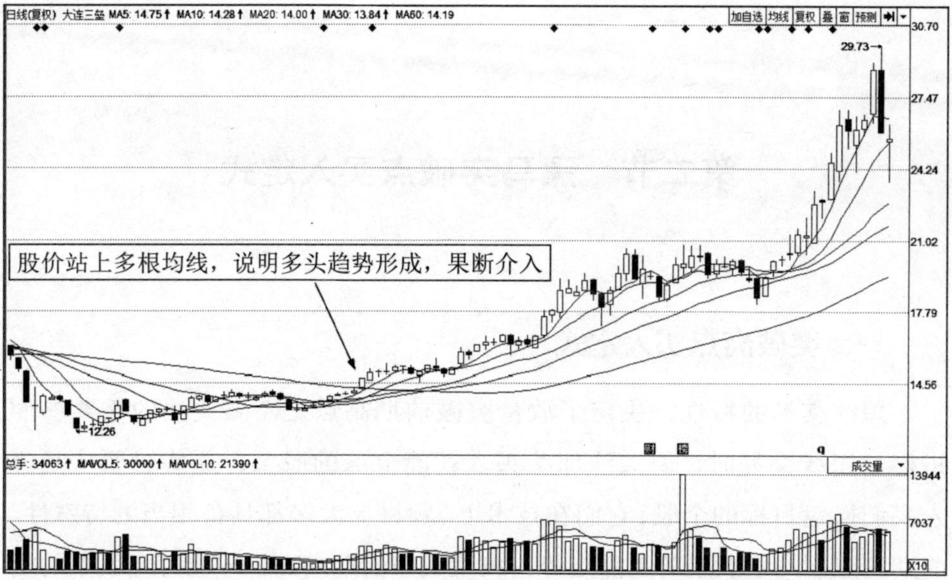
日线(复权) 大连三垒 MA5: 14.75↑ MA10: 14.28↑ MA20: 14.00↑ MA30: 13.84↑ MA60: 14.19
股价站上多根均线，说明多头趋势形成，果断介入
总手: 34063↑ MAVOL5: 30000↑ MAVOL10: 21390↑

图 3-11

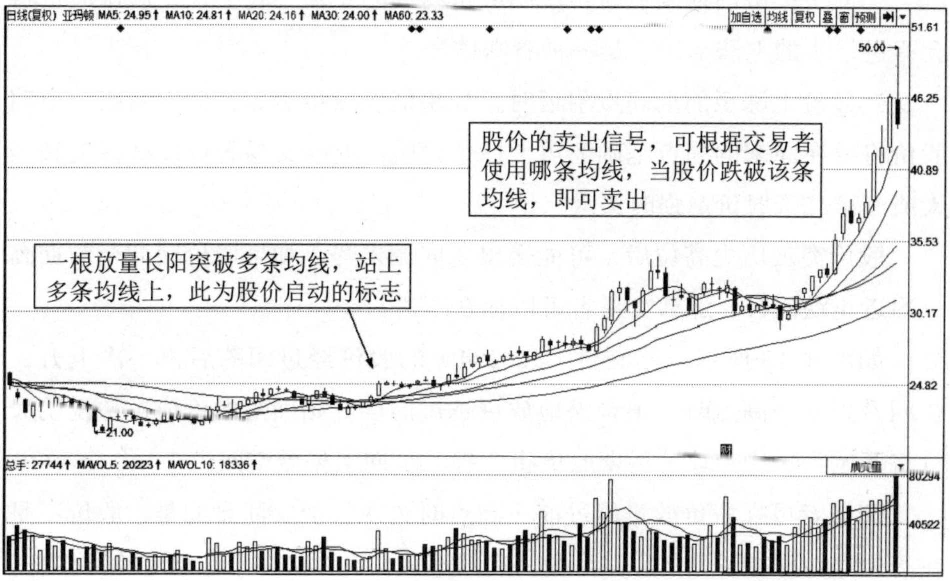
日线(复权) 亚玛顿 MA5: 24.95↑ MA10: 24.81↑ MA20: 24.16↑ MA30: 24.00↑ MA60: 23.33
股价的卖出信号，可根据交易者使用哪条均线，当股价跌破该条均线，即可卖出
一根放量长阳突破多条均线，站上多条均线上，此为股价启动的标志
总手: 27744↑ MAVOL5: 20223↑ MAVOL10: 18336↑

图 3-12

第二节　黑马突破点买入定式

一、突破高点买入定式

短线交易的特性，决定了放量突破前期高点是需要关注的重要参照指标。短线交易时，要关注那些买入就能上涨的股票，这些股票才是进入我们操盘目标的个股，它们在技术上、题材上大多都具备相当的特殊性。前期高点制约了股票的上涨走势，放量突破前期高点，才能打开股票的上涨空间。

当股价突破前期高点时，说明股价将要开始新一轮上攻，后市股价将会有进一步的上涨空间，是一种看涨信号。

当股价上涨至前期高点附近时，如果能够放量突破，创出新高，说明股价将要在原来的高点基础上再上一个台阶。此时交易者可以选择突破当天或者第二天股价走强时买入。

股价突破历史高位后，可能会出现回调走势。如果股价回调至前期高点附近止跌回升，那么交易者可以加仓跟进。

如图 3–13 所示，苏交科（300284）的股价经过回落后再一次上升，在回升到前一高点时，很轻松地放量越过前期开始回落的价位，这说明股价将开始新一轮上攻，后期股价将会进一步向上拓展空间。

交易者可在股价放量越过前一高点时买入。但要注意的是，股价不是在历史高位开始回落的，而是股价启动不久，或者是在上涨的中途回落的。另外，股价越过前一高点时，必须能够放量。

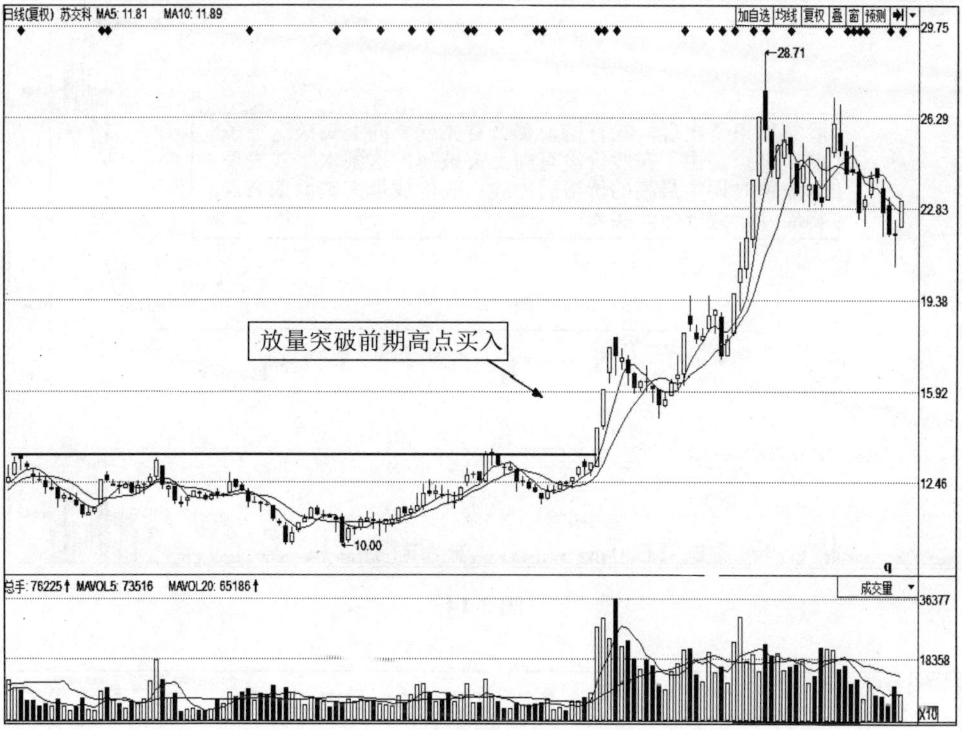

图 3-13

如图 3-14 所示，广电网络（600831）的股价长期未突破前期高点，受到前期高点的压制。如果广电网络要出现一波行情，那么首先就要向上突破这一条前期高点连成的直线。

在股价没有向上突破前，这条直线表现为横盘盘整时期中最高的价格阻力线。突破此线代表股价将结束底部吸筹阶段，展开一波上涨行情，突破后投资者应坚决买进。

如图 3-15 所示，宝信软件（600845）的股价在前一高点下跌后，随后出现企稳，并且迎来了一波反弹行情。在反弹接近前一高点时，受到阻力位的卖压回落。经过几天的盘整之后，股价又开始重拾涨势。

从图中可以看到，在股价越过前一高点时放量突破，说明这个突破是

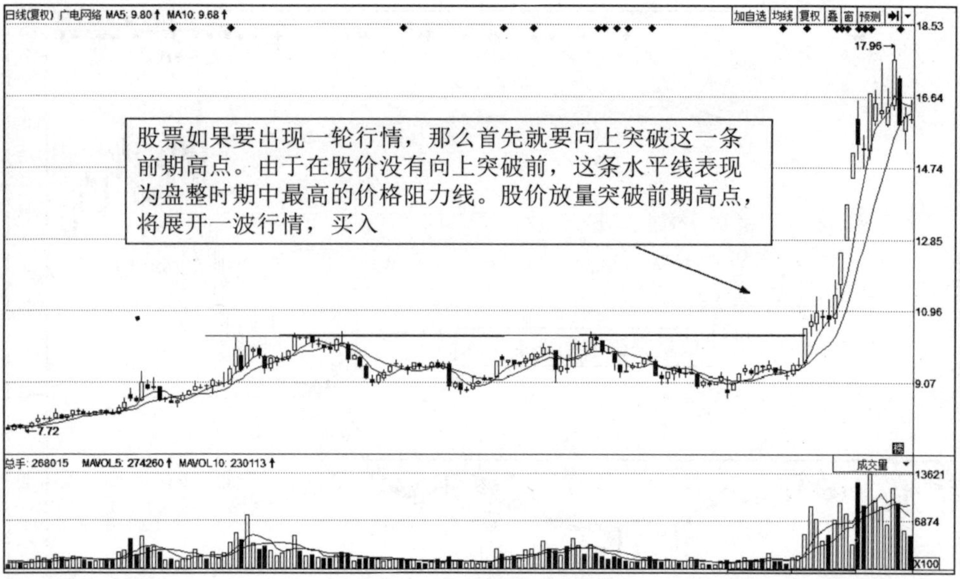
日线(复权) 广电网络 MA5: 9.80↑ MA10: 9.68↑
加自选 均线 复权 叠 窗 预测
18.53
17.96
16.64
14.74
12.85
10.96
9.07
7.72
股票如果要出现一轮行情，那么首先就要向上突破这一条前期高点。由于在股价没有向上突破前，这条水平线表现为盘整时期中最高的价格阻力线。股价放量突破前期高点，将展开一波行情，买入
总手: 268015 MAVOL5: 274260↑ MAVOL10: 230113↑
成交量
13621
6874
X100

图 3-14

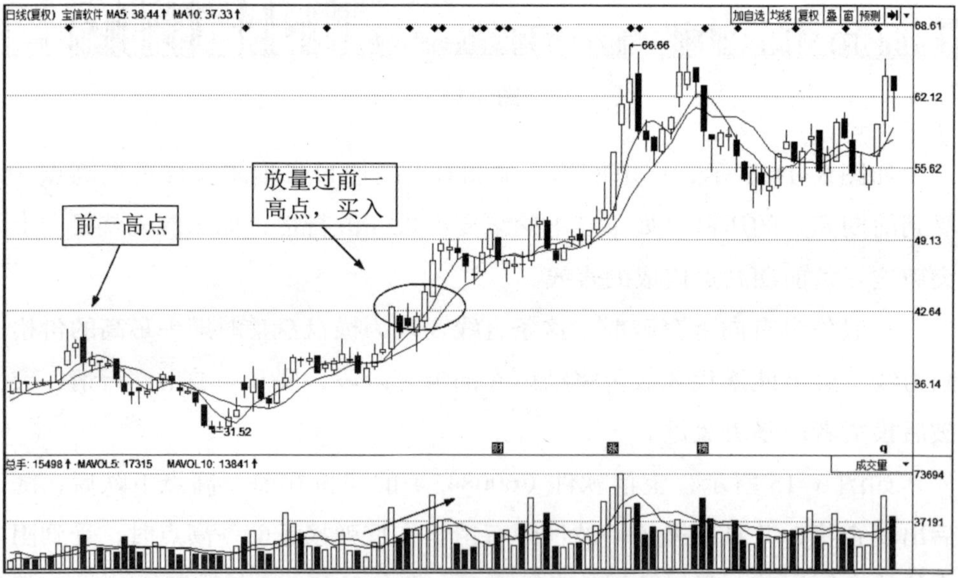
日线(复权) 宝信软件 MA5: 38.44↑ MA10: 37.33↑
加自选 均线 复权 叠 窗 预测
68.61
66.66
62.12
55.62
49.13
42.64
36.14
31.52
放量过前一高点，买入
前一高点
总手: 15498↑ MAVOL5: 17315 MAVOL10: 13841↑
成交量
73694
37191

图 3-15

有效的。交易者遇到这种走势时，应该及时买入。

如图 3-16，湖南投资（000548）的日 K 线走势图。一般来说，股价前期高点往往会成为以后上涨的重要阻力位。如果股价能够突破这一阻力位，则该阻力位就变成了未来股价的支撑位。因此，人们常把前期高点能否被突破，看成股价能否创新高的依据。

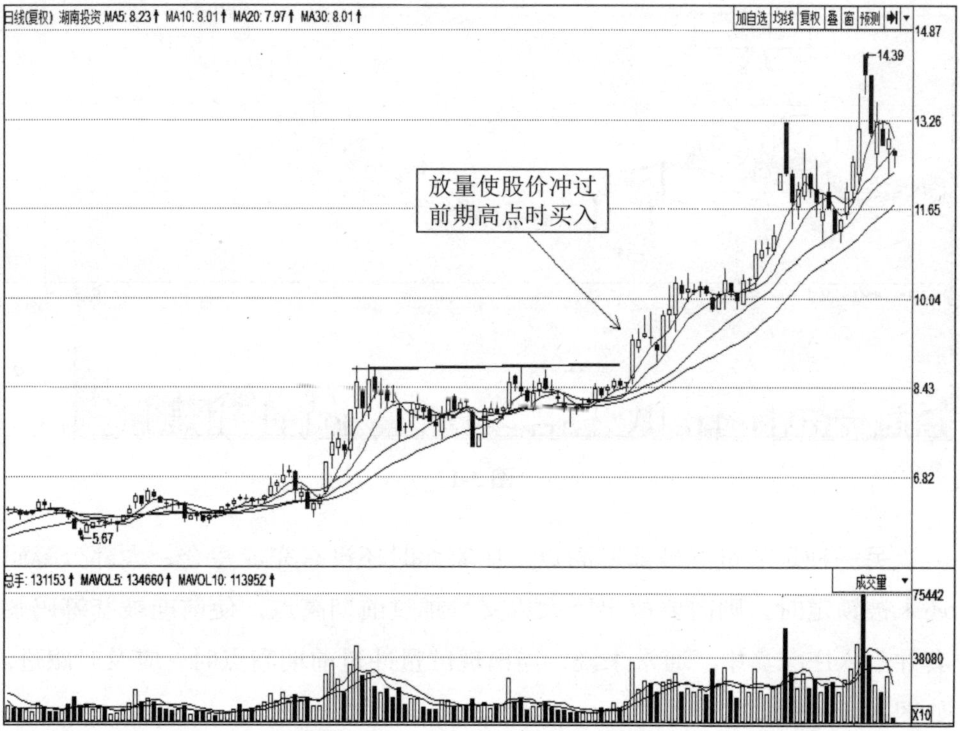

图 3-16

常见的突破方式有以下两种。

一种是轻松越过前期高点。此时庄家已经建仓完毕，大部分筹码已被锁定，浮动筹码极少，股价即可以轻松越过前期高点。当出现几天的温和平量时，股价轻松越过前期高点，应积极买入，后市利润一定非常可观，如图 3-17 所示。

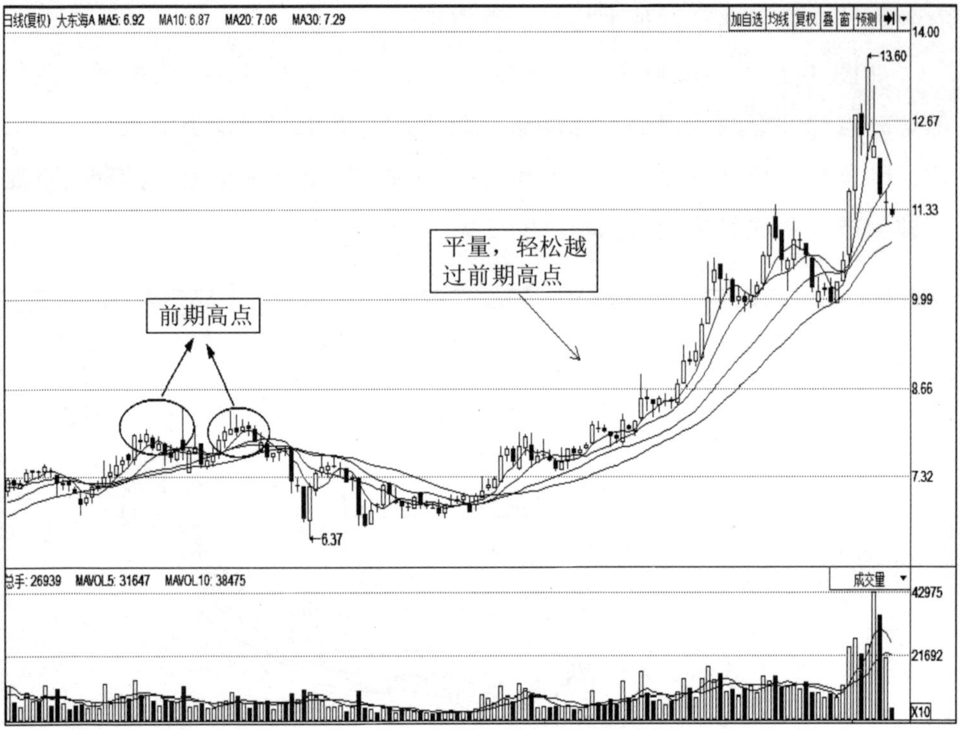

图 3-17

另一种是放量突破前期高点。庄家此时还没有完成建仓，大部分筹码还未被锁定时，则需要放出巨大成交量越过前期高点，使前期被套筹码解套并落入庄家囊中。通常来说，当出现巨量冲过前期高点时，应及时跟进。如图 3-18 所示。

利用此方法操作时，应注意以下几点。

（1）此处所指的巨量，应该是近几个月内或半年内出现的最大成交量。

（2）冲破前期高点阻力位，可以是单根放巨量的大阳线，也可以是温和放量的几根阳线。总之，在冲过前期高点时，应有成交量的配合。

（3）如果股价冲过前期高点后成交量萎缩，应小心庄家利用拉高来派发筹码。当股价很快又跌回前期高点之下时，应止损出局。

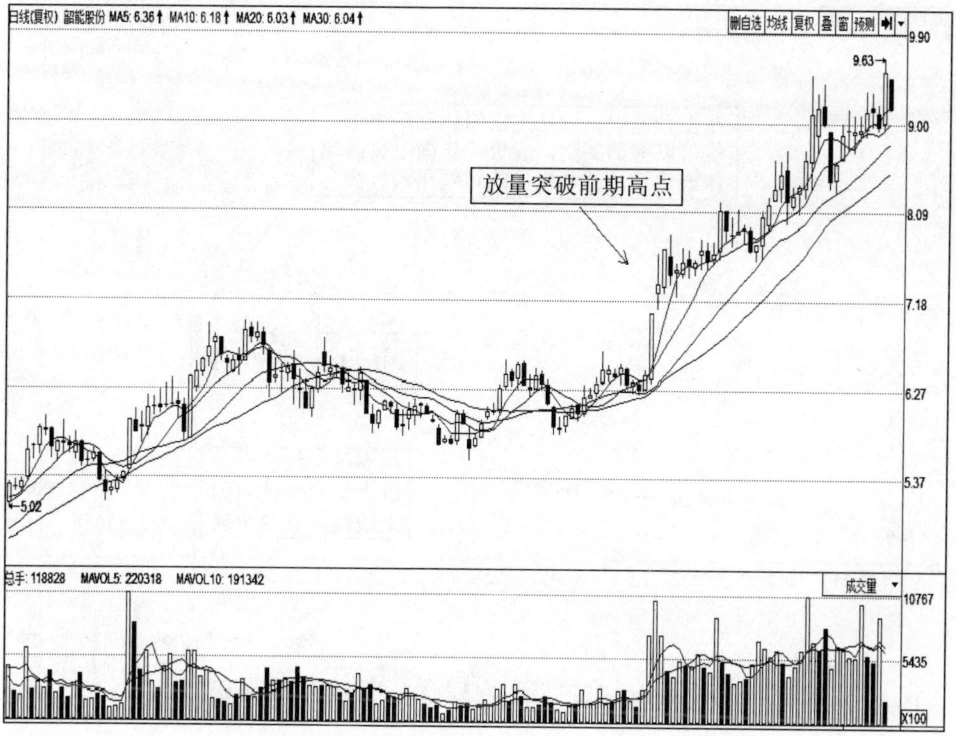

图 3-18

（4）离现在越近的前期高点阻力越大，越远的阻力越小；股价以前受阻次数越多或阻力越大的高点，突破该阻力位的意义越大。

（5）一旦确认股价有效突破前期高点，应果断跟进。一般而言，其后续上涨速度较快，偶有回抽，也是买入时机。

二、突破箱体买入定式

如图 3–19 所示，乔治白（002687）的股价运行在上升趋势中，上升途中的箱体震荡整理是强势调整的特征。也有的交易者在箱体运行期间就潜伏进去，这对于短线交易者来说是不合适的，因为难保股价不向下破位，且上涨行情启动的时间难以确定。最好还是等股价向上突破确认时买进，

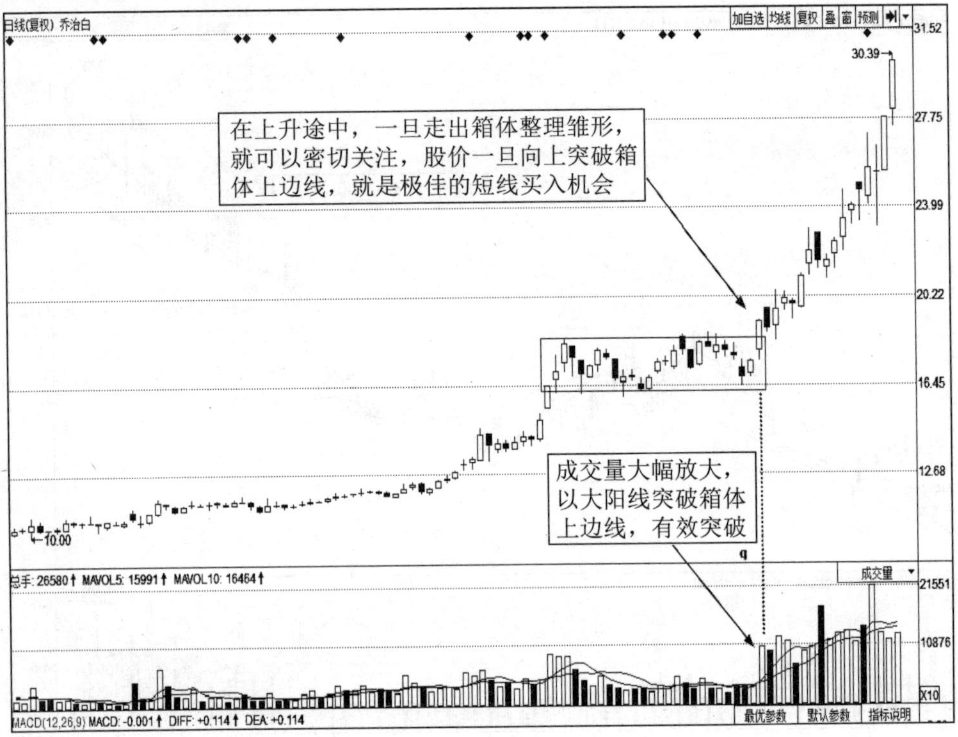

图 3-19

这样才能高效省时赚取利润。

股价经过一段时间的横盘震荡走势，盘中多空双方力量对比出现明显差距时，就是股价选择方向的时候。如果多方占据主动，那么股价将会在多方力量的推动下向上突破盘整区间，进入上涨走势。

需要注意的是，突破箱体时最好收出大阳线，而且伴随有成交量放大的情况。

放量突破箱体上沿买入，属于突破性买入法。当股价放量突破盘整区间时，交易者可以在突破当天进场买入，也可以在下一交易日股价再次走强时买入。

如图 3-20 所示，千山药机（300216）的股价在上涨途中横盘震荡一

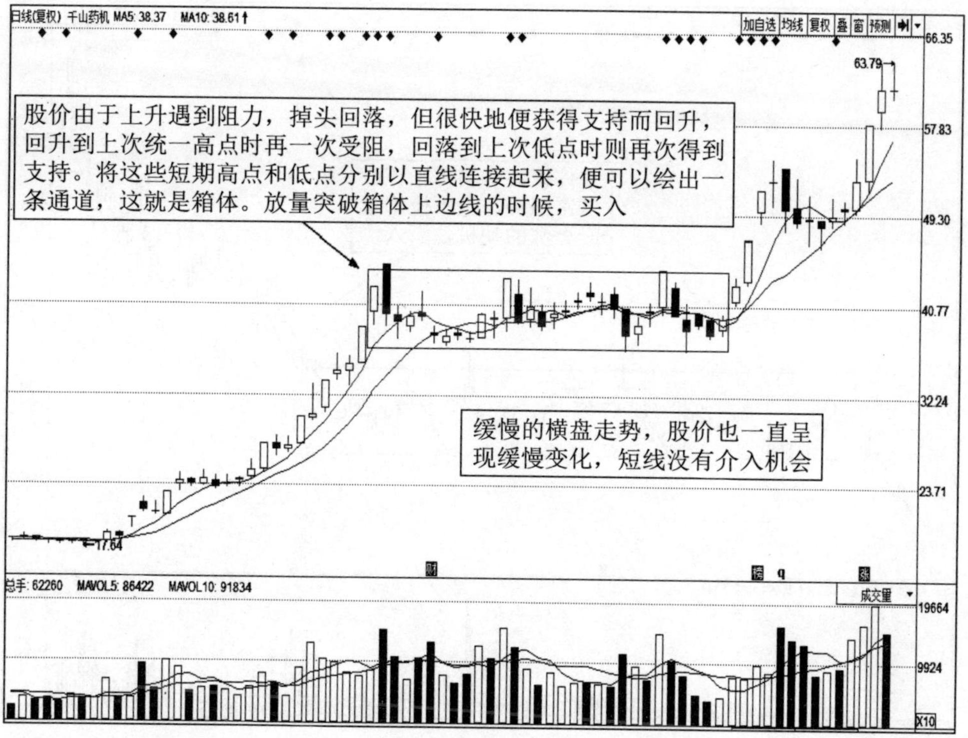

图 3-20

个多月，形成了一个箱体形态。股价在两条平行线之间上下折腾，横向发展。经过蓄势整理后，以涨停板突破箱体，走势非常强劲，意味着横盘整理走势结束，进入上升走势中。

这是一个起涨点，而且股价经过了长时间的横盘整理，蓄势充分，放量大阳线突破箱体上边线后，后市通常会有较大的涨幅。

股价突破箱体走势后，有可能出现回调，也可能不出现回调而强劲上行，所以交易者不要苦等回调点出现，否则有可能错过了上涨行情。

如图 3–21 所示，东方电热（300217）经过长达 4 个月的横盘震荡整理，K 线运行过程中形成一定的价格波动区域。股价在一定的范围内波动，这样就形成一个价格运行箱体。

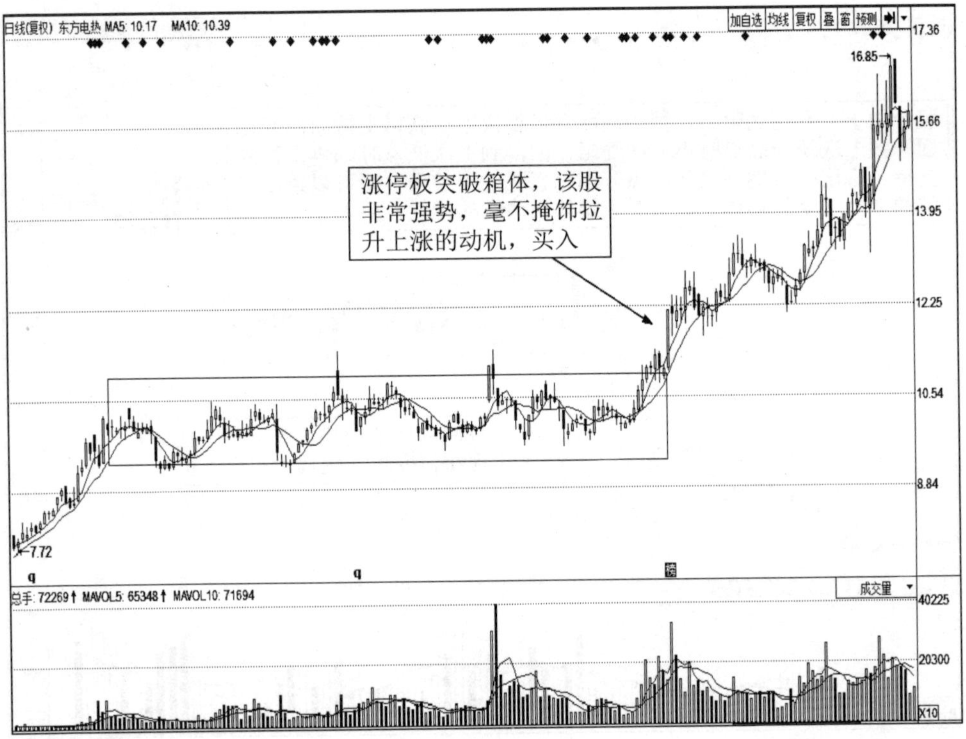

图 3-21

当股价跌落到箱体的底部时，会受到买盘的支撑。当股价上升到箱体的顶部时，会受到卖盘的压力。一旦股价有效突破箱体的顶部，就会进入一个新的运行态势中。股价放量大阳线突破箱体顶部，此时是买入点。

需要说明的是，像东方电热（300217）这类股票，长时间在低位徘徊，当箱体振荡以大阳线突破时，很少有再回到箱体内的情况。因为在较长时间的箱体振荡中，已经实现了充分的换手，筹码已经相当集中，也说明庄家将来可盈利的筹码非常充足，底部振荡说明庄家志在长远。

如图 3-22 所示，天银机电（300342）的股价在上下两条水平线之间波动，形成一个箱体。股价以放量大阳线突破箱体上边线时，是买入信号。

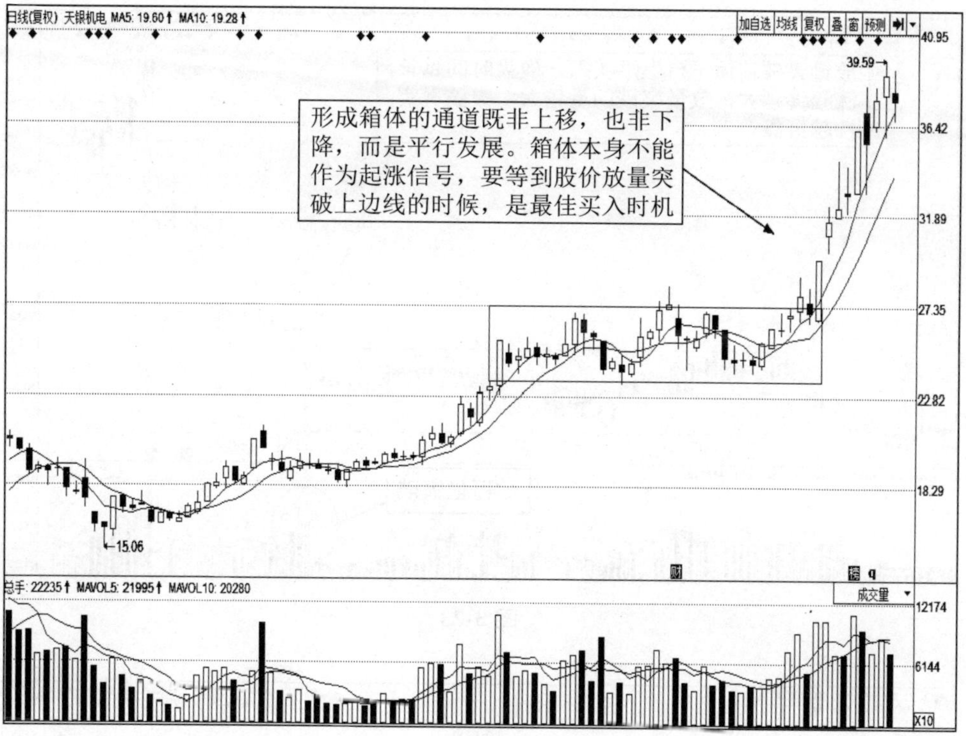

图 3-22

放量突破箱体上沿买入信号有以下特征。

（1）横盘之前有过强势上涨。

（2）横盘的时间越长，以后涨幅越大。

（3）放量突破时的成交量越大，突破的真实性越高。

如图 3-23 所示，盾安环境（002011）经过长达两个多月的横盘震荡整理，形成了一个大的箱体。横盘时间越长，后市涨幅越大，这就是股市中“横有多长，竖有多高”这句话的市场含义。放巨量突破箱体上沿，说明突破有效，突破真实可靠，可以果断买入。

如图 3-24 所示，东方海洋（002086）横盘调整时间长达两个多月，平台调整的时间越长，后面的升幅越大。堆量突破，甚至是涨停突破，是

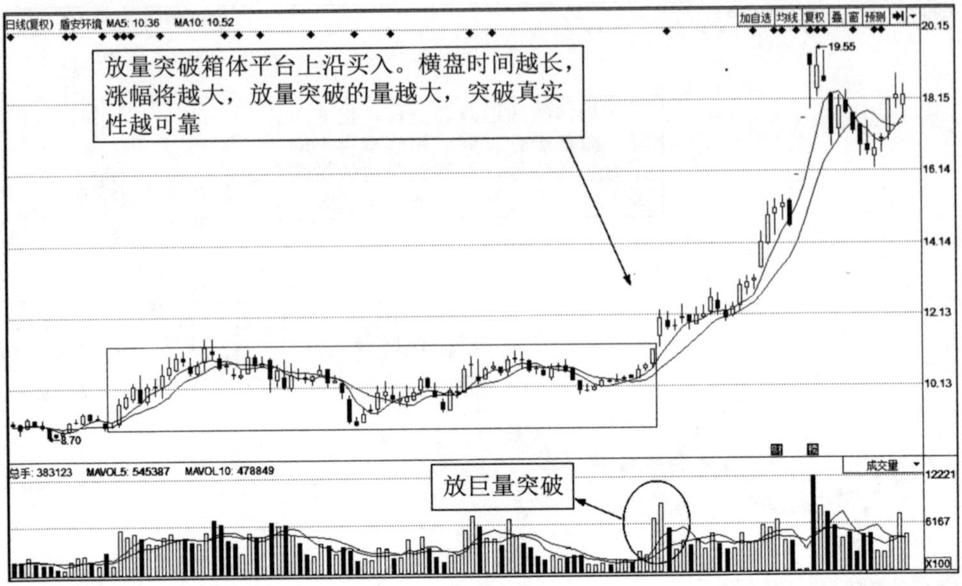
日线(复权) 盾安环境 MA5: 10.36 MA10: 10.52
放量突破箱体平台上沿买入。横盘时间越长，涨幅将越大，放量突破的量越大，突破真实性越可靠
19.55
8.70
总手: 383123 MAVOL5: 545387 MAVOL10: 478849
放巨量突破
成交量
20.15
18.15
16.14
14.14
12.13
10.13
12221
6167
X100

图 3-23

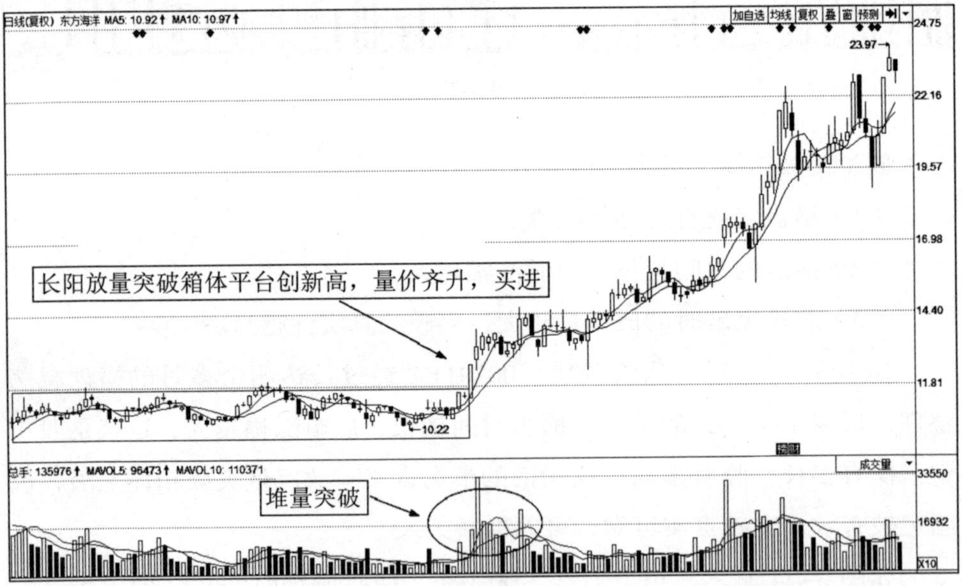
日线(复权) 东方海洋 MA5: 10.92↑ MA10: 10.97↑
长阳放量突破箱体平台创新高，量价齐升，买进
23.97
10.22
总手: 135976↑ MAVOL5: 96473↑ MAVOL10: 110371
堆量突破
成交量
24.75
22.16
19.57
16.98
14.40
11.81
33550
16932
X10

图 3-24

再次启动的标志，应果断买入。

放量突破箱体上沿买入，这是一种较为常见的突破买入类型，但有时突破也具有欺骗性。如果这种类型的走势能够得到板块的呼应，其买卖价值就会大大增加。

箱体平台的走势特征是股票前期的整理较为充分，放量突破箱体上沿后，将加速上升或步入波段主升浪。前期箱体平台整理充分，一般要求个股的平台整理时间达到30个交易日以上，调整的过程以横向调整为主，没有出现大的涨幅。

由于这种箱体突破具有欺骗性，因此在买卖的过程中要小心谨慎，买入前要分析其涨幅、前期高位形成的阶段阻力位。突破失败时要做好短线止损的准备，因为很可能会出现一种情况，就是买入之后股价回落，随后继续进行箱体平台调整。如果这时候不及时止损出局，就会被套其中。不过一般情况下，这种情况被套的幅度不会太大，而且一般都有解套的机会。

从放量突破箱体上沿买入的名称来看，当然首先要有箱体的整理平台；其次，突破要有量能的配合，在突破拉升的过程中，量能要有效放大。

图3-25是东百集团（600693）的日K线走势图。该股在箭头处出现放量大阳线的走势，形成了非常典型的放量突破箱体上沿买入特征。在这里一定要注意到一个突破背景，即突破为期近3个月的调整走势。

箭头处放量加大阳线的走势，不仅仅是对箱体平台的突破，同时也是对历史最高价位的突破。量能的有效放大，说明了这种突破的有效性。

通过对东百集团（600693）放量突破箱体上沿走势的分析，可以得到两点体会。

首先，从买卖的角度看，伴随着量能的有效放大，这种突破意味着庄家操盘节奏突然加速，后面的行情走势会继续提速，此时要及时果断

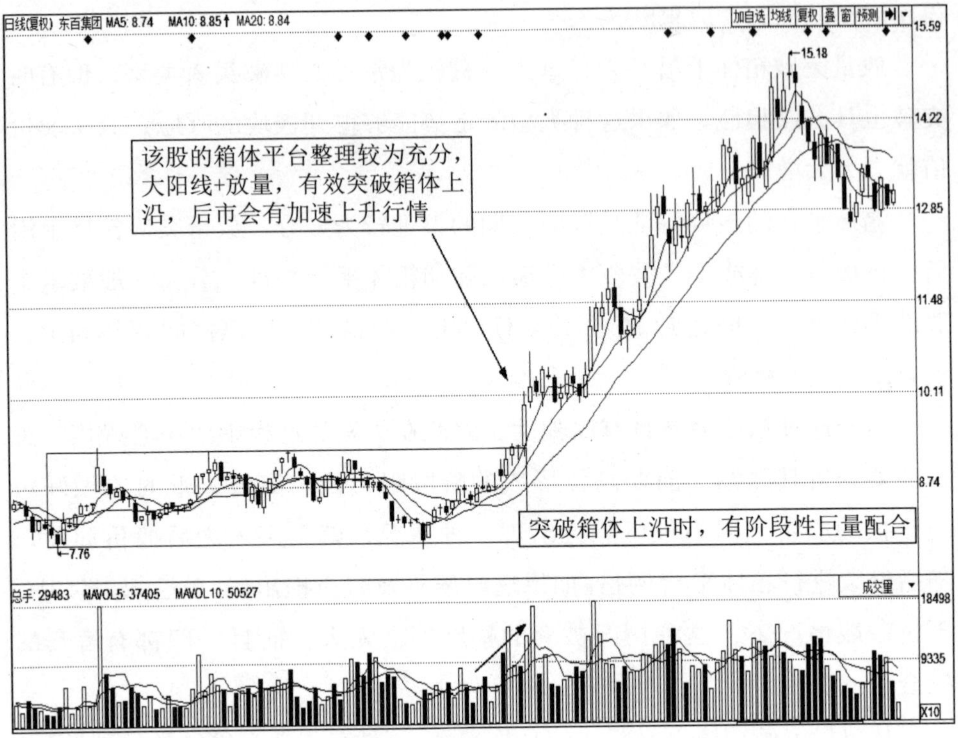

图 3-25

买进。

其次，在判断这种突破是否有效时，要将股票放在特定的时空背景中进行分析，防止假突破的欺骗，但突破的有效性判断有一定的难度。

对于个股出现的突破走势，要尽可能从多角度、多方面进行分析，找出能够支持行情继续向前的理由。

三、三角形买入定式

三角形整理形态是指股价 K 线图出现一个类似三角形的走势，是一种中继形态。三角形整理形态可以分为上升三角形、下降三角形和对称三角形。

当股价运行至某价格区间后开始震荡回调，如果震荡回调的高点不断地降低，低点不断地抬高，将各个高点和低点分别进行连线，就形成了对称三角形。

如果震荡的高点始终保持在一个水平线上，而低点不断抬高，那么就形成了上升三角形。

如果震荡的低点保持在一个水平线上，而高点不断地降低，那么就形成了下降三角形。

当股价突破三角形整理形态的上边线，说明整理走势结束，股价将要进入上涨走势，此时交易者可以进场，买入股票。

如图 3-26 所示，神农大丰（300189）的股价运行在上涨走势中，中

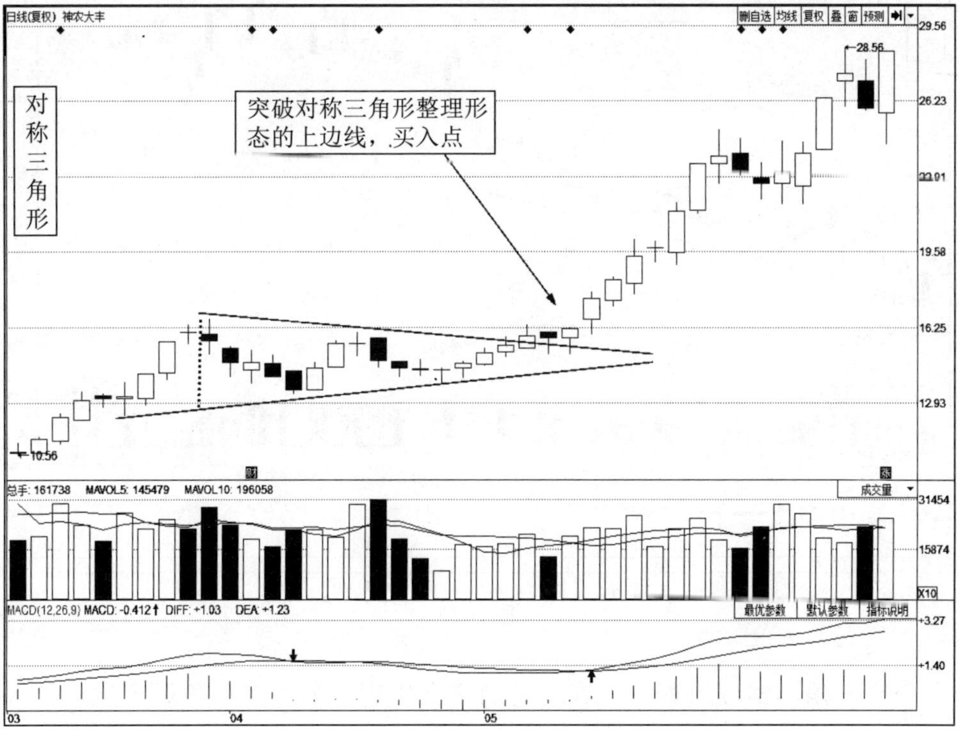

图 3-26

间出现横盘整理，走出对称三角形的走势。该股股价向上突破该三角形整理形态的上边线时，说明股价整理走势结束，将要回归之前的上涨走势，继续向上运行，买点出现。

如图 3-27 所示，嘉宝集团（600622）的股价在上涨后进入整理阶段，且在震荡整理走势中形成上升三角形的形态。当该股股价向上突破上升三角形整理形态时，预示震荡整理走势结束，股价将要延续之前的上涨走势，应果断买进。

图 3-27

在三角形整理过程中，成交量通常会出现萎缩。在三角形末端，如果股价被强势拉起，突破三角形上边线，短线交易者可积极跟进，买入股票。

如图 3-28 所示，长春高新（000661）的股价经过一波上涨后开始回落整理，回落整理的高点越来越低，但低点基本相同。这说明逢低有较强的承接盘，这也是庄家刻意洗盘的表现。

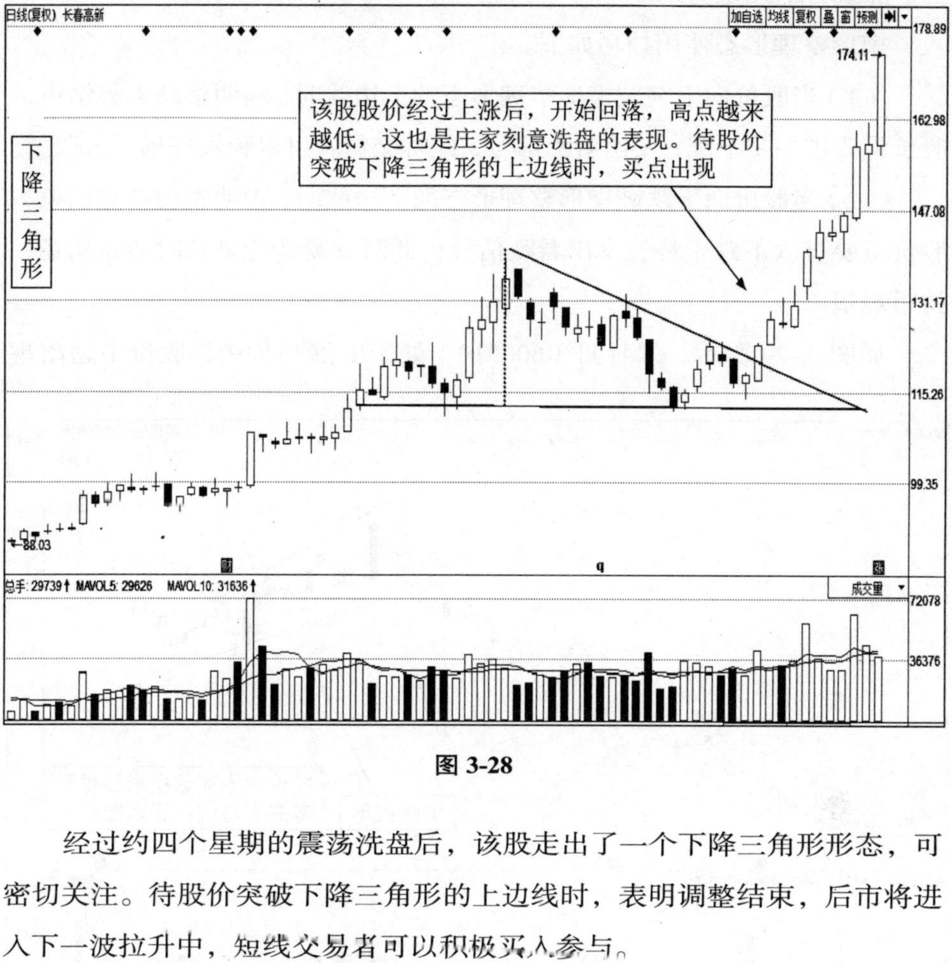

图 3-28

经过约四个星期的震荡洗盘后，该股走出了一个下降三角形形态，可密切关注。待股价突破下降三角形的上边线时，表明调整结束，后市将进入下一波拉升中，短线交易者可以积极买入参与。

四、楔形买入定式

楔形形态是股价整理过程中出现的一种形态，将阶段性高点和阶段性低点连线，两条线的方向相同但是角度逐渐收缩，形态就像楔子一样。K

线走势逐步下降的楔形整理形态是下降楔形，K 线逐步升高的楔形整理形态是上升楔形。

楔形也是一种中继形态。当楔形整理形态结束后，股价将会延续之前的上涨或者下跌走势继续运行。

楔形整理形态使用技巧如下。

（1）当股价向上突破楔形整理形态的上边线时，表明整理走势结束，股价将要进一步上涨，发出看涨信号，此时交易者可以积极进场买入股票。

（2）当股价向下跌破楔形整理形态的下边线时，说明整理走势结束，股价将要进入下跌走势，发出看跌信号，此时交易者应该及时清仓离场，持币观望。

如图 3-29 所示，黑牡丹（600510）处于上涨趋势中，股价中途出现

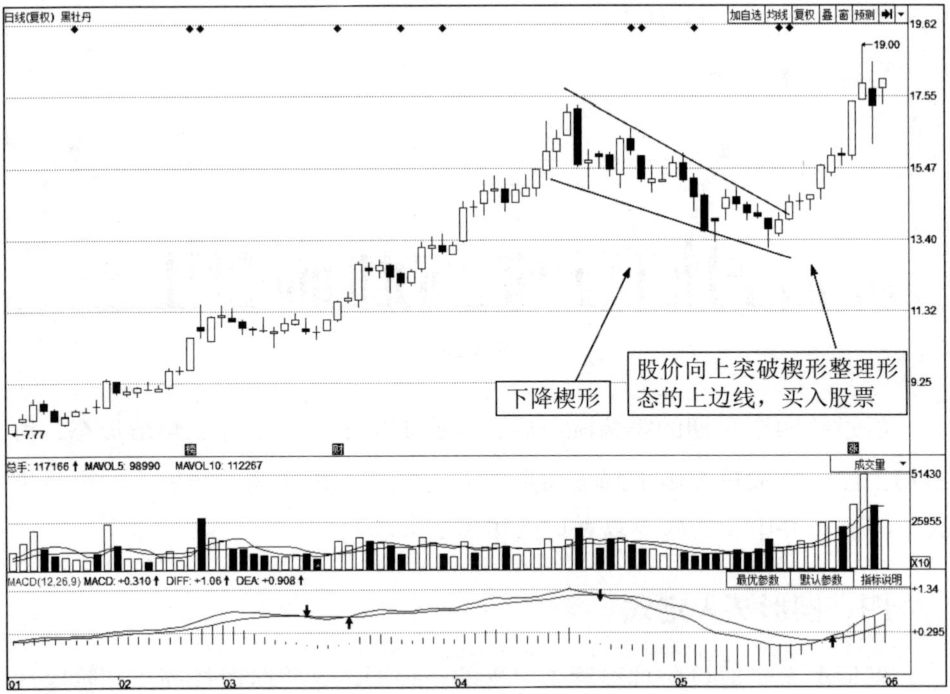

图 3-29

回调整理走势，并走出了一个下降楔形的形状。交易者可待该股股价向上突破楔形整理形态的上边线时果断买入股票，这预示着股价的回调整理走势结束，股价将会继续沿着原来的上涨走势运行。

与三角形整理形态类似，在楔形整理形态中，当股价向上突破上边线时，也需要得到成交量的配合，这样才能够视为有效突破，才是安全有效的买进信号。

如图 3–30 所示，当代东方（000673）的股价在一波拉升后开始震荡回落。由于这波上涨幅度不大，后市的回调很可能是洗盘，这一点从回调过程中的成交量可以看出端倪。

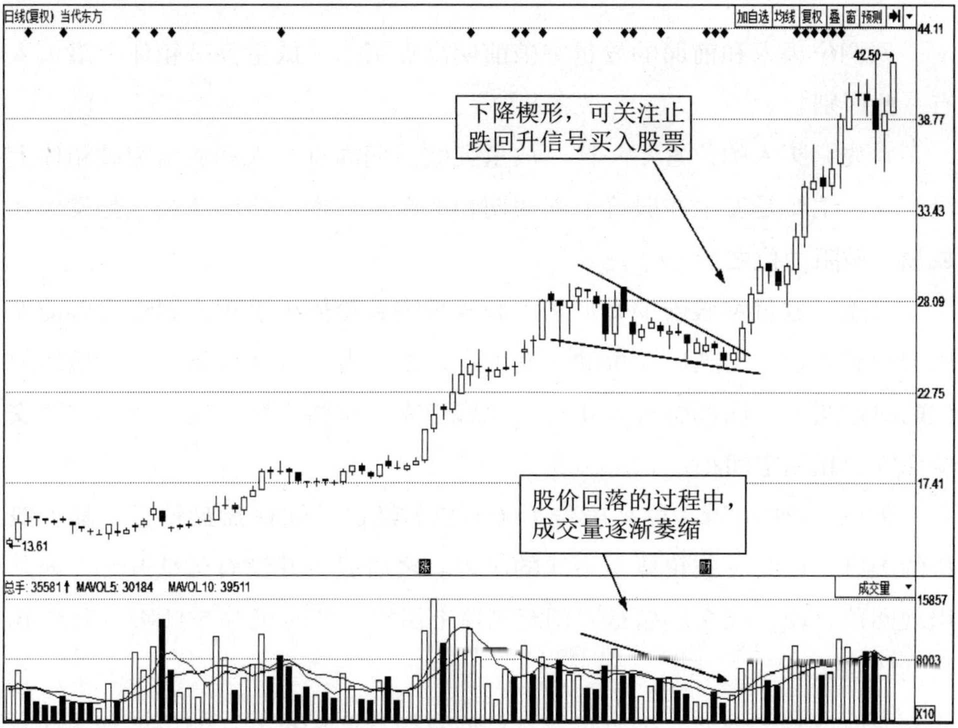

图 3-30

在回调的过程中，成交量逐渐萎缩，表现出洗盘的特征。在回调的末端，可以看出该股形成一个楔形形态，此时要关注股价的异常波动。此后该股以大阳线拉起，突破楔形上边线，表明调整结束，短线交易者可以适当进场。

第三节　黑马调整点买入定式

一、回调位买入定式

回调位买入和前面的放量突破前期高点买入、放量突破箱体上沿买入有一些区别。

首先，买入的位置不一样。放量突破前期高点买入和放量突破箱体上沿买入，主要是发生在股价上涨初期和上涨过程中。回调位买入是发生在放量突破阻力位之后。

其次，放量突破前期高点买入和放量突破箱体上沿买入属于突破前期压力位买入法，突破后股价的爆发力强，投资者可以在放量向上突破压力位的时候买入。回调位买入相对来说属于支撑位买入法，这种操作方法安全保守，止损空间小。

如图 3-31 所示，莫高股份（600543）经过长期横盘盘整后，随着股价的上升，最终突破箱体上边线的压力。之后股价并没有延续升势，而是出现回落整理，成交量缩量回调至箱体上沿线。此时可等 5 日均线金叉 10 日均线时买入。

有些股票突破后并不直接拉升，而是出现回调走势。测试回调支撑有效后再启动拉升，这个回调动作就给了交易者短线切入的极佳机会。

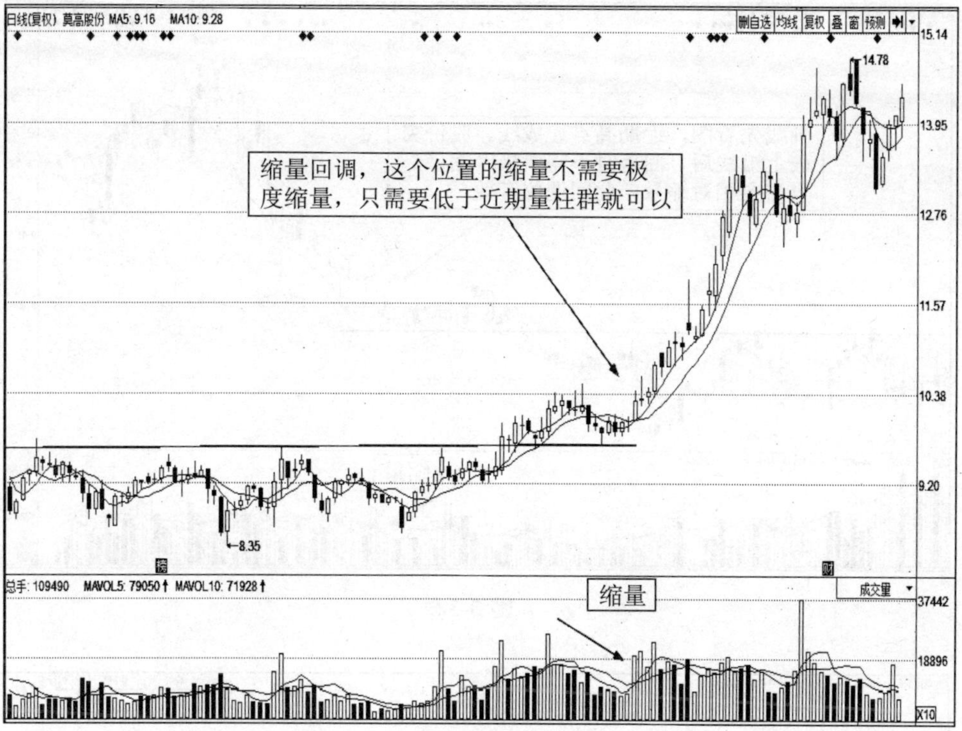

图 3-31

如图 3-32 所示，京投银泰（600683）的股价突破横盘震荡区域后，该股并没有延续升势，反而出现回落整理。大家可以清楚地看到，回落的低点就在支撑线上，完全没有破位，这表明支撑有效，短线交易者可抓住机会吸纳。

另外，该股小幅回落的过程中，成交量是明显缩量萎缩的，这说明筹码稳定，后市无忧，更增添了吸纳的安全性，符合买入标准。

如图 3-33 所示，上海石化（600688）放量突破箱体上沿线后，回调缩量，此时可以等待 5 日均线金叉 10 均线时买入。

回调位买入是指对一个图形或形态突破之后，股价回落，重新回到突破前的位置，对趋势改变或突破位置进行确认。出现这种回调走势，说明

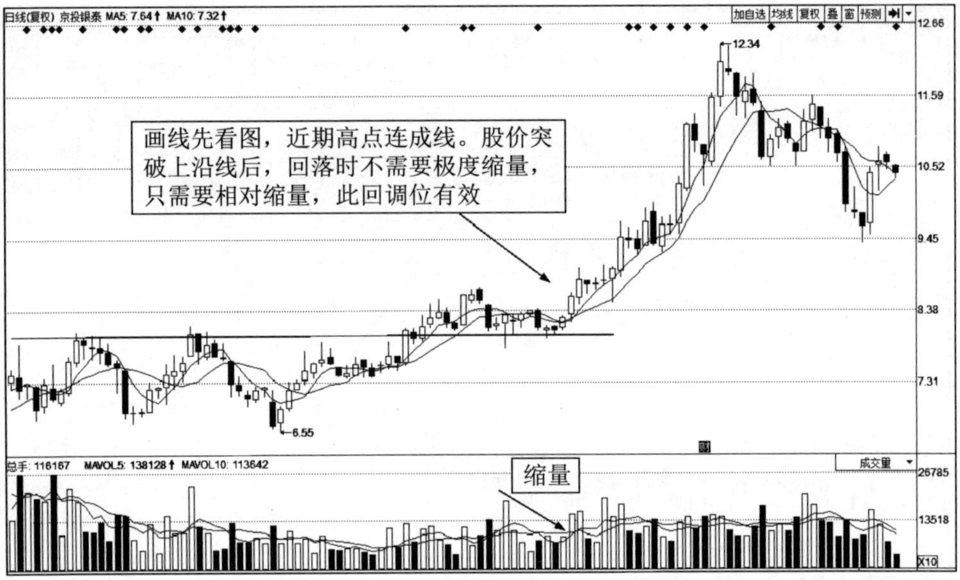
日线(复权) 京投银泰 MA5: 7.64 MA10: 7.32
画线先看图，近期高点连成线。股价突破上沿线后，回落时不需要极度缩量，只需要相对缩量，此回调位有效
12.34
6.55
总手: 116167 MAVOL5: 138128 MAVOL10: 113842
缩量

图 3-32

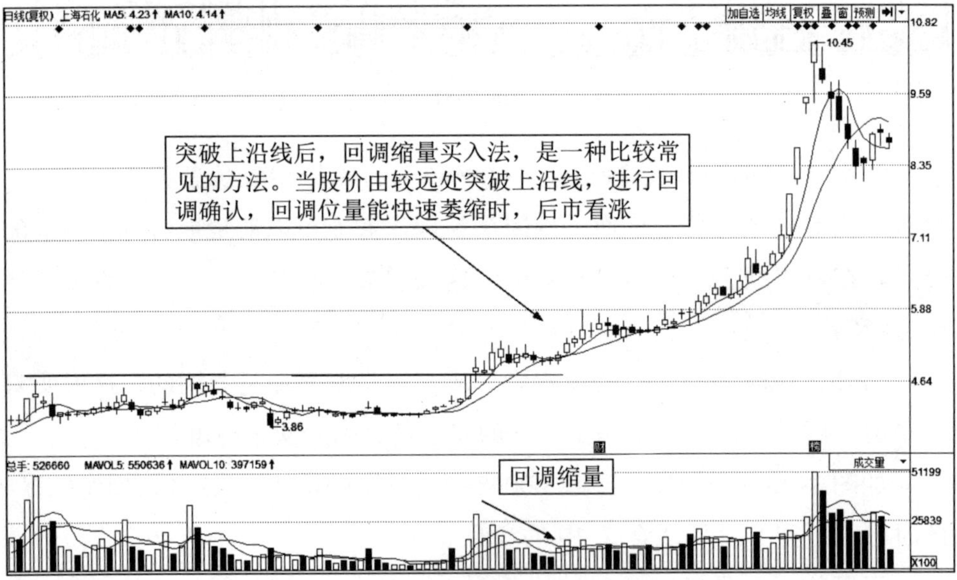
日线(复权) 上海石化 MA5: 4.23 MA10: 4.14
突破上沿线后，回调缩量买入法，是一种比较常见的方法。当股价由较远处突破上沿线，进行回调确认，回调位量能快速萎缩时，后市看涨
10.45
3.86
总手: 526660 MAVOL5: 550636 MAVOL10: 397159
回调缩量

图 3-33

庄家操盘比较谨慎。回调的一般目的是测试市场抛压盘和承接盘，以确认突破后的有效性。

二、海底捞针买入定式

某只股票在上涨的过程中或在相对低位，股价突然莫名其妙地快速下跌，但之后又被迅速拉起，这种走势在日K线图上会留下长长的下影线。

如图3-34和图3-35所示，从卡奴迪路（002656）的K线图走势中可以看到，在相对低位，股价突然快速下跌，并且连续击破几个技术支撑位。股价快速下探后，又迅速被拉起。

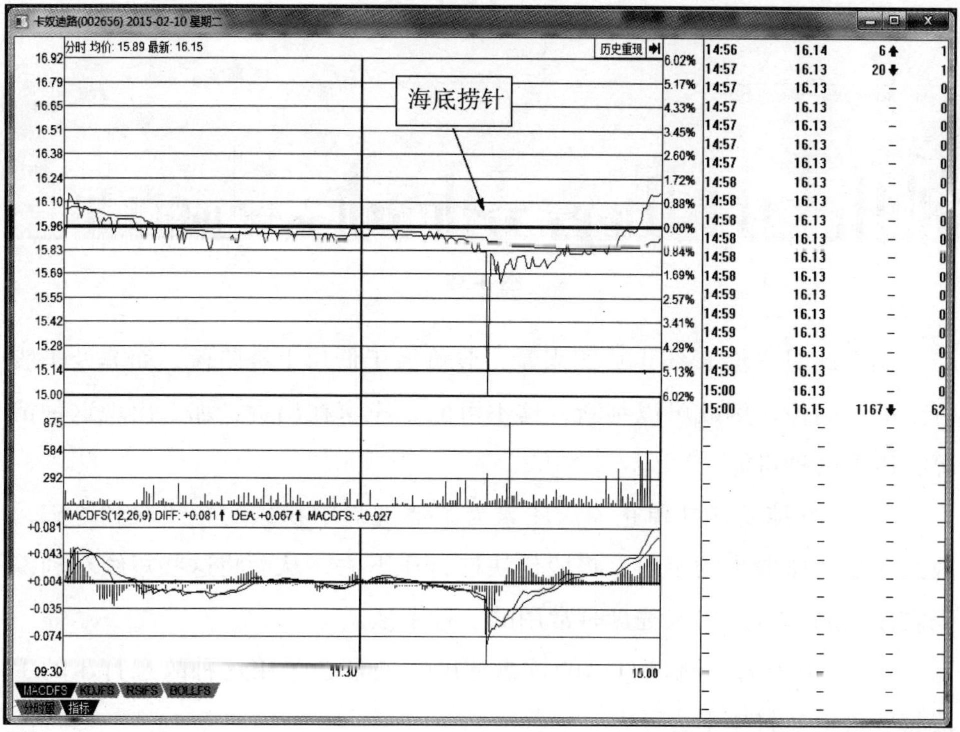

图 3-34

图 3-35

结合此时股价 K 线走势图来看，股价属于低位上涨阶段，而非处于股价上涨的高位，因此可以判断，这不可能是庄家在出货，那么出现这种情况有以下两种可能。

（1）吃掉委托挂单止损。庄家为了清洗盘中积累的短线获利筹码，故意采用打压股价的手段，将股价快速打压下去，从而将这些短线获利筹码震荡出局。这是庄家洗盘时常用的一种手法。

（2）庄家为了测试自己的控盘程度，通常会采用这种故意打压的手段将股价迅速打压下去。

在看盘的过程中，投资者发现这种类型的个股时，可以果断进场操作，这是短线操作的最佳买点。但要注意一点，那就是此时股价不是处于高位区域。

如图 3-36 所示，亚太实业（000691）和上面所说的例子一样，在股价上涨过程中，出现了这种海底捞针的现象。不同的是，该股庄家比较温和，盘中直接快速地把股价打压下去，随后慢慢地又拉升上来。

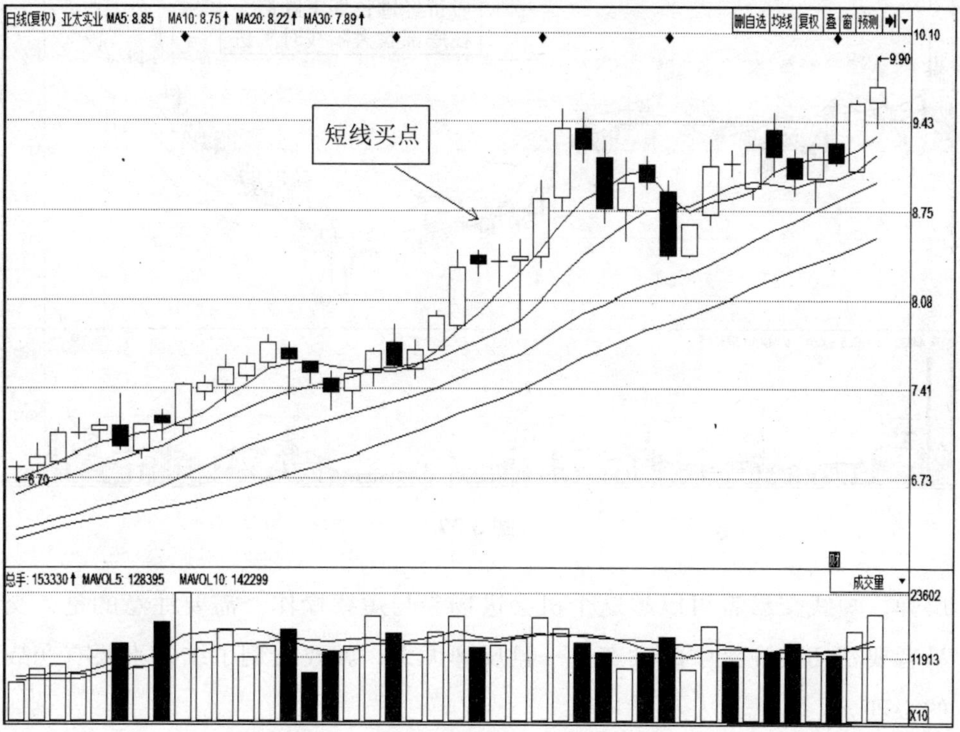

图 3-36

三、底部长阳买入定式

如图 3-37 所示，中润资源（000506）的股价经历一波长期下跌之后，在底部突然出现一根长长的大阳线。这根大阳线将之前的 4 根阴线全部收复，这种形态称之为覆盖线，也是股价止跌反弹的信号。

特别是这种长期下跌的股票，出现这种走势，至少会迎来一波技术性

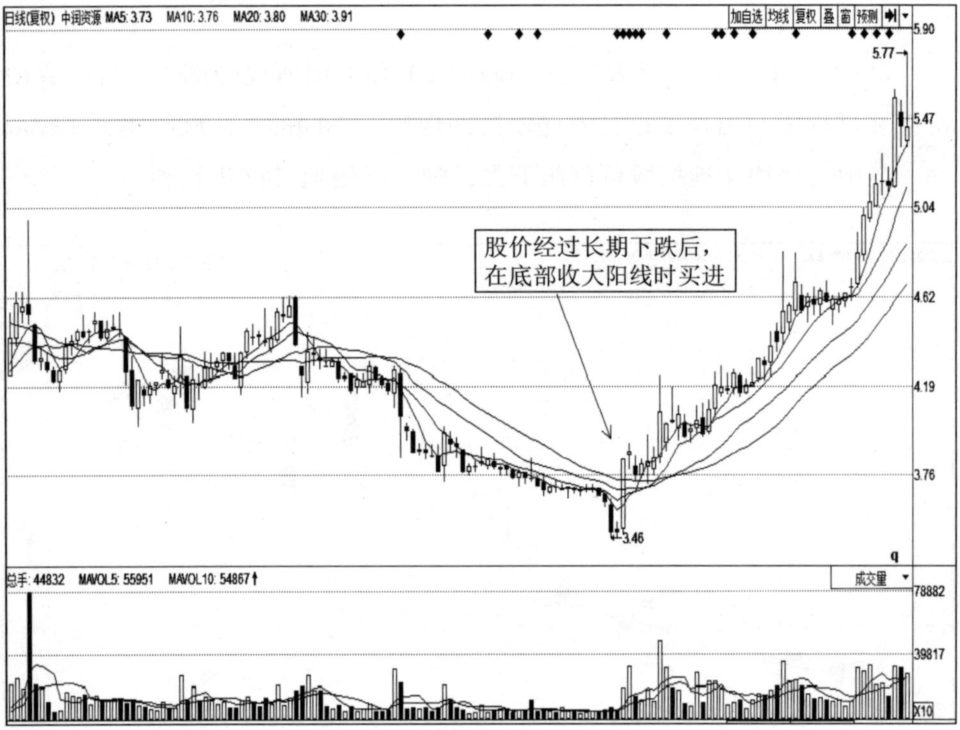

图 3-37

反弹，短线交易者可以趁这个机会进场参与短线操作。需要注意的是，交易者要密切关注盘中的动态，一旦反弹无力，就要立刻了结，不要有恋战的心理。

如图 3-38 所示，穗恒运 A（000531）的股价经历了一波长期下跌之后，在低位收出了一根大阳线，并且成交量也巨量放大。出现这种走势，说明有资金在里面运作。

短线交易者可以在收出大阳线的当天收盘前几分钟买进，一般来说第二天还会有一个冲高的过程。如果第二天冲高过程中卖压沉重，股价上涨受阻的话，就要立即获利出局。

如图 3-39 所示，江铃汽车（000550）的股价在前期出现一波大跌。

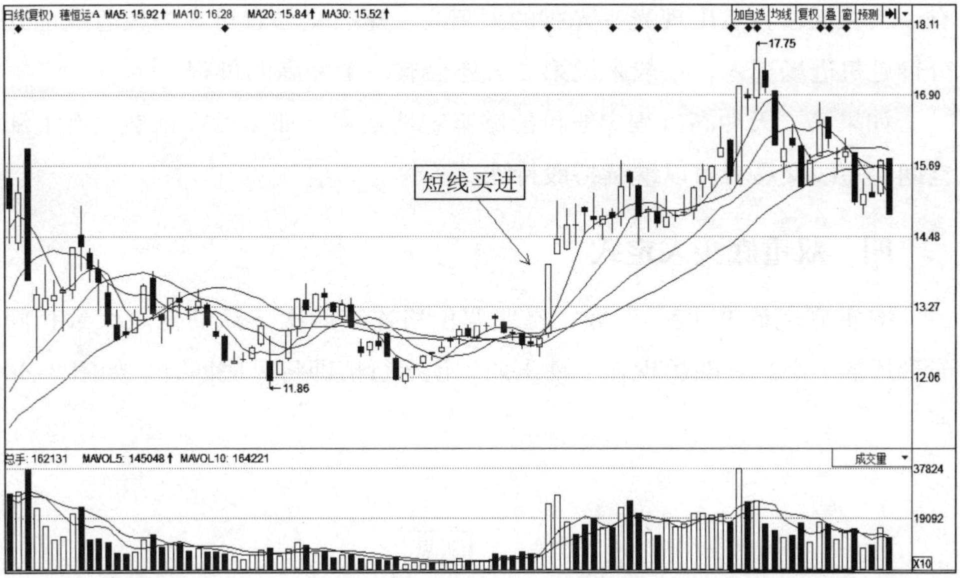
日线(复权) 穗恒运A MA5: 15.92 MA10: 16.28 MA20: 15.84 MA30: 15.52
加自选 均线 复权 叠 窗 预测
18.11
17.75
16.90
15.69
14.48
13.27
12.06
11.86
短线买进
总手: 162131 MAVOL5: 145048 MAVOL10: 164221
成交量
37824
19092
X10

图 3-38

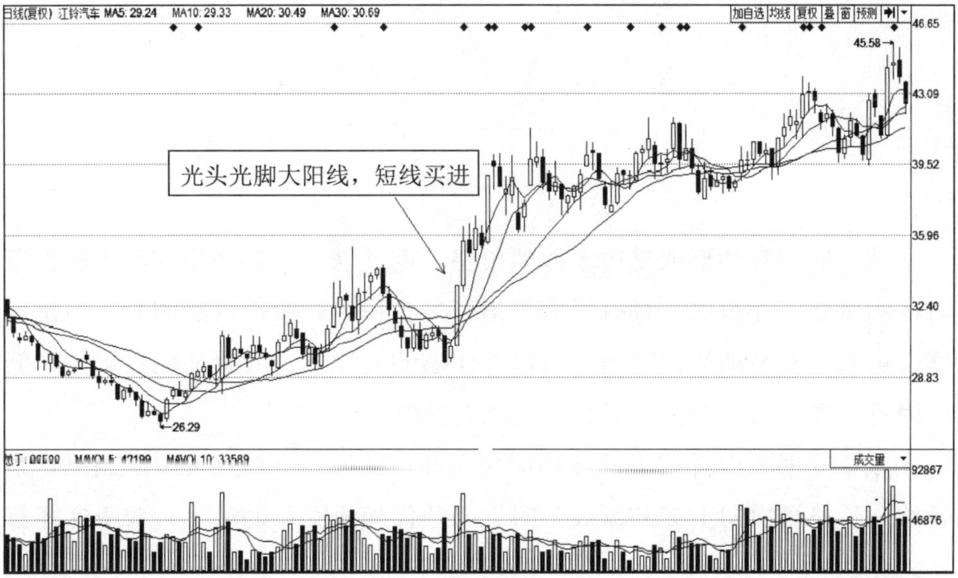
日线(复权) 江铃汽车 MA5: 29.24 MA10: 29.33 MA20: 30.49 MA30: 30.69
加自选 均线 复权 叠 窗 预测
46.65
45.58
43.09
39.52
35.96
32.40
28.83
26.29
光头光脚大阳线，短线买进
成交量
92867
46876

图 3-39

有一天在低位突然出现光头光脚的大阳线，短线交易者可在当天收盘前几分钟趁机进场买入，一般来说第二天还会有一个冲高的过程。

如果第二天冲高过程中股价能够坚定地走强，那么后市依然会有上涨空间，短线交易者可以继续持股待涨。

四、双重底买入定式

双重底也称 W 底、双底，是股票价格连续两次下跌的低点大致相同时形成的形态，一般出现在下跌末期，预示行情即将见底回升。如图 3-40 所示。

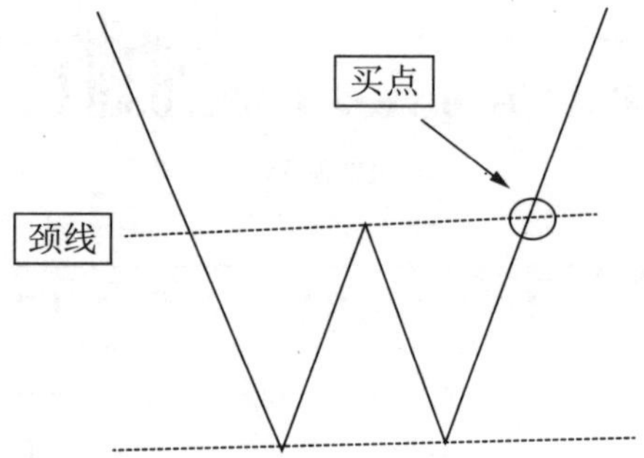

图 3-40

双重底形态的形成是由于股票价格长期下跌后，一些看好后市的投资者认为价格已经很低，具有投资价值，买盘积极，股价自然回升。但是这样会影响庄家吸纳低价筹码，所以在庄家的打压下，股价又回到第一个低点附近位置，第一个低点对股价形成支撑位。

双重底形态内有两个低点和两次回升，从第一个高点可以绘制出一条颈线。价格再次向上突破颈线位时，必须伴随成交量的放大，双重底才算正式完成。

如果向上突破不成功，冲高下落回调，在前面两个低点附近企稳回升，则形成三重底。超过三次下探并回升，则形成多重底。无论三重底还是多重底，其道理与双重底基本相同。如图 3-41 所示。

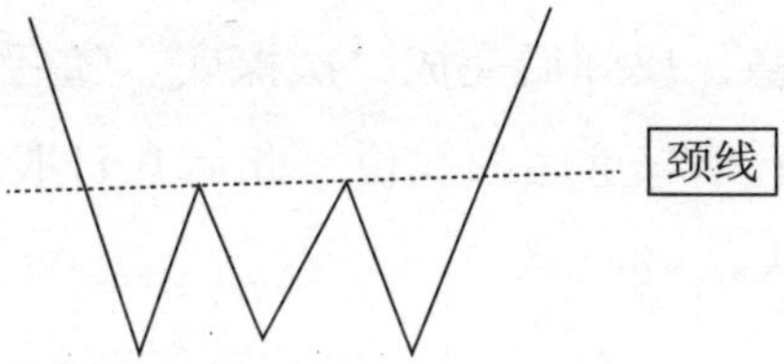

图 3-41

图 3-42 是金马股份（000980）的日 K 线走势图。该股一路下跌探底，在下跌到 5.53 元附近之后，成功完成两次探底，形成标准的双底形态。

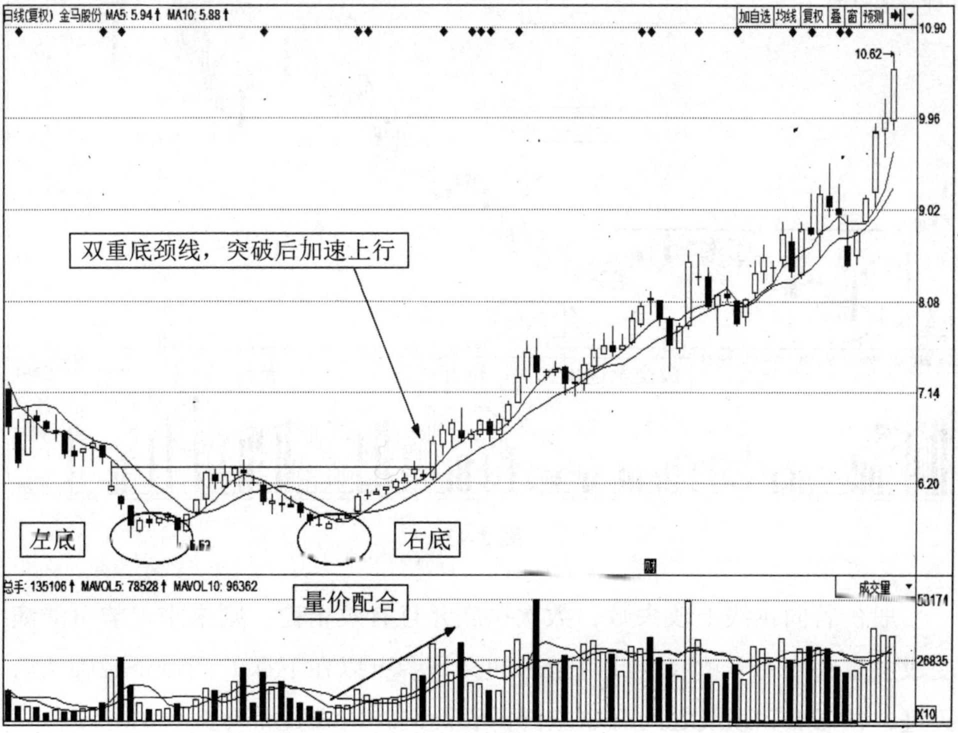

图 3-42

股价从右底开始上升，成交量也逐步放大，最终放量突破双重底颈线，标志着双重底形态成立。此后股价在双重底依托下强势上行。

图 3-43 是德豪润达（002005）的日 K 线走势图。该股股价一路下跌，在 7.78 元位置初步企稳，反弹后完成二次探底。随后在成交量增加的配合下，价升量涨，成功上穿双重底颈线位，此后几日股价成功守住颈线位，突破的有效性得到确认。

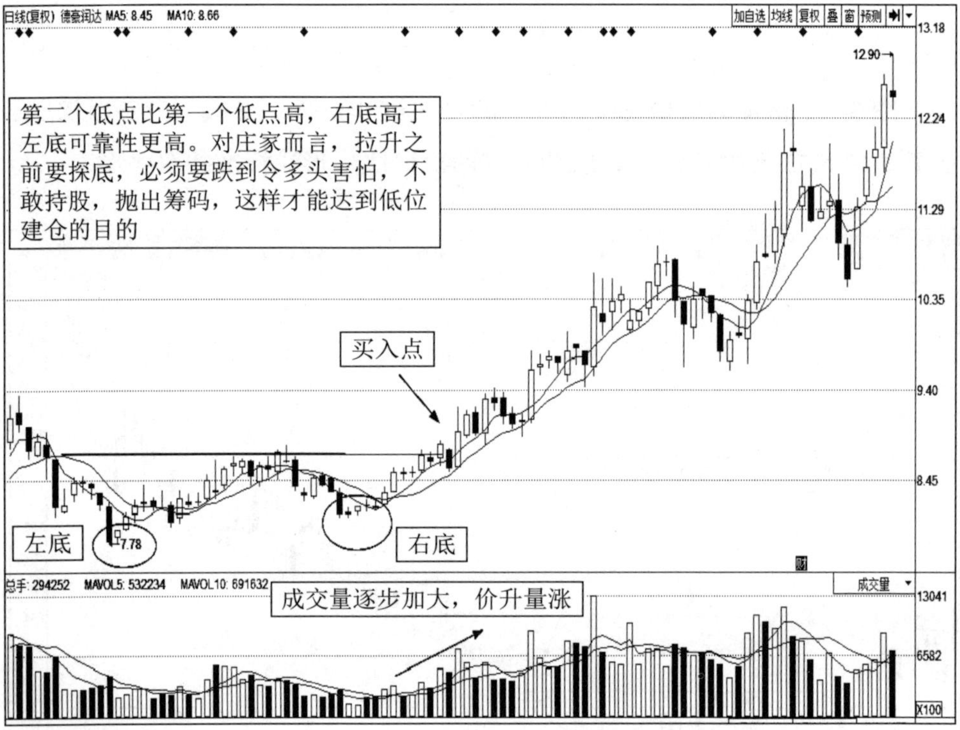

图 3-43

股价若向颈线上攻失败，数次探底并且有效企稳，则未来走势可能演变成三重底或者多重底。此时激进的交易者可以在下探的低点企稳确认后买进，在低点和颈线之间赚取差价，股价突破颈线后加码。

图 3-44 是新疆浩源（002700）的日 K 线走势图。经过连续快速下跌探底之后，股价在 10.79 元企稳回升，随后反弹至颈线回落，再次冲击颈线回落形成三重底。这表明股价在 10.79 元附近支撑明显，此时，激进的交易者可以考虑提前介入，低吸赚取利润。后市如能放量突破三重底颈线，则加码买进。

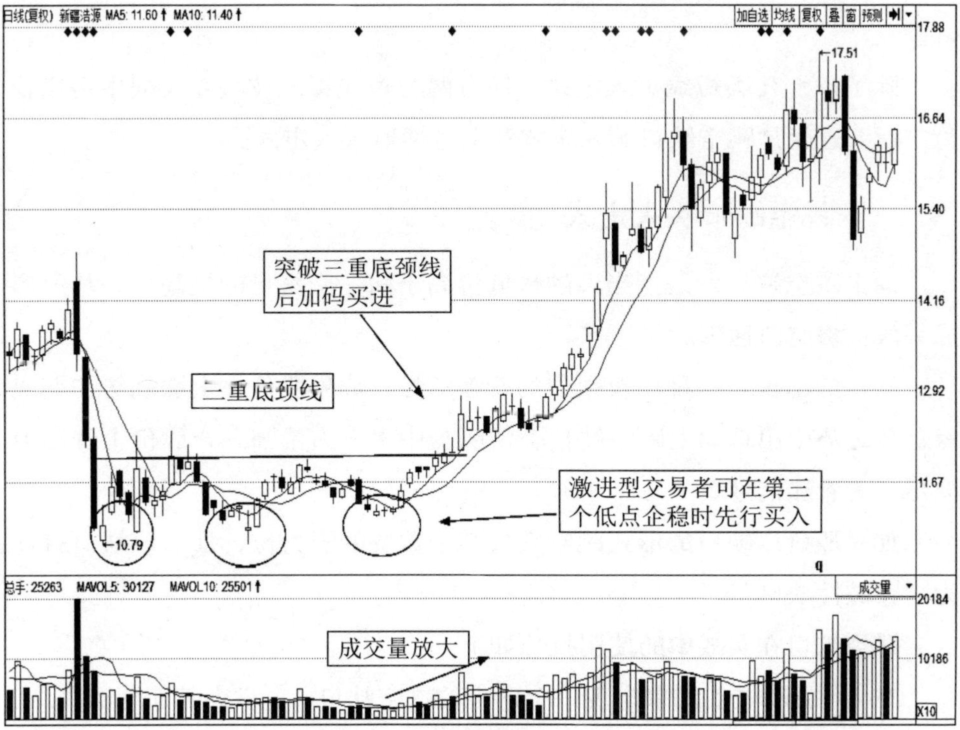

图 3-44

综上所述，双重底一般出现在下跌行情末期，为重要的看涨反转形态。股价经过连续下跌之后在某一位置企稳，抄底买盘推动反弹上涨，但反弹到一定高度之后，因获利盘打压再度回落至前期低点附近，此时空方力量衰竭，无力再创新低，从而再次掉头回升并突破上次反弹高点，双重底形态就这样形成了。实战中，必须有效突破颈线阻力位，才能确认形态的形成。

第四节　其他短线买入定式

除了以上几类短线买入定式，还有两类短线买入技法在实战中运用较为广泛，这就是跳空缺口买入定式和上升通道买入定式。

一、跳空缺口买入定式

向上跳空缺口，是指当天的最低价高于前一交易日的最高价，从而形成一段价格空白地带。

缺口的出现是一种比较强烈的看涨信号。如果股价在上涨趋势初期或者盘整走势中出现向上跳空缺口，说明盘中多方力量强劲，股价上涨动力充足，为看涨信号。

如果股价以缺口的形式跳空突破某个重要的阻力位，那么该缺口就称为“突破性缺口”。

跳空缺口在实战中的使用技巧如下。

在上涨趋势中，如果出现一个向上的跳空缺口，一举突破前期的高位，说明盘中多方力量强劲，股价上涨动力充沛，这是看涨信号，交易者可以在缺口出现时买进股票。

如果交易者在出现缺口的第一时间内没有及时跟进，可以在股价出现回调但并没有向下跌破缺口时跟进。

如图 3-45 所示，大东方（600327）的股价经过一段时间的回调整理后再次走强，且出现一个向上的跳空缺口。该缺口一举突破了前期的高点，

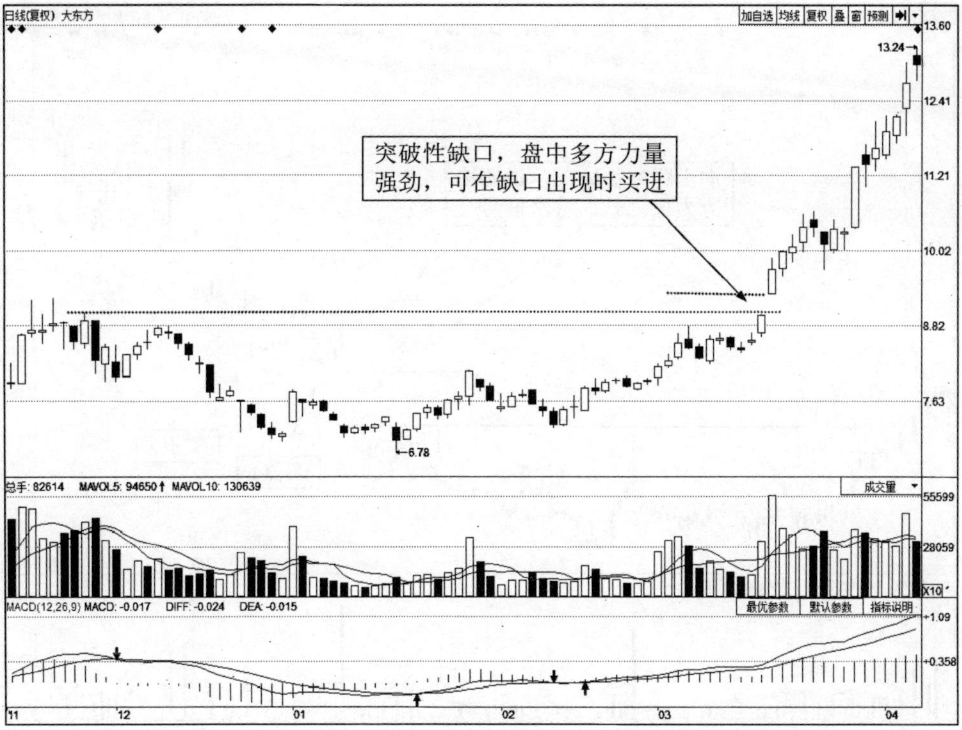

图 3-45

说明盘中多方力量非常强劲，股价上涨动能充足，发出看涨信号。交易者可在缺口出现时第一时间进场买进。

如图 3-46 所示，万通地产（600246）的股价经过一段时间的整理后逐渐走稳，突然该股以涨停板的形式直接突破前期整理平台，形成一个向上突破性缺口。突破性缺口显示空方已经没有还手之力，股价上涨势在必得，买点 1 出现。

随后股价在冲高后出现短暂回调，但在缺口处获得支撑，说明股价回调结束，将要再次进入上涨走势中，买点 2 出现，此时应该果断跟进。

缺口有很强的支撑或阻力作用。当股价出现第一个向上突破缺口时，缺口就成为重要的支撑地带，如果股价接下来没有回补缺口，就表明上涨

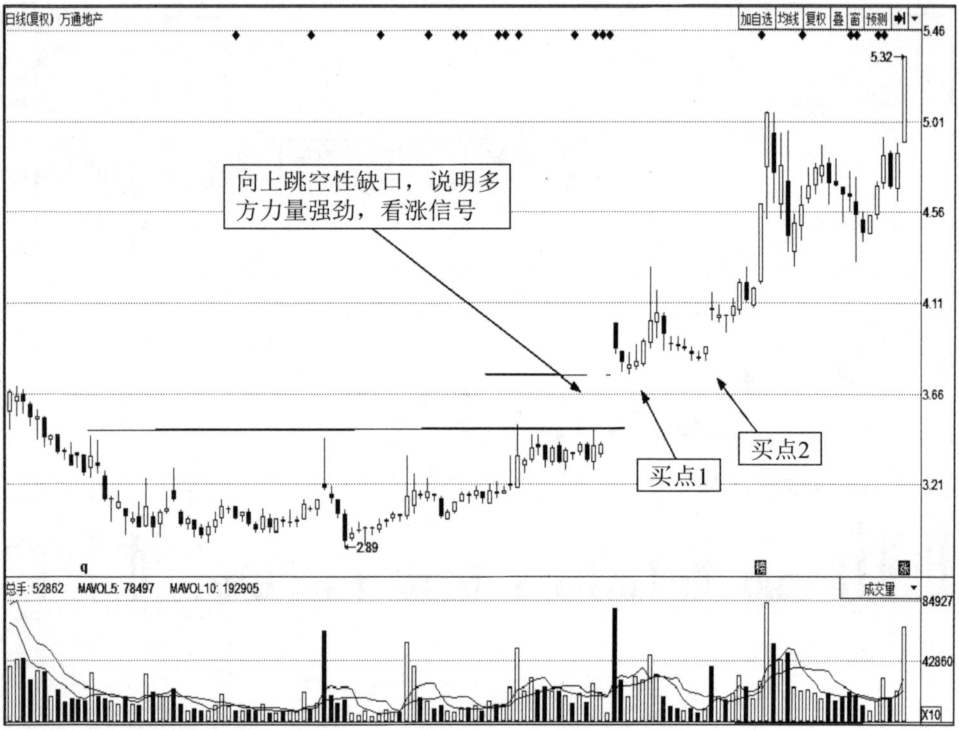

图 3-46

趋势彻底形成。

第一个缺口突破前期重要阻力线，阻力线可以是前期高点，也可以是阻力线、均线等。

二、上升通道买入定式

在股价上涨走势中，交易者可以通过连接两个阶段性低点，得到一条上升趋势线。通过连接两个阶段性高点，可以得到一条上升阻力线，两条近乎平行的直线就构成了股价的上升通道。

上升通道是股价运行在上涨趋势中的一种反映。在通道中，往往呈现出股价上涨时成交量放大，股价下跌时成交量萎缩的现象。这种走势对于短线交易者来说，是非常适合短线操作的。

上升通道在实战中的使用方法如下。

当股价回调至上升通道下边线附近时止跌回升，表明股价在下边线处获得有效支撑，预示着股价将要再上一个台阶，交易者可以进场买入股票。

如图 3-47 所示，宇通客车（600066）的股价在阶段低点 A 处开始上涨。在随后的上涨走势中，又出现阶段低点 B。通过 A、B 两点可以画出一条上涨趋势线。同时通过高点 C、D，可以画出上涨阻力线，这样就得到一个上涨通道。在以后的行情中，当股价下跌到上涨通道的下边线附近时，交易者可以逢低买入股票。

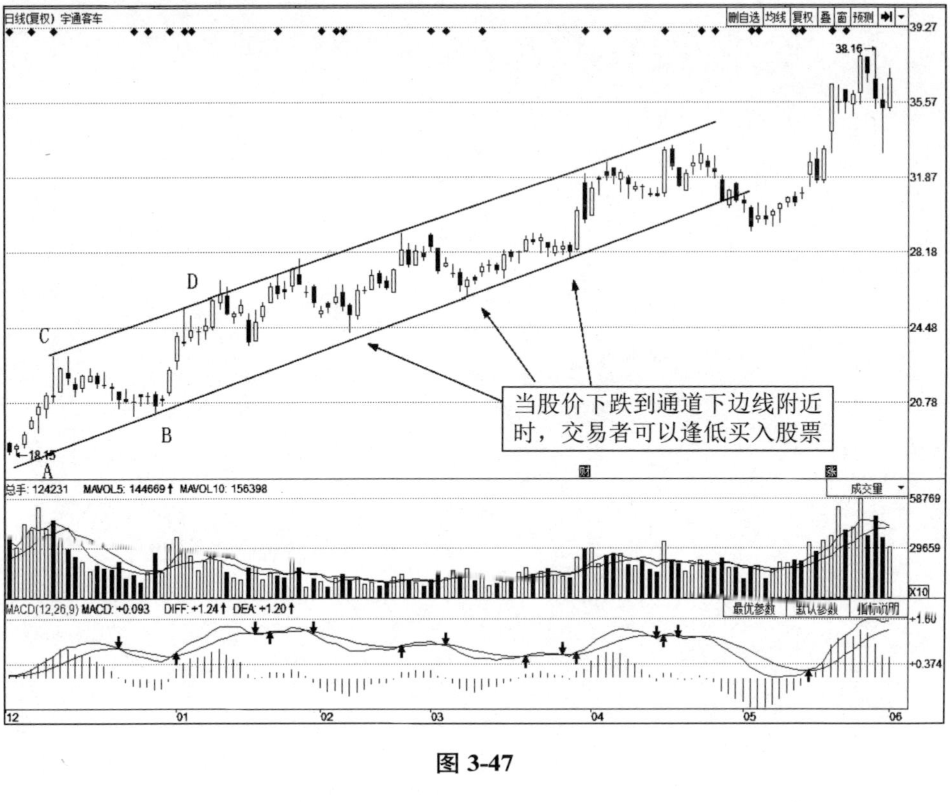

图 3-47

第四章

黑马捕捉之形态定式

黑马股票在暴涨之前，总会有一段潜伏期。经过充分蓄势之后，不鸣则已，一鸣惊人；一经爆发，一飞冲天。若能在黑马启动之初，依据种种蛛丝马迹将伏枥之马一举擒获，则是高超的相马之术。

第一节　蜻蜓点水黑马形态

“蜻蜓点水”黑马擒杀技法，是笔者多年实战经验的总结，经计算机模拟演算后，证明是一种成功率极高的黑马捕捉技法，该技法追求的就是在启动前期伏击黑马。

一、形态描述

个股经过一段时间的下跌之后，其股价会处在一个相对较低的位置。经过筑底过程之后，个股的 MACD 指标和 MA 指标（即均线，也称移动平均线）会同时出现向上突破的走势。这一走势表明该股具备了成为黑马股的特征，后市会出现上涨行情。但是主力在拉升股价的过程中，一般都会进行震荡洗盘，所以此时投资者不应过于急切地介入。

在主力洗盘过程中，个股 MACD 指标的 DIF 线与 DEA 线和 MA 指标的 5 日均线与 10 日均线将会出现靠拢或相互黏合的走势。MACD 指标的 DIF 线与 DEA 线和 MA 指标的 5 日均线与 10 日均线相互黏合之后，若两个指标的两线形成死叉并向下运行，表明股价后市将会走低；若两个指标的两线并未形成死叉，而是向上运行，则表明股价后市会出现黑马行情。

该形态是把 MACD 指标的 DIF 线与 DEA 线的走势与 MA 指标的 5 日均线与 10 日均线的走势相互结合起来使用的。由于两个指标的两线都未形成死叉时，个股后市才会出现黑马行情，图形上只出现两线如“蜻蜓点水”般的轻触，所以把这种形态称为“蜻蜓点水”形态。

这一形态在股价底部出现时，表明主力吸货结束，即将展开一轮拉升行情。在实际运用的过程中，投资者应对两个指标同时进行分析，两个指标若在不同的时间段出现黏合反弹的走势，则该形态不能成立，投资者在运用的过程中应仔细辨别。

二、形态解析

（1）个股经过一轮下跌之后，股价已处在较低的位置。

（2）个股的 MACD 指标和 MA 指标同时出现向上运行的迹象，并且两个指标的 DIF 线与 DEA 线、5 日均线与 10 日均线同时出现黏合反弹的走势。

（3）在个股的指标线向上运行时，若成交量出现较大的放量，那么该形态的看涨信号更强。

三、实战要点

（1）若 MACD 指标的 DIF 线与 DEA 线形成金叉，在股价回调时，DIF 线回调到 DEA 线附近，继而 DIF 线又开始反转向上，那么该股的后市涨幅会更高。

（2）若 MA 指标的 5 日均线与 10 日均线形成金叉后向上运行，因股价回调 5 日均线回调到 10 日均线后又开始反转向上，那么该形态的看涨信号会更强。

四、案例分析

1. 皖通高速（600012）

（1）日 K 线形态分析。

如图 4-1 所示，皖通高速（600012）的日 K 线图中，该股经过小幅爬升之后，其股价出现了横盘整理的走势，同时成交量也出现了一定程度的萎缩。在该股的 MACD 指标和 MA 指标出现金叉之后，其股价开始出现启

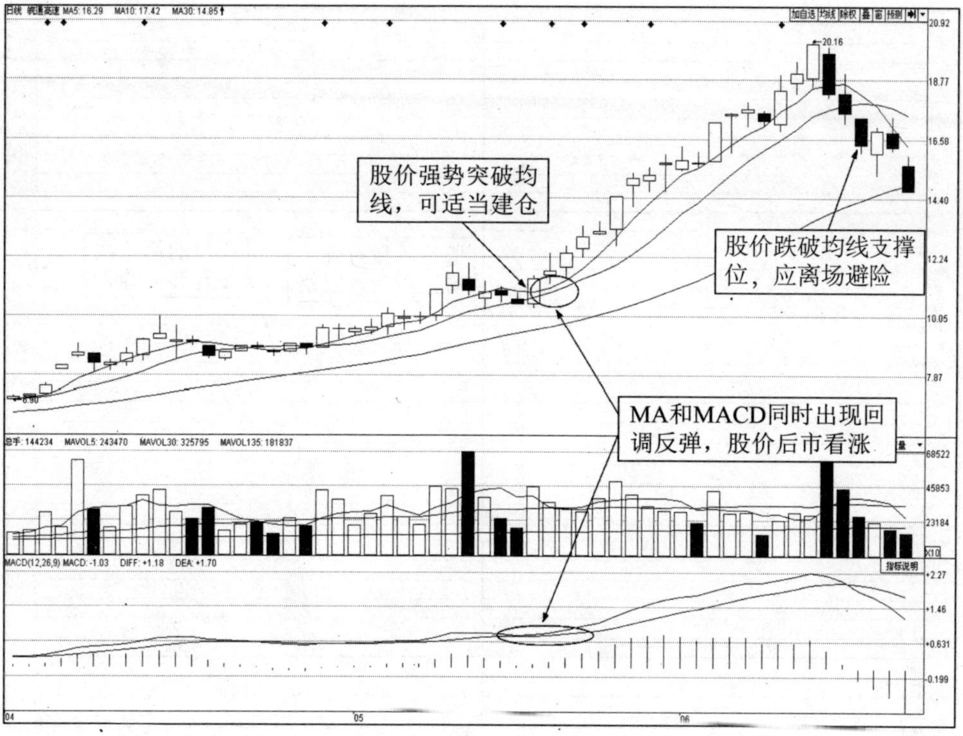

图 4-1

动迹象。不过由于主力的震荡吸筹行为，股价很快出现了回调，其 MACD 指标和 MA 指标也开始向下运行。

在回调走势结束后，该股股价也重新回到了上涨态势。投资者在该股的两个指标都出现"蜻蜓点水"形态之后，可以进行建仓。股价经过一轮上涨，跌破均线支撑位时，应离场避险。

（2）分时买点把握。

如图 4-2 所示，皖通高速（600012）的日分时图中，该股股价以小幅低开的方式开盘，之后其股价一直与均价线相互缠绕运行，并没有出现较好的表现。

在上午盘的尾盘时分，股价出现了一波拉升走势，同时成交量也出现

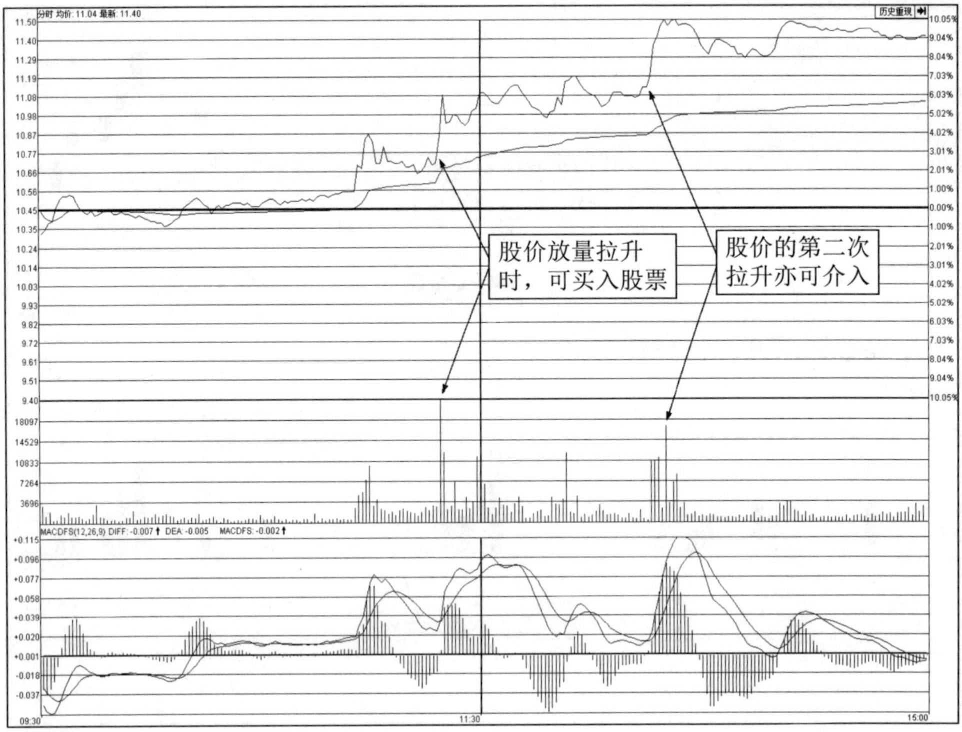

图 4-2

了较大的放量。下午开盘之后，股价延续了上午的走势，一直持续到收市。

结合该股的日 K 线图，在该股指标出现“蜻蜓点水”形态之后，投资者可以在股价突破均线时买入股票进行建仓。表现在分时图中，股价第一次拉升是投资者买入股票的良好时机，风险偏好的投资者也可以在股价第二次拉升时买入筹码。

（3）分时卖出解析。

如图 4-3 所示，皖通高速（600012）的日分时图中，该股股价在较大幅度的低开之后开始震荡运行，随后出现了一波下跌走势。同时，成交量也出现了较大幅度的放量，形成价跌量增的走势。

这种走势表明此时市场对该股的后市表现并不看好，后市将会出现反

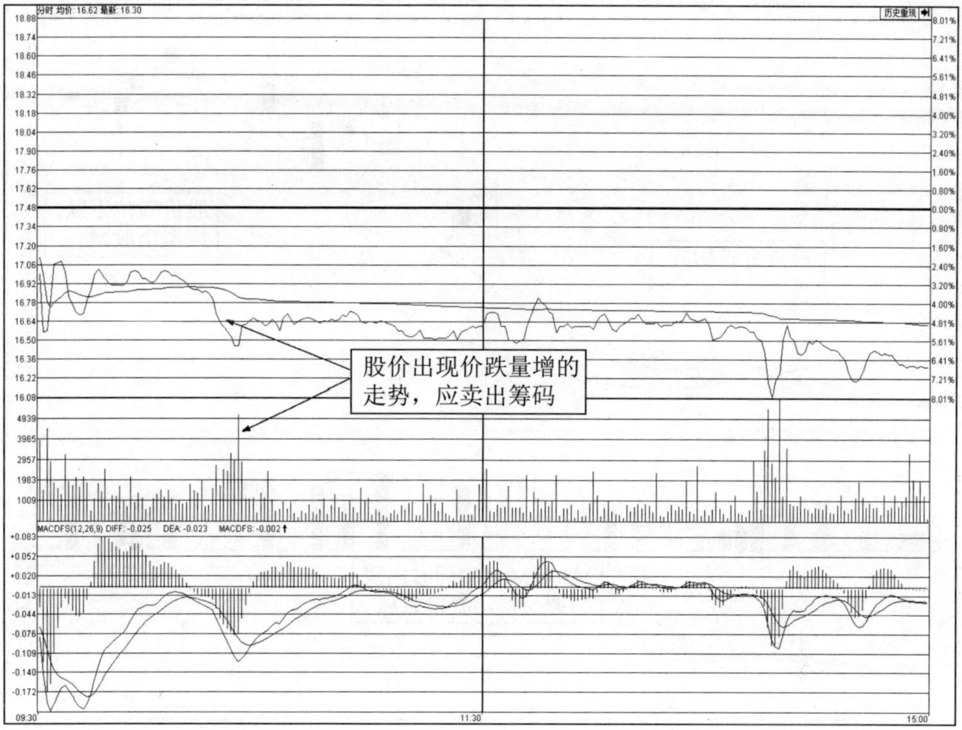

图 4-3

转行情。之后，股价延续了这一弱势走势，一直运行在均价线以下，直到下午收市。

结合该股的 K 线图进行分析，在股价跌破均线的支撑位时，投资者应卖出股票，进行避险。表现在分时图中，在股价出现放量下跌走势时，应卖出股票，兑现收益。

2. 中信证券（600030）

（1）日 K 线形态分析。

如图 4–4 所示，中信证券（600030）的日 K 线图中，该股股价前期一直处在横盘整理走势之中，随后股价开始缓慢上涨。小幅爬升之后，股价出现短暂的回调，同时成交量也出现了萎缩。

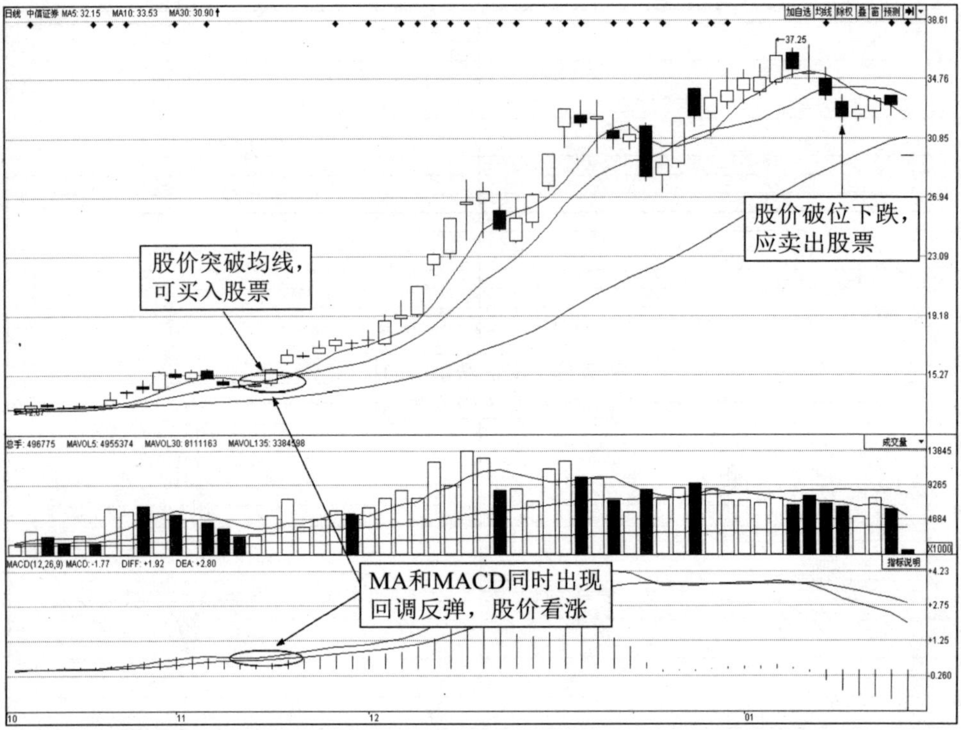

图 4-4

此时，该股 MACD 指标的 DIF 线与 DEA 线和 MA 指标的 5 日均线与 10 日均线呈现出靠拢的走势，但是并未形成死叉，而是在靠拢之后出现反弹向上的走势，表明股价后市会延续上涨行情。

投资者在股价突破均线时应买入股票，进行建仓。在股价创出新高，跌破支撑位时卖出股票，规避风险。

（2）分时买点把握。

如图 4–5 所示，中信证券（600030）的日分时图中，该股基本上以平开的方式开盘，之后股价并没有出现较大的波动，而是与均价线呈现出相互缠绕运行的走势。

在上午盘的尾盘时分，股价向上突破了均价线，出现了一波上升走

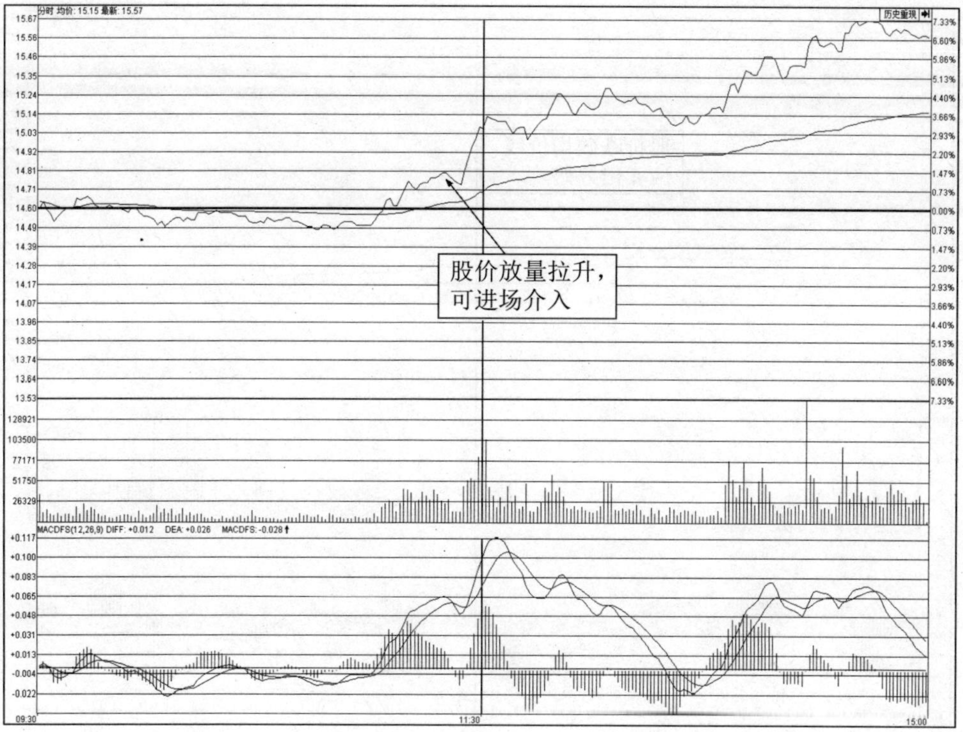

图 4-5

势。下午开盘之后，股价延续了这一上升走势，并且持续走高，直到下午收市。

结合该股的日 K 线图，在该股指标出现“蜻蜓点水”形态之后，投资者可在股价突破均线系统时买入股票。表现在分时图中，在股价出现拉升走势时，应果断买入筹码，进行建仓。

（3）分时卖出解析。

如图 4–6 所示，中信证券（600030）的日分时图中，该股股价以平开的方式开盘之后，便开始了一波下跌走势。随后股价出现了短暂的反弹，并且上穿了均价线。但后市该股并没有延续这一上涨趋势，股价做了短暂的横盘之后，又一次跌破均价线并持续走低，直到该股下午收市。

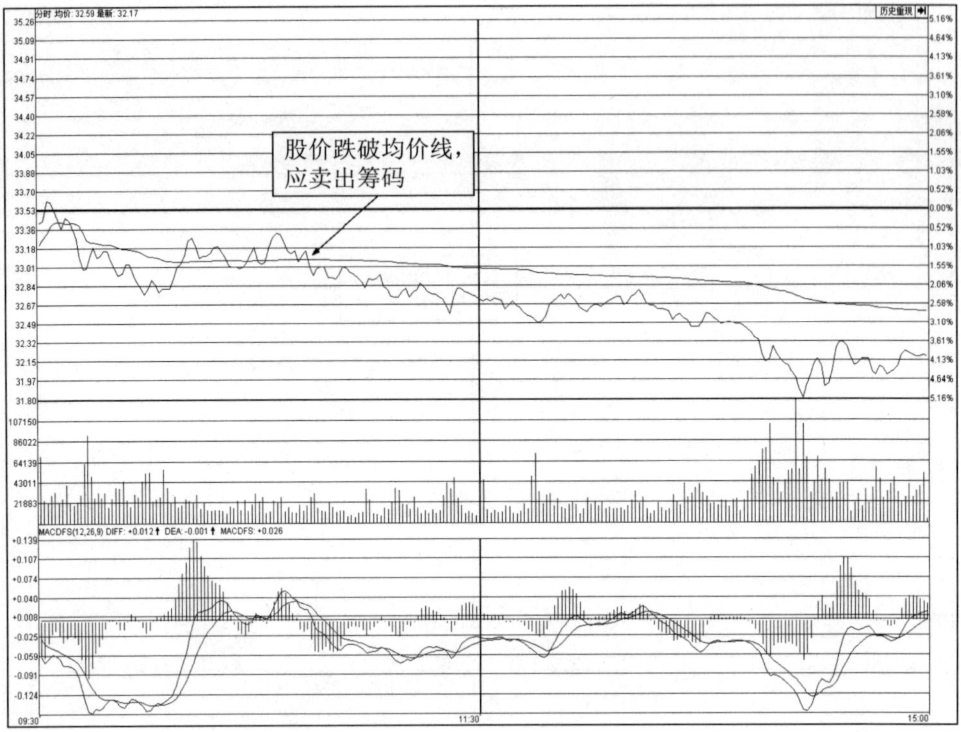

图 4-6

结合该股的日 K 线图进行分析，在该股股价创出新高之后，其卖盘压力开始增加。股价跌破均线的支撑位后，投资者应进行减仓或卖出股票，以规避后市的风险。表现在分时图中，在股价再一次跌破均价线时，投资者应卖出筹码。

运用该形态捕捉黑马股时，投资者可结合该股的成交量来进行判断，以增强该形态的看涨准确性。

第二节　春江水暖黑马形态

一、形态描述

股价在低档长期窄幅盘整后，底部已经盘实，多无下跌动力。部分敏感的投资者隐约感觉到市场回暖，开始趁低吸纳筹码，使得股价开始缓慢向上爬升。

某一日，股价正常开盘后被大幅打压至空前低位，但收盘价仍距开盘价不远。这种图形大多为主力机构拉抬前的最后一次震仓，其后股价必然反转向上。

通过大幅打压，主力资金已探明此股的底部。预知股市回暖的投资者，犹如早春江河里的鸭子，最早测知市场已经“春江水暖”。

二、形态解析

“春江水暖”在日K线图上会留下长长的下影线，此时的股价如同有一双无形的手将其托住，跌下去往往能迅速拉起，是主力洗盘的一种形式。

主力先是用大单不断往下打压股价，在投资者吓得拔腿而逃之际，再反手做多，迅速将股价拉起，日线图上留下长长的“尾巴”。日K线留下长长的下影线，表明股价已经探底成功。

其技术特征主要有以下几点。

（1）股价前期经过连续调整，并出现下跌放缓、逐步企稳的迹象。

（2）日 K 线带有长下影线，阴线或阳线皆可。

（3）随后一天的日 K 线收中阳线或大阳线，反转信号更明确。

（4）此时股价处于弱势阶段，上涨的同时成交量必须同步放大。

三、案例分析

下面看几个案例，以分析具体的走势情况。

1. 希努尔（002485）

图 4-7 是希努尔（002485）2014 年 12 月—2015 年 4 月的 K 线走势图。股价在上涨前期有一个漫长的下跌盘整过程，直到 2015 年 1 月 16 日出现“春江水暖”的探底形态，股价才确立最低点。随后股价步入上升阶段，

图 4-7

短时间内股价升幅巨大。

在“春江水暖”形态后的上涨阶段，可以看到股价的上涨是伴随着量能放大的，股价的上涨基础坚实而可信。如果从5日或10日均量线来看的话，此时出现的量能形态也是前文所说的量能上升形态，同样是买进信号。买进的投资者在以后的行情中也是获利丰厚。

2. 登海种业（002041）

图4–8是登海种业（002041）2015年2月—6月的K线走势图。股价经过长时间的下跌盘整后，逐渐站稳均线系统，但2015年3月12日的早盘向下打压，则让投资者不知所措。当惊慌失措的投资者刚卖出筹码时，股价就迅速回升。当投资者还在考虑要不要买进的时候，股价早已向上拉升。

图 4-8

"春江水暖"预示股价好转，行情看好。但在前期出现的乍暖还寒，却是投资者必须经历的折磨，毕竟阳光总在风雨后。

春江水暖形态发生在股价底部时，是股价见底的标志，预示行情将会转好。但此时股价往往也会表现得相对弱势，毕竟主力资金还没有完成筹码收集，上方的套牢盘依然庞大，不利于股价的短期迅速拉升。如果这种形态发生在上升期的回调阶段，则会有立竿见影的效果。

3. 浩宁达（002356）

图 4–9 是浩宁达（002356）2015 年 1 月—4 月的 K 线走势图。股价经过前期的一个上升阶段，已走出底部区域，进入盘整阶段。这时主力资金并没有直接拉升股价，而是用长时间的盘整消磨投资者的意志。

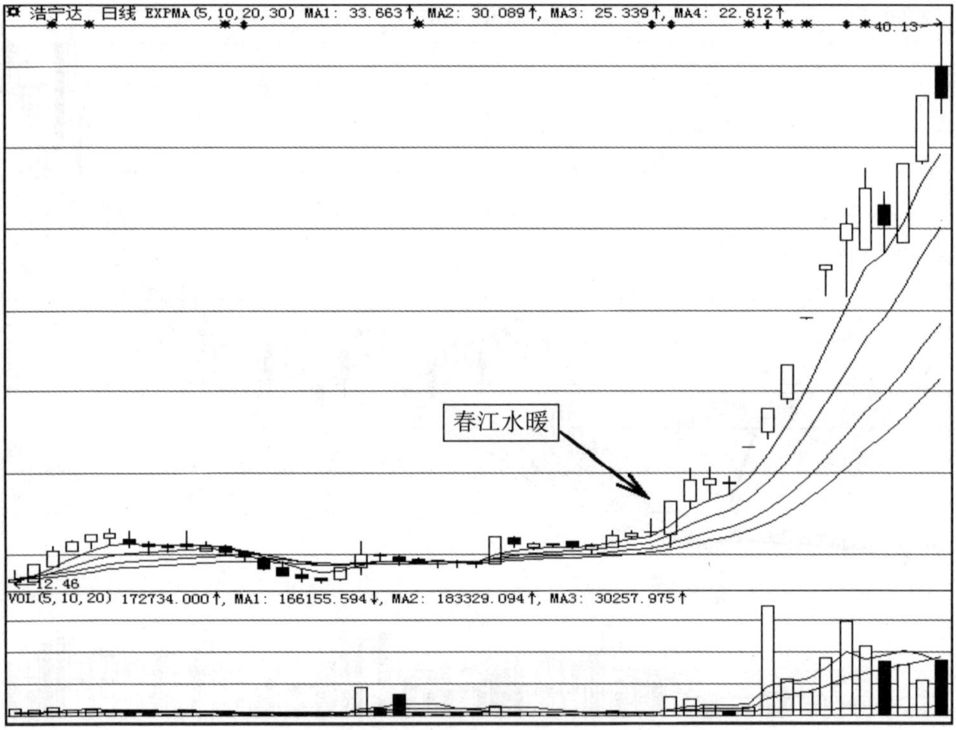

图 4-9

最后利用股价上升前的一个深蹲收出长下影线，做出春江水暖的形态，集洗盘和吸筹于一身。此后股价一飞上天，其间卖出的投资者追悔莫及，而买进的投资者则获利多多。

4. 星期六（002291）

图 4-10 是星期六（002291）2015 年 2 月—6 月的 K 线走势图。图中出现一个春江水暖的走势，股价随后快速拉升。在股价收出此形态后，及时买进的投资者，短短几天就获利不菲。

在行情较好，庄家实力强大的个股中，庄家往往利用急速深跌的办法完成洗盘动作。就这只个股来看，股价经过前期的上涨，积累了大量的获利筹码。庄家不想让获利筹码在高位时兑现以影响自己的拉升，所以就预

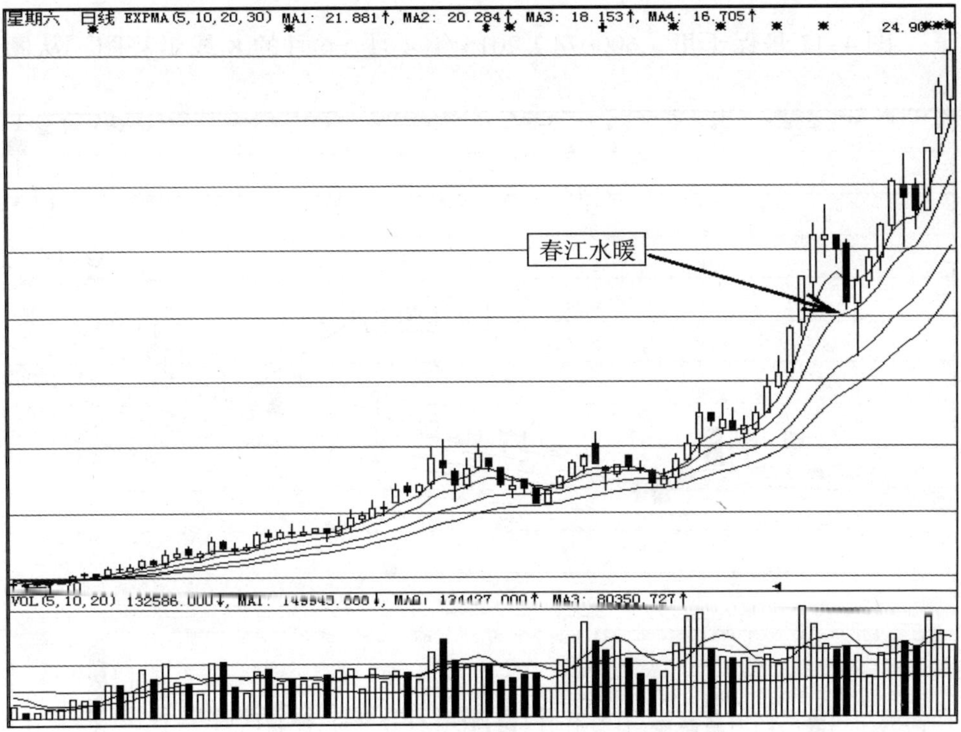

图 4-10

谋了一次洗盘。

这样洗盘的特征是急速阴跌，迅速回抽。急速阴跌使得投资者来不及反应，不能在高位顺利兑现盈利。当股价有企稳的迹象时，离高点已相去甚远，投资者的盈利空间大打折扣。对庄家来说，此时可以在更低的价位承接筹码，不失为一个好方法。

此时庄家的预期目标位还没有达到，不想做坏形态，使投资者纷纷看空离场，所以需要在尾盘快速拉升，重新确立股价的升势。走出这种走势后，下一波拉升就近在眼前。

这个庄家的操盘过程，构成了所谓的春江水暖的形态。庄家的再次拉升，也就成为投资者买进的理由。

5. 保千里（600074）

图 4-11 是保千里（600074）2015 年 4 月—6 月的 K 线走势图。从图

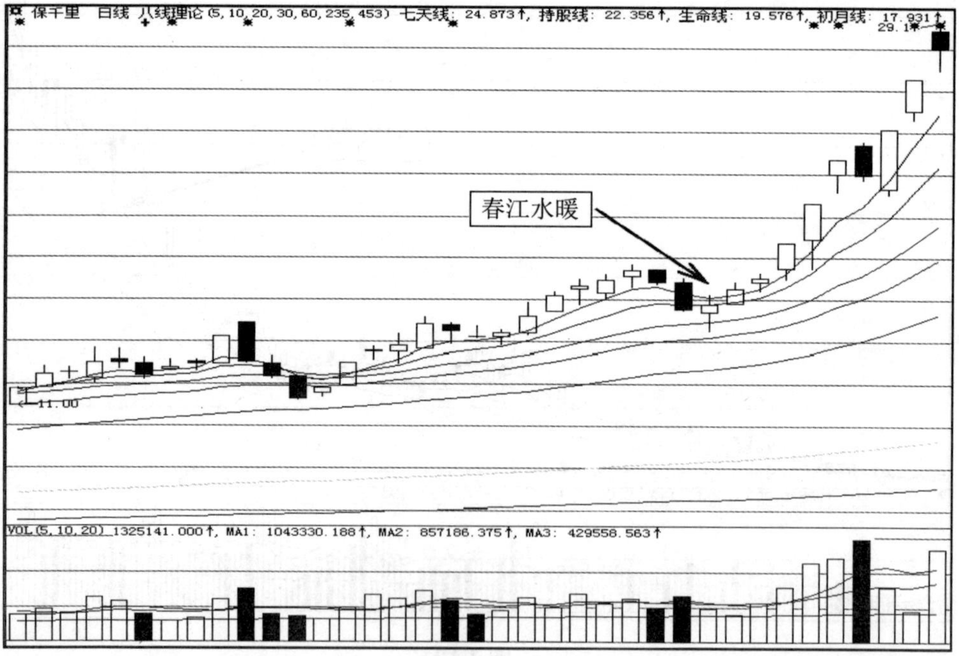

图 4-11

中可以看到，股价经过前一阶段的上涨，有了回调的需要。前两天的连续阴线也告诉我们，回调正式开始了。

基于前期连续三天的深度回调，此次的回调力度也不会太小。股价在第三天就出现了春江水暖的走势，表明回调已经到位，上涨即将开始。随后股价迅速拉升，开启主升浪行情。在春江水暖形态处买进的话，获得的收益会相当可观。

6. 海立股份（600619）

图 4-12 是海立股份（600619）2015 年 5 月—6 月的 K 线走势图。股价出现了春江水暖走势后，同样走出了一波上升行情，短线买进的投资者可以获得不错的收益。

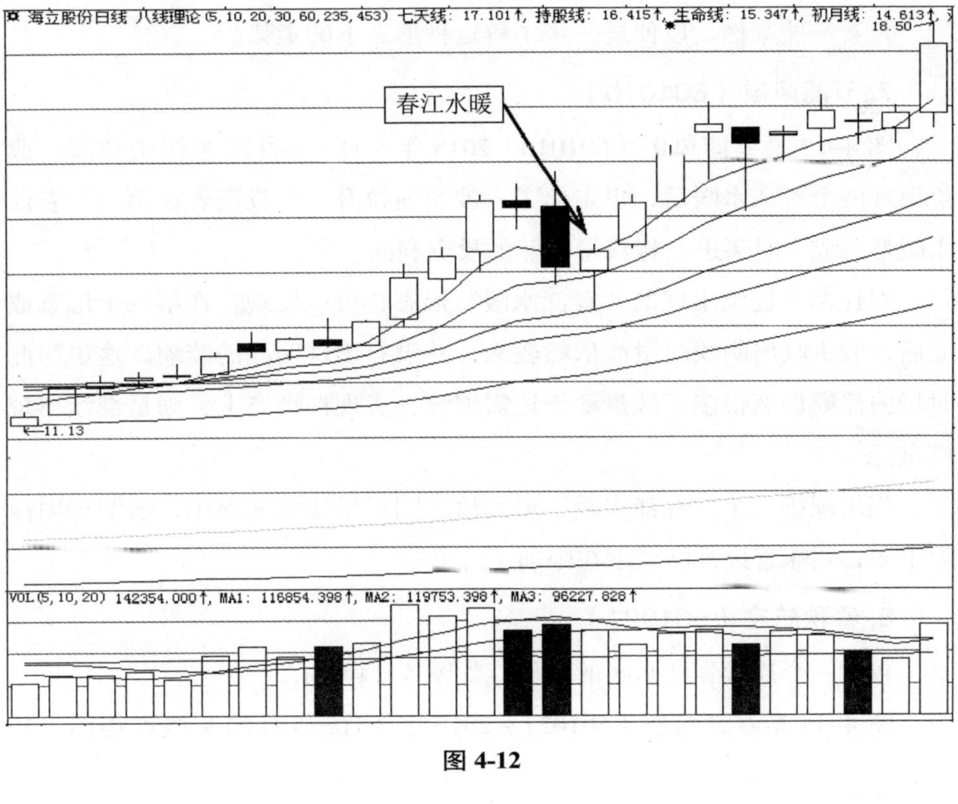

图 4-12

春江水暖走势有极强的指示买进意义，但在具体操作中，也有其不同的操作要求。

（1）股价若经过长期下跌后出现春江水暖形态，此时成交量必须同步放大。短线买进的时候，需要注意股价表现可能相对弱势，行情大多会比较曲折。

（2）若在横盘整理期间出现春江水暖形态，成交量未出现放大，通常为获利盘涌出或是庄家刻意打压，此时可见跌即买，获利概率较大。

（3）对大幅洗盘的个股，洗盘结束之后常会继续拉升，此时可继续持股，积极做多。

有时，春江水暖走势不会形单影只，多会成双成对并反复出现，后期出现时买进信号更为明确。

再看一些案例，以便进一步了解这种形态下的走势。

7. 节能风电（601016）

图 4–13 是节能风电（601016）2015 年 4 月—6 月的 K 线走势图。股价出现两个春江水暖后，也走出了一波快速拉升。当投资者在第二个春江水暖形态成立时买进，将获得不菲的投资利润。

对比两个连续出现的“春江水暖”形态，可以发现，在第一个形态成立后，股价收出阴线时量能依然较大，并没有出现明显的萎缩。这说明此时场内浮筹仍然很多，洗盘动作还需继续，表现在形态上，则是继续出现横盘。

当出现第二个“春江水暖”形态后，阴线量能明显缩小，表明场内浮筹不多，意味着拉升已经近在眼前了。

8. 春秋航空（601021）

再看一个连续春江水暖的案例，如图 4–14 所示。

图 4–14 是春秋航空（601021）2015 年 3 月—5 月的 K 线走势图。从

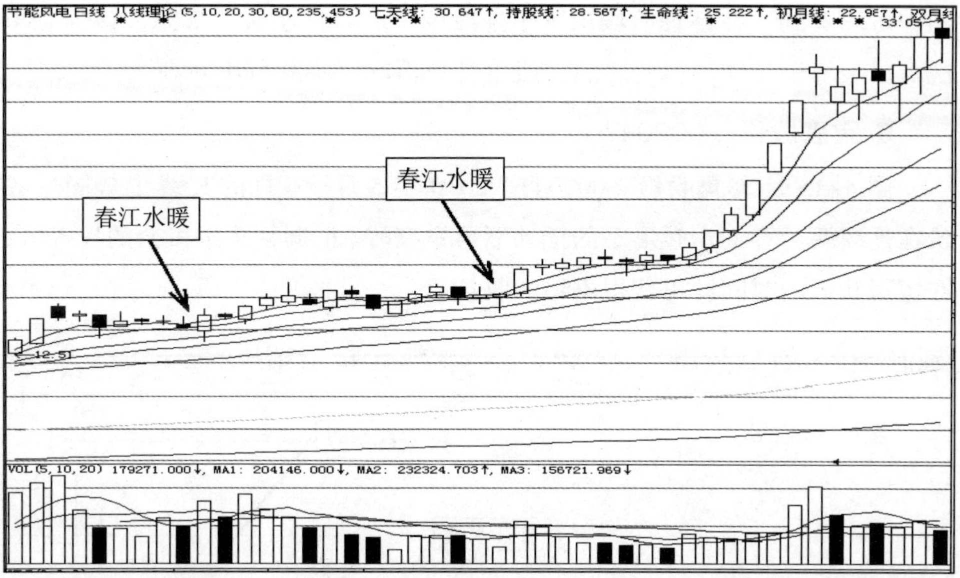
节能风电日线 八线理论(5,10,20,30,60,235,453) 七天线: 30.647↑, 持股线: 28.567↑, 生命线: 25.222↑, 初月线: 22.987↑, 双月线
33.05
春江水暖
春江水暖
12.5
VOL(5,10,20) 179271.000↓, MA1: 204146.000↓, MA2: 232324.703↑, MA3: 156721.969↓

图 4-13

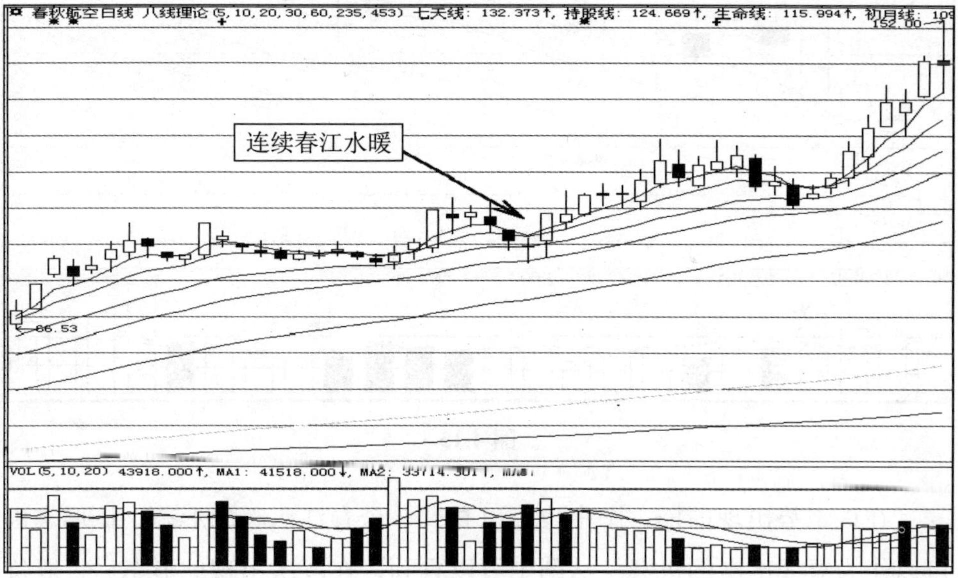
春秋航空日线 八线理论(5,10,20,30,60,235,453) 七天线: 132.373↑, 持股线: 124.669↑, 生命线: 115.994↑, 初月线: 10
152.00
连续春江水暖
66.53
VOL(5,10,20) 43918.000↑, MA1: 41518.000↓

图 4-14

图中可以看到，在整理阶段出现了连续两个“春江水暖”形态，该形态集洗盘、吸筹于一体，自此之后，股价升势再起，不断创出新高。

9. 宝鹰股份（002047）

图 4–15 是宝鹰股份（002047）2015 年 5 月—6 月的 K 线走势图。股价在连续两个春江水暖形态的推动下再攀高峰。把握住买进机会的投资者，在短短几天的时间即可获得不错的收益。

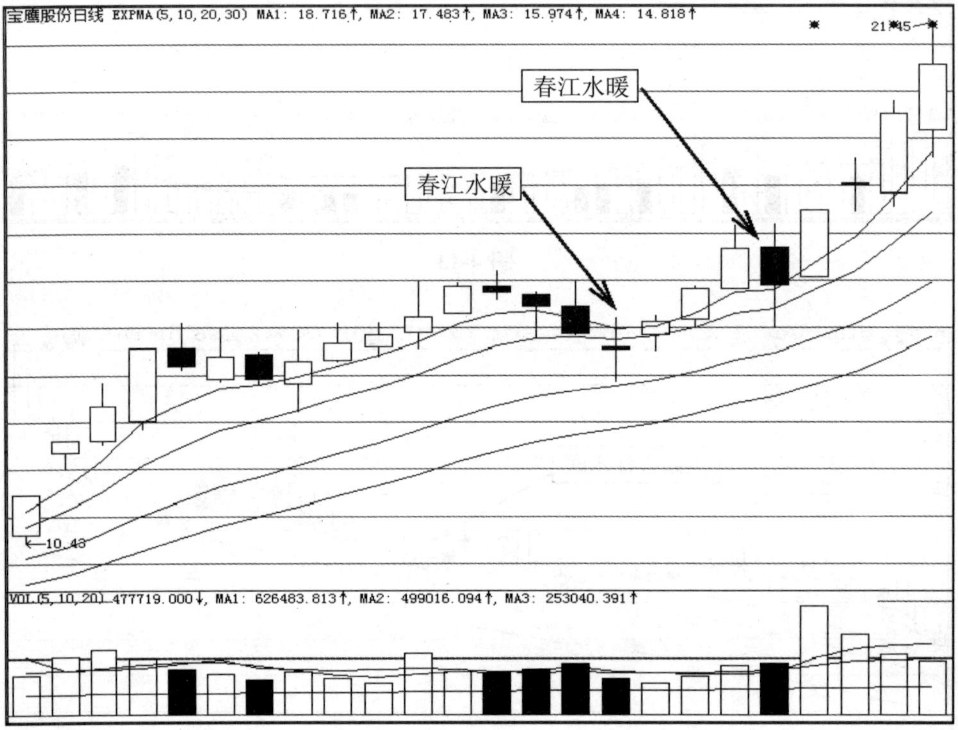

图 4-15

在该走势出现前期，图中也可以看到一个春江水暖的形态，该形态也可以作为短线出击的机会。从图中可以看到，在多次出现此形态后，股价都有着不错的升幅，表明此形态买进信号明确。

10. 宁波华翔（002048）

图 4-16 是宁波华翔（002048）2015 年 4 月—5 月的 K 线走势图。股价经过前期的一个上涨之后，慢慢进入到回调整理阶段。此时出现的第一个“春江水暖”形态，宣告股价调整结束，市场再拾升势。第二个“春江水暖”的出现，则推动股价更上一层楼，加速上涨。

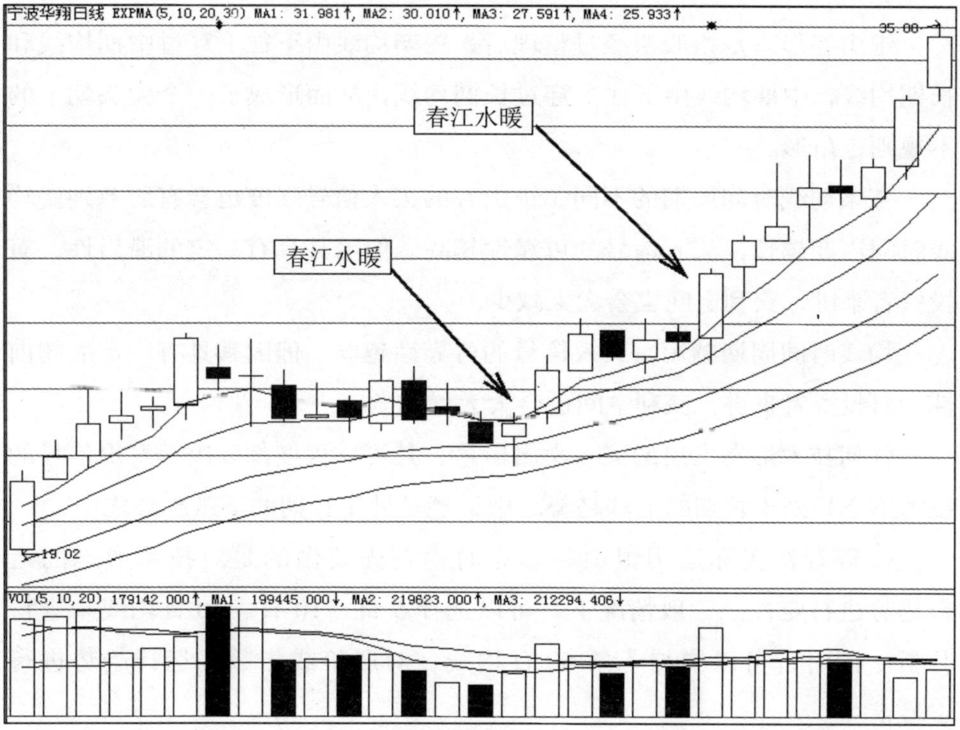

图 4-16

把握住两个“春江水暖”形态，投资者可以获得巨大的投资收益，是一个不错的短线介入机会。

通过前文对春江水暖这一形态的介绍和几个实例分析，相信读者朋友们都基本掌握了这种操作技法。希望投资者把握住这种利好机会，趁势追击，莫失良机。

第三节　银山谷黑马形态

银山谷形态是指股票经过整理后，短期均线由下往上穿过中期均线和长期均线，中期均线由下往上穿过长期均线，从而形成了一个尖头朝上的不规则三角形。

三条均线时间周期的不同，银山谷的买入信号强度也会有所差别。均线时间周期越长，买入信号的可靠性越高。但因其具有一定的滞后性，对投资者来讲，获利空间也会大大减少。

均线时间周期越短，买入信号的可靠性越弱。但因其具有一定的超前性，对投资者来讲，获利空间也会大大增加。

任何技术形态发出的买入卖出信号，其可靠程度都取决于发出信号的技术形态是处于长期的上涨趋势之中，还是处于长期的下跌趋势之中。

投资者在实际运用银山谷形态时，首先要做的是对技术形态的运行趋势进行定性。一般情况下，可以选择 5 日、10 日、20 日均线来进行分析。同时，可以增加一条 60 日均线，对股价或指数的运行趋势进行定性。

如果 60 日均线下行，均线出现银山谷形态，则表明股价或指数展开了中期反弹行情，是短线交易者的买入时点。如果 60 日均线上行，均线出现银山谷形态，则表明股价或指数已经处在长期或中期上升趋势的初期，此时是中长线交易者的买入良机。

结合 60 日均线的指示作用，可以很好地在长期上涨趋势或下跌趋势中运用银山谷这一均线形态。

一、形态分析

（1）银山谷形态一般出现在股价长期下跌趋势的中期反弹行情中，或中长期上涨趋势的初期行情中，或长期上涨趋势的中期调整行情末期。

（2）由三条均线交叉组成，短期均线由下往上穿过中期均线和长期均线，中期均线由下往上穿过长期均线，从而形成一个尖头朝上的不规则三角形。

（3）均线的三个交叉中，要有两个是黄金交叉。

二、实战操作要点

（1）银山谷形态的买入信号没有金山谷强，但若出现该形态时 60 日均线上行，亦可积极介入。

（2）银山谷形态的三次交叉，至少有两次为黄金交叉，否则就不是银山谷形态。如果三次交叉均为黄金交叉，则买入信号的可靠性更强。

（3）在股价或指数出现银山谷形态之后，一般会有一个小的回调，但一般不会跌破银山谷形态，投资者可在回调之时择机买入。

三、案例分析

1. 宝鼎重工（002552）

（1）形态分析。

如图 4–17 所示，在宝鼎重工（002552）的日 K 线图中，该股股价经过前期的上涨之后，开始进入了回调阶段。在这一过程中，5 日均线由下往上穿过 10 日均线和 20 日均线，10 日均线由下往上穿过 20 日均线，出现三次金叉，从而形成银山谷形态。

同时，其 60 日均线向下运行，表明股价短期反弹的概率较大。短线投资者遇到此类均线形态时，可以买入筹码，持股待涨。

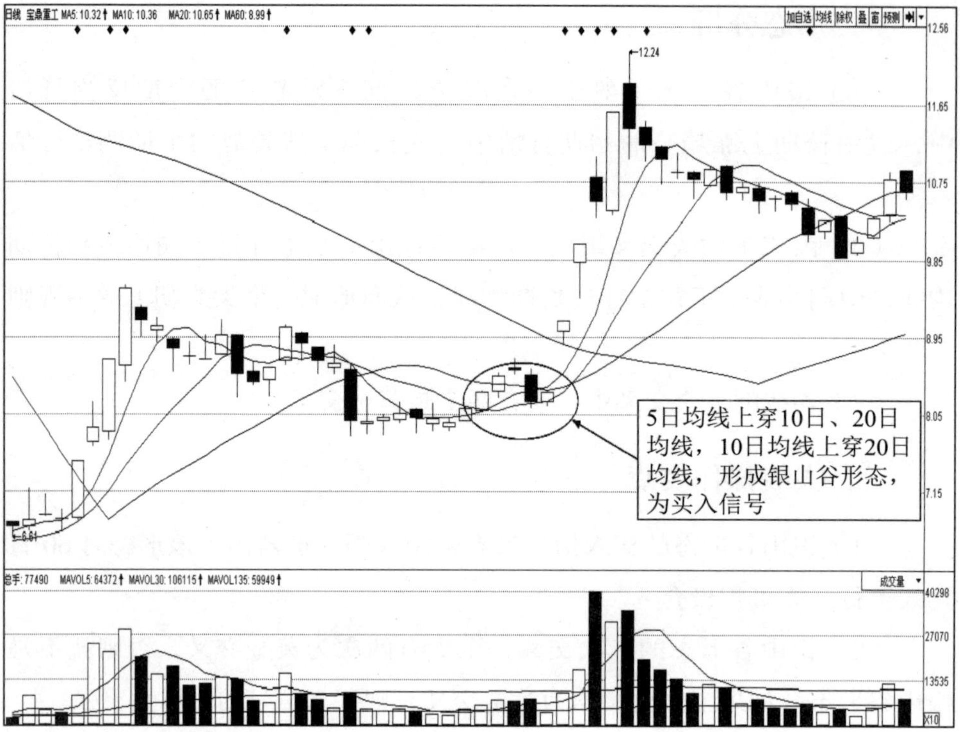

图 4-17

（2）介入分析。

如图 4–18 所示，在宝鼎重工（002552）的日 K 线图中，该股的均线形成银山谷形态之后，在下一个交易日，股价跳空高开之后上封涨停板。这一走势表明该股的上涨动能强劲，短期内股价将会出现一波上升行情。

同时，观察该股的成交量指标，发现其量能伴随着股价的上涨出现温和放大的态势，形成“量增价涨”的形态。短线投资者可在股价强势上涨时买入股票，以期获取短期收益。

（3）卖出分析。

如图 4–19 所示，在宝鼎重工（002552）的日 K 线图中，该股股价上涨一定幅度之后，其盘中的做多动能出现疲软，股价出现了回调，并且跌

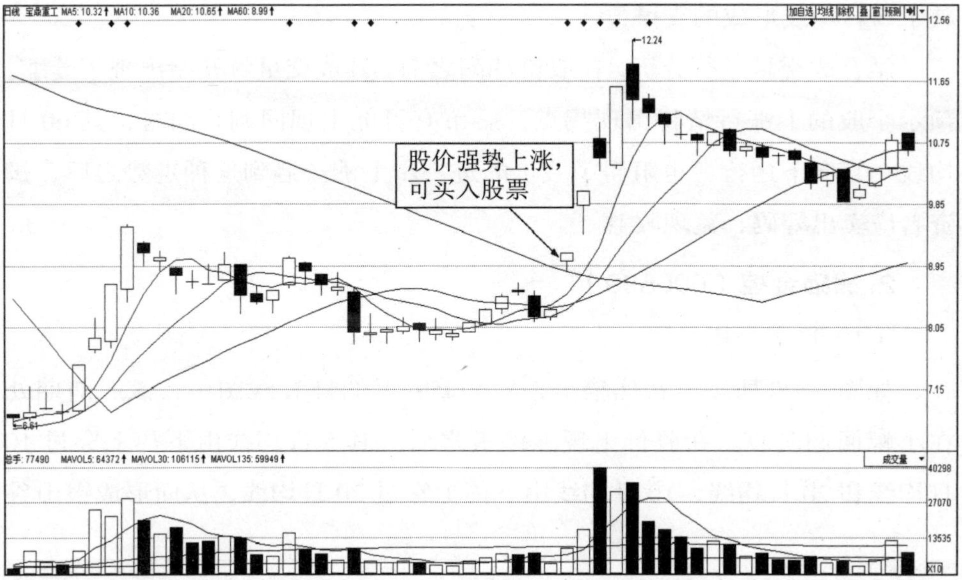
日线 宝鼎重工 MA5: 10.32 MA10: 10.36 MA20: 10.65 MA60: 8.99
12.24
股价强势上涨，
可买入股票
6.61
总手: 77490 MAVOL5: 64372 MAVOL30: 106115 MAVOL135: 59949
成交量

图 4-18

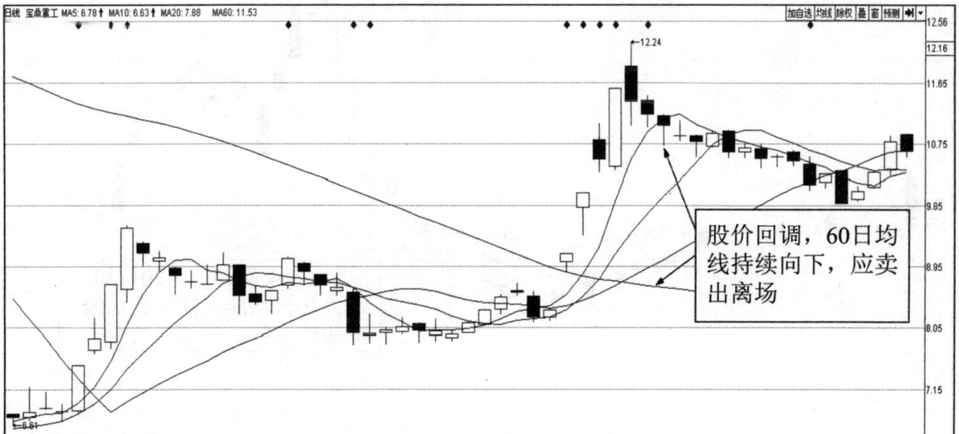
日线 宝鼎重工 MA5: 6.78 MA10: 6.63 MA20: 7.88 MA60: 11.53
12.24
股价回调，60日均
线持续向下，应卖
出离场
6.61
成交量

图 4-19

破了5日均线形成的支撑位。

结合成交量进行分析，在股价冲高之前，其成交量就开始出现了萎缩，预示个股的上涨行情将出现拐点，后市有可能出现回调。同时，其60日均线一直向下运行，也阻碍了股价的进一步上涨。遇到这种走势之后，投资者应卖出筹码，兑现收益。

2. 熊猫金控（600599）

（1）形态分析。

如图4-20所示，在熊猫金控（600599）的日K线图中，该股前期处在小幅回调阶段。在股价出现涨停板之后，其5日均线由下往上穿过10日均线和20日均线，10日均线由下往上穿过20日均线，从而形成银山谷

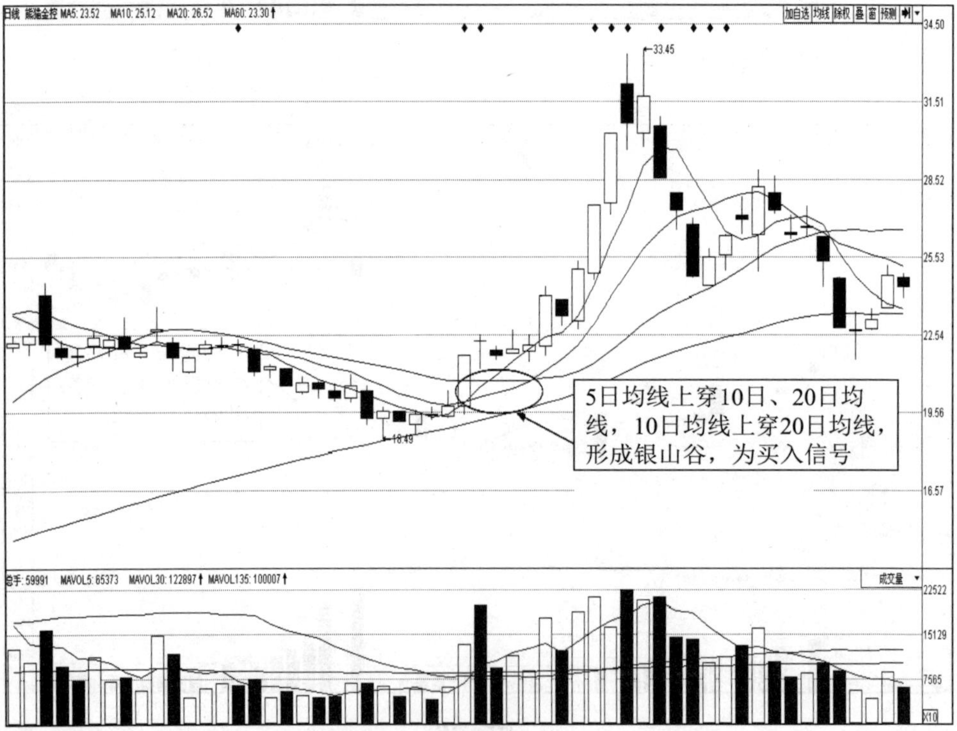

图 4-20

形态，预示股价将会结束回调行情，后期很可能出现新一轮的上涨。

同时，其60日均线处于向上运行的状态，为股价上涨提供了一定的支撑。投资者可在出现这一走势时积极看多。

（2）介入分析。

如图4-21所示，在熊猫金控（600599）的日K线图中，该股的均线出现银山谷形态之后，股价在多日横盘之后出现了向上突破的走势，表明股价的横盘走势将要结束，后市将会出现上涨行情。

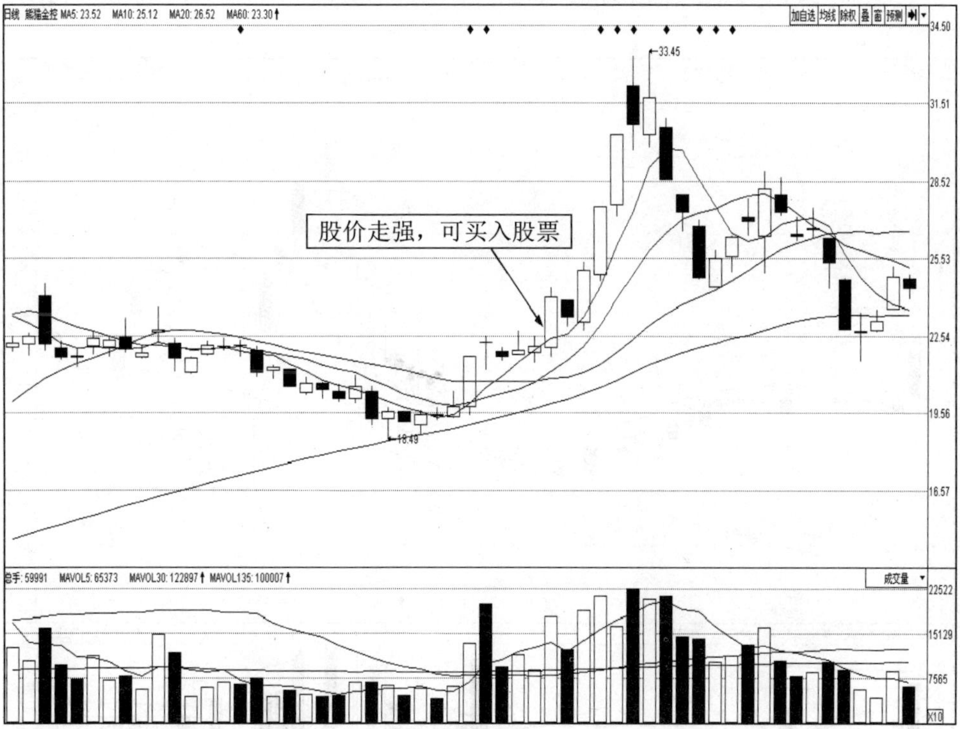

图 4-21

同时，其成交量也有大幅放大，形成了“价涨量增”的走势，这一走势为股价的后市上涨提供了有力的支撑。投资者可在股价站上5日均线时买入股票，获取筹码。

（3）卖出分析。

如图 4–22 所示，在熊猫金控（600599）的日 K 线图中，该股股价经过大幅上涨之后，日 K 线出现了射击之星形态。下一个交易日，股价跌破了 5 日均线的支撑位，同时，当日成交量也出现放大，形成了“价跌量增”的形态，预示股价的短期上涨行情即将结束，后期股价出现回调的概率较大。

投资者可在此进行卖出或减仓操作，以规避回调风险，兑现短期利润。

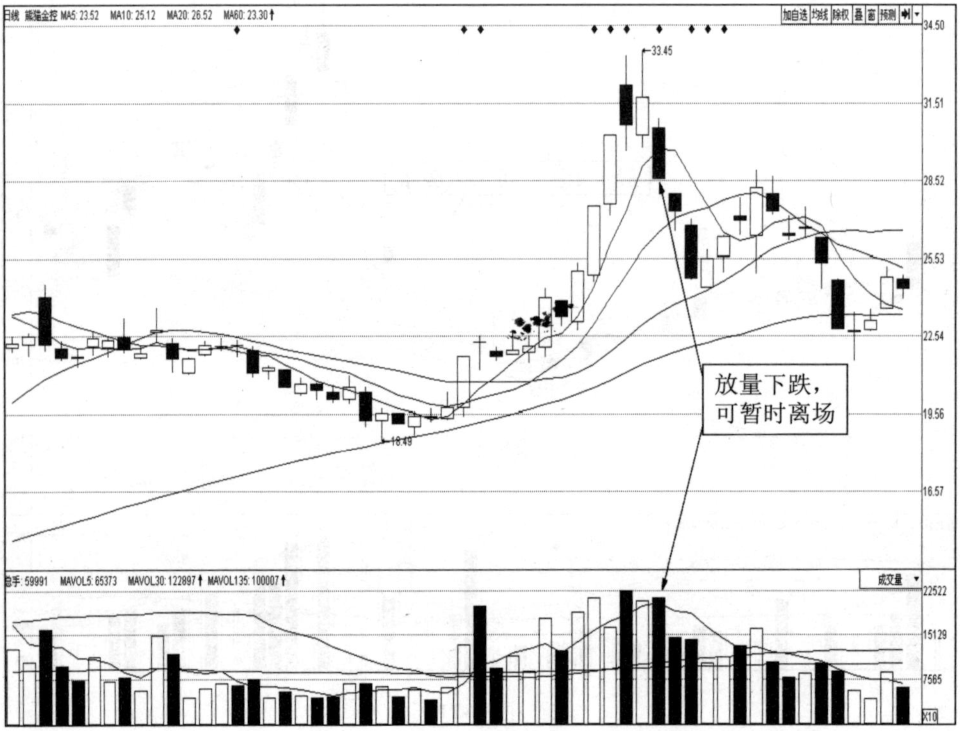

图 4-22

第四节 龙飞九天短线必杀技

“龙飞九天”一词来源于《易经》，这里借指股价经过潜伏与酝酿之后一飞冲天，是黑马股短线操作的重要介入点之一。

股价或指数经过前期的大幅下跌之后，开始进入到横盘整理筑底过程中，其成交量先是极度萎缩，然后开始温和放大，由此推动股价收出小阳线或小阴线，并缓慢地爬升。爬升过程中，一般情况下是阳线多于阴线，其中偶尔会出现一两根中阳线或大阳线。

某日股价突然强势上涨，收出一根大阳线，股价站上 5 日、10 日、20 日均线，同时突破了该股前期的关键位置和重要关卡。这种走势就像一条游走于水面的蛟龙一跃而起，飞上云端，翱翔在九天之上，因此该形态得名“龙飞九天”。该形态预示股价突破阻力位之后，将会开始强势上涨，后市将要走出一轮牛市行情。

龙飞九天形态一般出现在股价或指数经过充分蓄势整理之后，所以该形态出现之后，股价一般都会出现一波比较火爆的上升行情，是投资者可以实现资金快速增值的技术形态之一。激进的投资者可以在形态形成的当日买入股票，持股待涨。

一、形态分析

（1）龙飞九天形态一般出现在中长期上涨趋势的初期，或是长期上涨趋势的回调行情末端。

（2）均线系统的 5 日、10 日、20 日均线由逐渐收敛、黏合转变为缓慢发散，呈现出多头排列形态。

（3）日 K 线以小阳线、小阴线缓慢爬升，其中多数为小阳线。

（4）某日股价或指数放量上涨，收出中阳线或大阳线。同时，股价或指数站上所有周期的均线，并且突破前期技术形态上关键的阻力位或者重要的关卡。

二、实战操作要点

（1）龙飞九天形态形成时，大阳线突破的关键阻力位和重要关卡越多，其发出的买入信号越强烈，股价或指数后市上涨的力度或幅度就越大。

（2）如果形成该形态的当日，大阳线出现时成交量也能有效地放大，则会增强这一形态的看涨作用。

三、案例分析

1. 深中华 A（000017）

（1）形态分析。

如图 4–23 所示，在深中华 A（000017）的日 K 线图中，该股前期基本上处于横盘整理走势，成交量在极度萎缩之后，有温和放大的趋势。同时，股价以小阳线和小阴线缓慢爬升。

某日，股价强势上涨，站上了 5 日、10 日和 20 日均线，并突破了前期的重要阻力位，形成龙飞九天形态，预示着该股后市将结束横盘走势，出现一轮新的上涨行情。

再观察其成交量可以发现，其量能出现有效放大，呈现出价涨量增的态势。投资者应密切关注该股走势，择机介入。

（2）介入分析。

如图 4–24 所示，在深中华 A（000017）的日 K 线图中，该股在形成龙飞九天形态之后，其股价继续向上爬升。结合该股的均线系统进行分析，

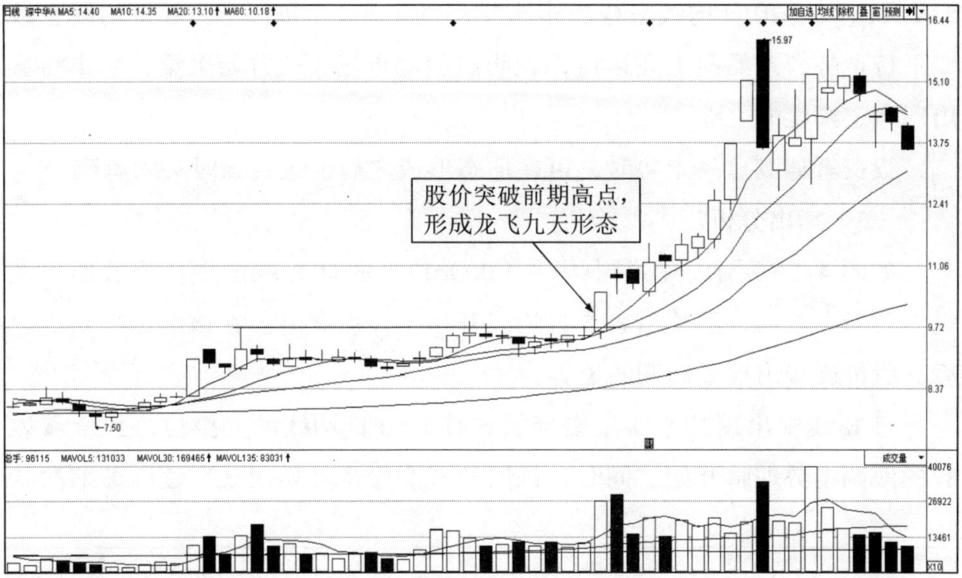

图 4-23

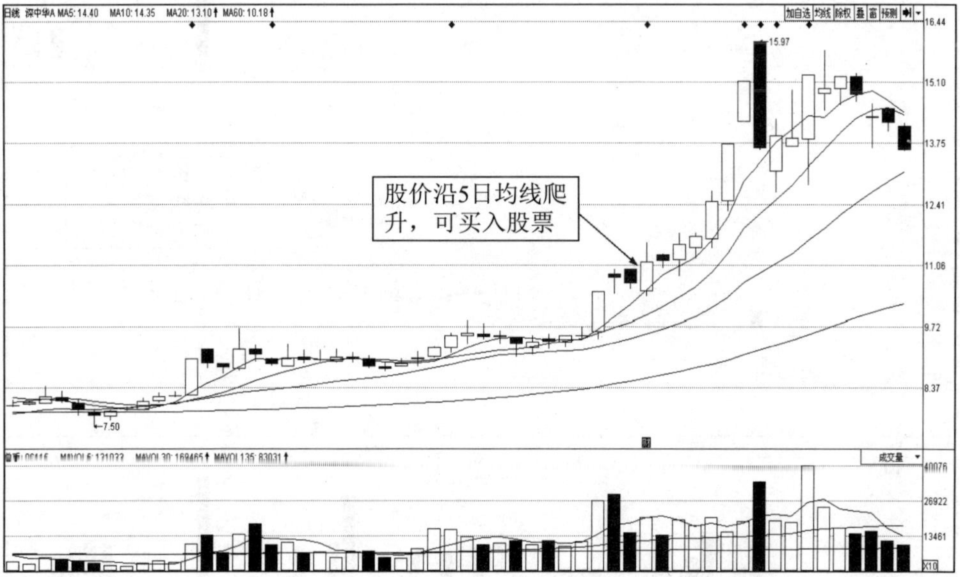

图 4-24

5 日、10 日、20 日均线呈现出多头排列的形态，同时，其 60 日均线也改变平行走势，开始向上方运行，表明该股的市场人气开始聚集，后市将会出现一定幅度的上涨。

投资者遇到这一走势时，可在形态形成之后继续走强时买入筹码。

（3）卖出分析。

如图 4–25 所示，在深中华 A（000017）的日 K 线图中，该股形成龙飞九天形态之后，股价沿着 5 日均线开始了一波爬升。在该股创出新高之后，股价逐步出现了回调的走势。

日 K 线中出现的十字星击穿了 5 日、10 日均线的支撑位，预示着该股的回调走势即将开始。同时，该股的成交量也开始出现了逐渐萎缩的状

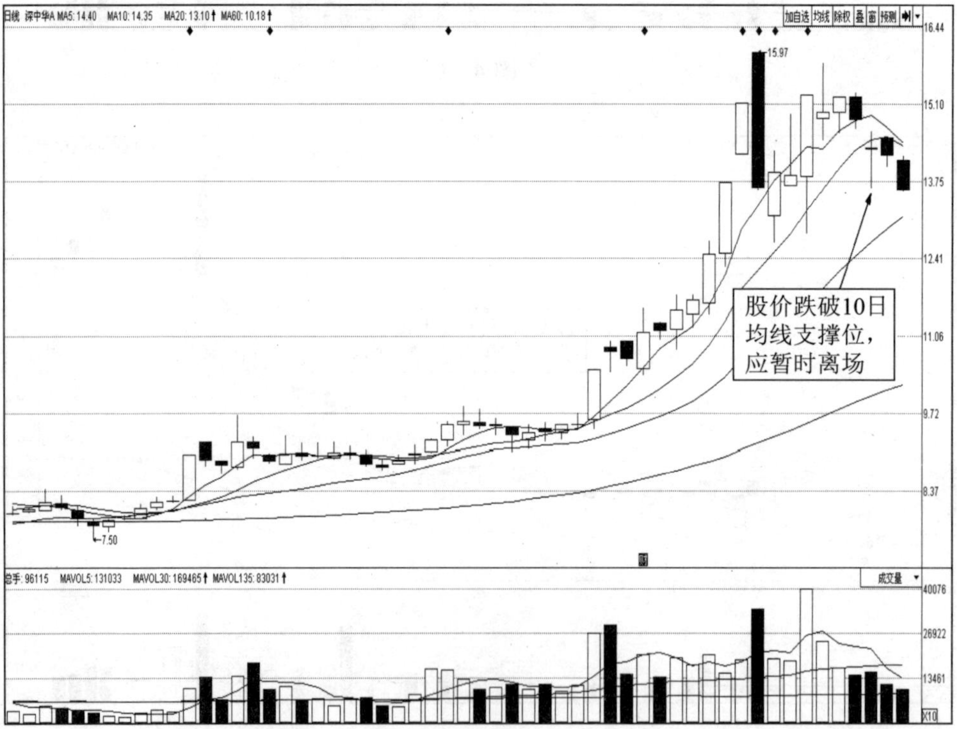

图 4-25

态，形成“价跌量缩”的走势。投资者遇到这种走势后，应暂时离场，规避风险。

2. 海油工程（600583）

（1）形态分析。

如图 4-26 所示，在海油工程（600583）的日 K 线图中，该股前期经过一轮上涨之后，开始出现了回调走势，成交量也开始逐步萎缩。

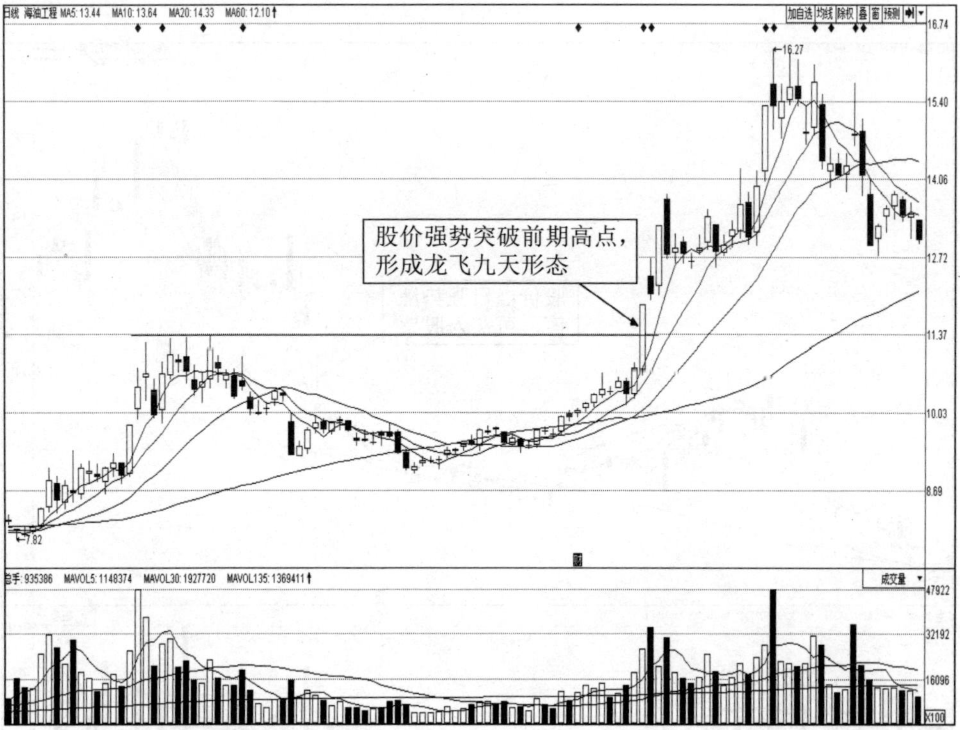

图 4-26

在成交量出现地量之后，股价以小阳线、小阴线缓慢爬升。伴随着股价的爬升，成交量也开始温和放量，表明盘中的多头已聚集做多的动力，开始发起反攻。

随后一根大阳线突破该股前期的重要技术阻力位，形成龙飞九天形态，表明股价即将出现一波上涨行情。投资者应选择有利的时机买入股票。

（2）介入分析。

如图 4-27 所示，在海油工程（600583）的日 K 线图中，该股形成龙飞九天形态的当日，股价强势上涨，并在午盘上封涨停板。同时，其成交量也出现了有效放大，表明该股后市将结束回调的走势，开始一波新的上涨行情。

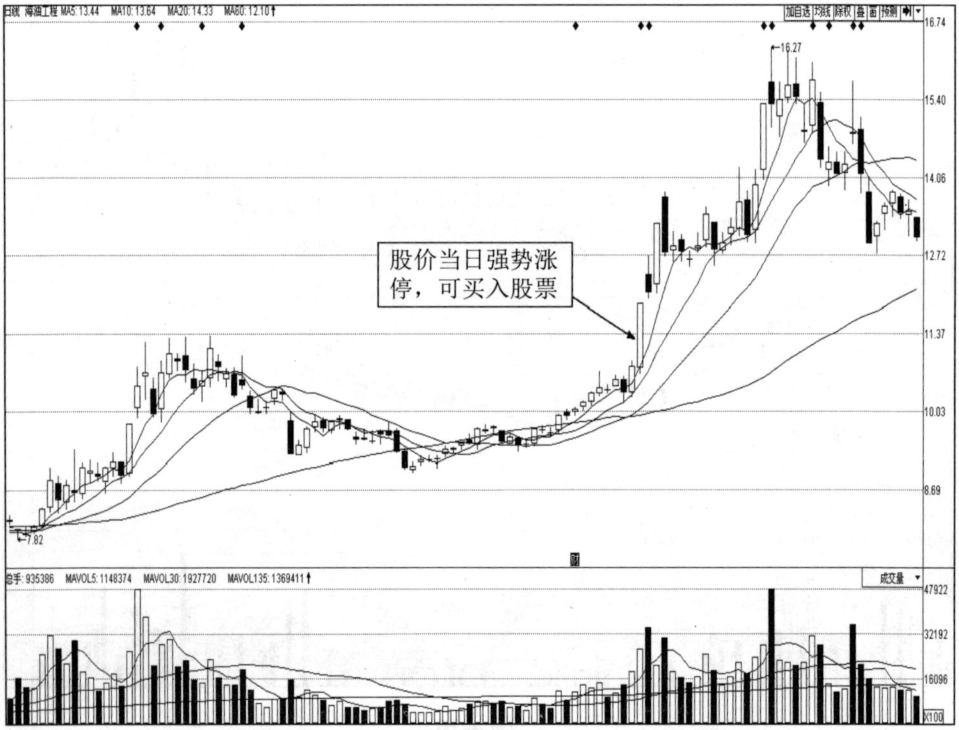

图 4-27

激进的投资者可在形态形成当日买入股票，获取筹码。稳健的投资者可在股价继续走强后积极介入，以期获取个股短期上涨带来的收益。

（3）卖出分析。

如图 4–28 所示，在海油工程（600583）的日 K 线图中，该股在爬升过程中出现了横盘整理走势，但没有破坏均线系统的多头排列走势，所以股价在多头排列的支撑下，又开始了一段上涨行情。

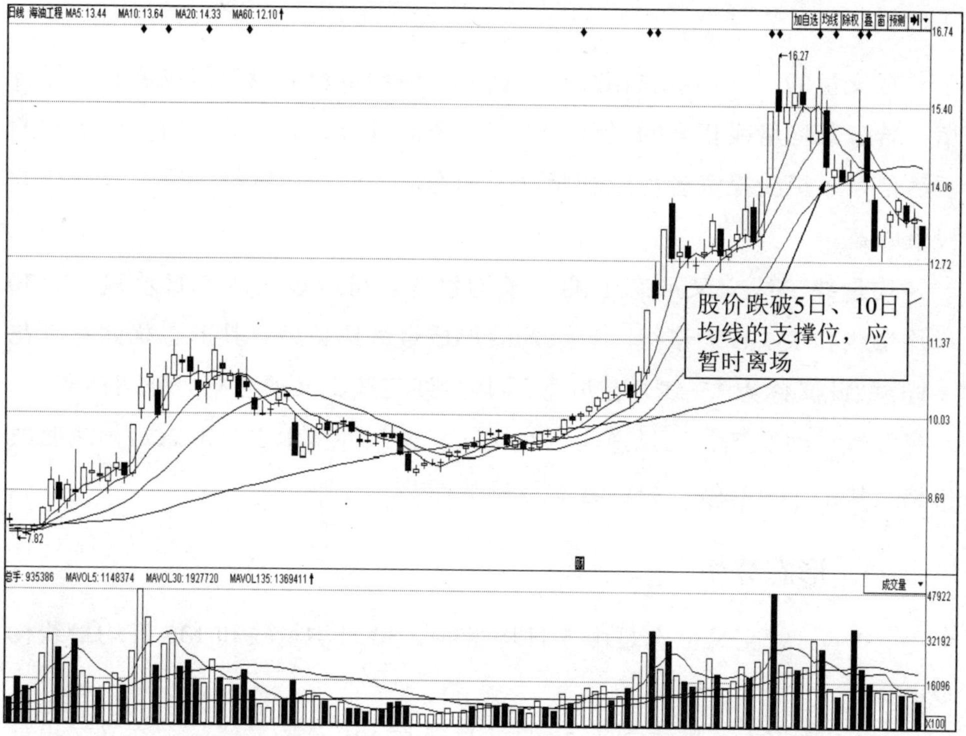

图 4-28

但投资者此时应该意识到，该股的上涨行情就在出现第二次横盘时结束，此后应密切观察该股的后市走势。股价创出新高之后，一根大阴线击穿了 5 日、10 日均线，标志着该股的回调行情开始启动。此时投资者应卖出股票，规避风险。

第五节　三线开花短线必杀技

成交量的三条均量线相交于一点，一般预示着个股后市将展开上涨行情。若三条均量线相交的当日，成交量也能有效放大，则会增强该形态的看涨信号。短线投资者可以利用这一形态买入股票，进行建仓，以期获取投资收益。

均量线三线交叉形态中的三条均量线，可以设定为 5 日均量线、30 日均量线和 135 日均量线。三条均线形成金叉穿越后，其形态犹如喇叭花一样，故此又称为“三线开花形态”。均量线三线交叉形态有另外两种变形：一是并线三线交叉，二是逆向三线交叉。这几种技术走势形态对预测股票价格走势都十分有效，投资者应尽量掌握。

一、形态分析

（1）三线交叉形态是由 5 日均量线、30 日均量线和 135 日均量线构成的。

（2）该形态一般表现为 30 日均量线与 135 日均量线顺向交叉，也就是 30 日均量线从下向上穿越 135 日均量线，形成黄金交叉。同时，5 日均量线从下向上穿越这两条均量线的交叉点，又形成一次黄金交叉。

（3）该形态形成后，5 日均量线、30 日均量线和 135 日均量线呈现多头排列态势。

二、实战操作要点

（1）个股形成三线交叉形态后，如果成交量也出现有效放大并上穿三条均量线，则表明均量线三线交叉形态成立，股价后市看涨。

（2）均量线三线交叉形态中，5 日均量线上穿 30 日均量线和 135 日均量线的交叉点，是最好的买入时机。

（3）若个股的 30 日均量线和 135 日均量线处于极度接近的平行状态，同时，5 日均量线由下而上穿越这两条均量线，形成均量线的金叉穿越，则称为均量线的并线三线交叉形态。

（4）均量线并线三线交叉形态要求 5 日均量线、30 日均量线和 135 日均量线运行方向向上。

（5）若个股的 30 日均量线与 135 日均量线逆向交叉，也就是 30 日均量线从上向下穿越 135 日均量线，形成死亡交叉。同时，5 日均量线从下向上穿越这两条均量线的交叉点，则称为均量线的逆向三线交叉形态。

（6）逆向三线交叉形态中，5 日均量线从下向上穿越 30 日均量线和 135 日均量线的交叉点时，其成交量应出现有效的放大，这样逆向三线交叉形态才能成立，股价后市看涨。

（7）逆向三线交叉形态中，5 日均量线从下向上穿越 30 日均量线和 135 日均量线的交叉点时，股价已上涨到一定的高位，则预示着后市股价将会下跌，此信号则成为卖出信号。

三、案例分析

下面通过案例分析，具体讲解均量线三线交叉的运用技巧。

1. 沈阳机床（000410）

（1）形态分析。

如图 4–29 所示，在沈阳机床（000410）的日 K 线图中，该股前期并没有良好的表现，股价一直处于横盘整理走势之中，同时，成交量也基本处于地量状态。

某日，5 日、30 日、135 日均量线相交于一点，当日的量能也有效放大，

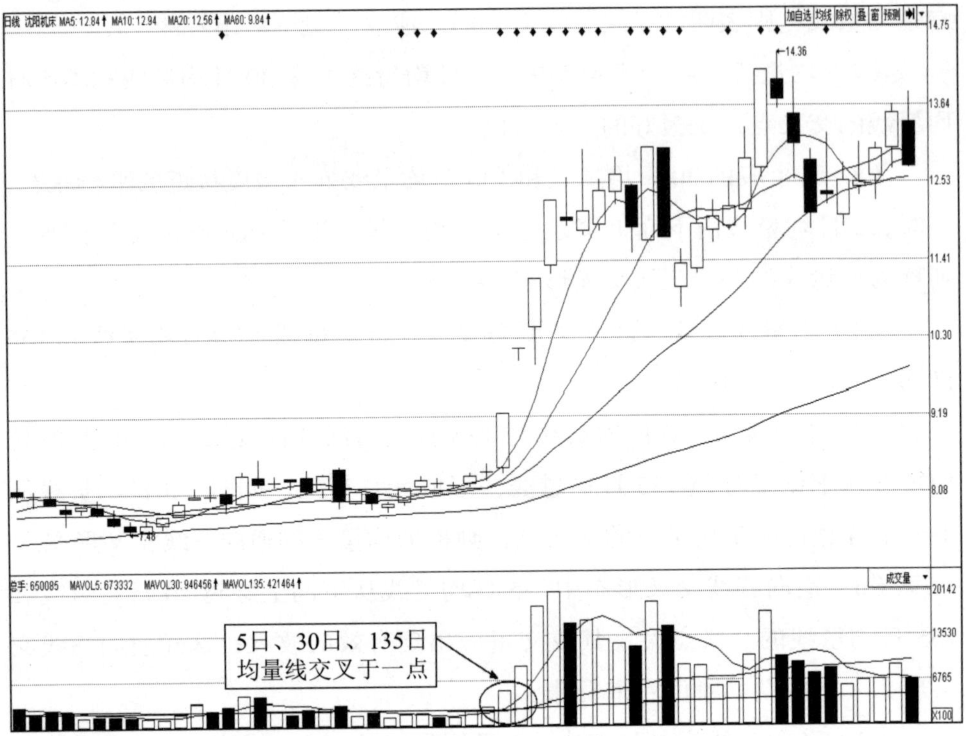

图 4-29

并突破三条均量线，表明股价后市将结束横盘整理走势，即将开始一波上升行情。短线投资者遇到这种走势后可积极入场，以期获取短期利润。

（2）介入分析。

如图 4-30 所示，在沈阳机床（000410）的日 K 线图中，该股三条均量线相交的当日，其股价也强势拉升并上封涨停板，显示出盘中多头实力较强，股价后市上涨动力充沛。同时，该股的均线系统也呈现出多头排列形态，为股价的后市上涨提供了支撑。

激进的投资者可在股价涨停当日买入股票，吸收筹码；稳健的投资者可等股价走势进一步确认之后再买入股票，进行建仓。

（3）卖出分析。

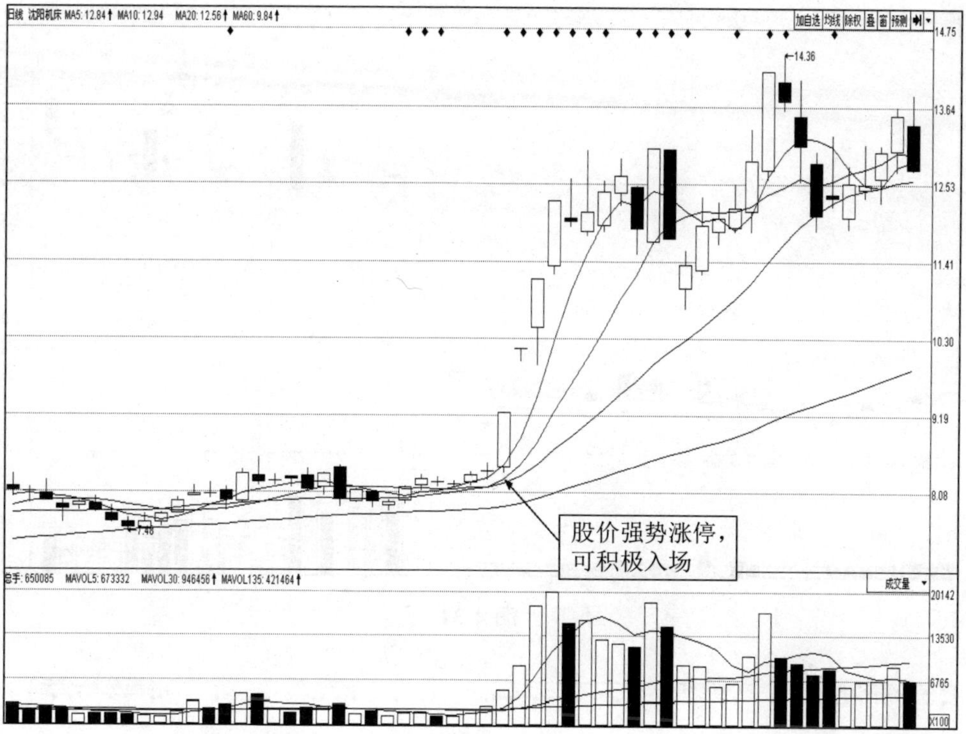

图 4-30

如图 4-31 所示，在沈阳机床（000410）的日 K 线图中，该股经过一波上涨之后，股价逐渐企稳并进入横盘整理态势，表明盘中多空双方实力有可能转换，股价出现回调走势的可能性较大。

同时，均线系统的多头排列形态也被破坏，为股价的上行又增加了一定的压力。投资者在实际操作中，可先进行减仓操作，以规避股价下行带来的风险，兑现短期持股收益。

2. 烯碳新材（000511）

（1）形态分析。

如图 4-32 所示，在烯碳新材（000511）的日 K 线图中，该股前期走势上下波动较大，成交量也呈现出不规则放量的状态。某日，该股的 5 日、

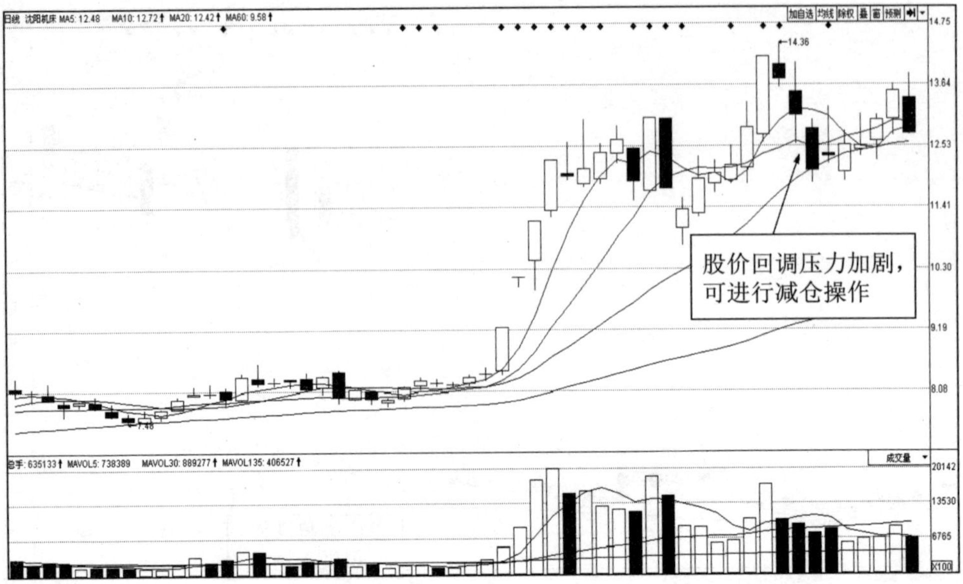
MA5: 12.48 MA10: 12.72 MA20: 12.42 MA60: 9.58
14.36
7.48
股价回调压力加剧，
可进行减仓操作
14.75
13.64
12.53
11.41
10.30
9.19
8.08
总手: 635133 MAVOL5: 738389 MAVOL30: 889277 MAVOL135: 406527
成交量
20142
13530
6765
X100

图 4-31

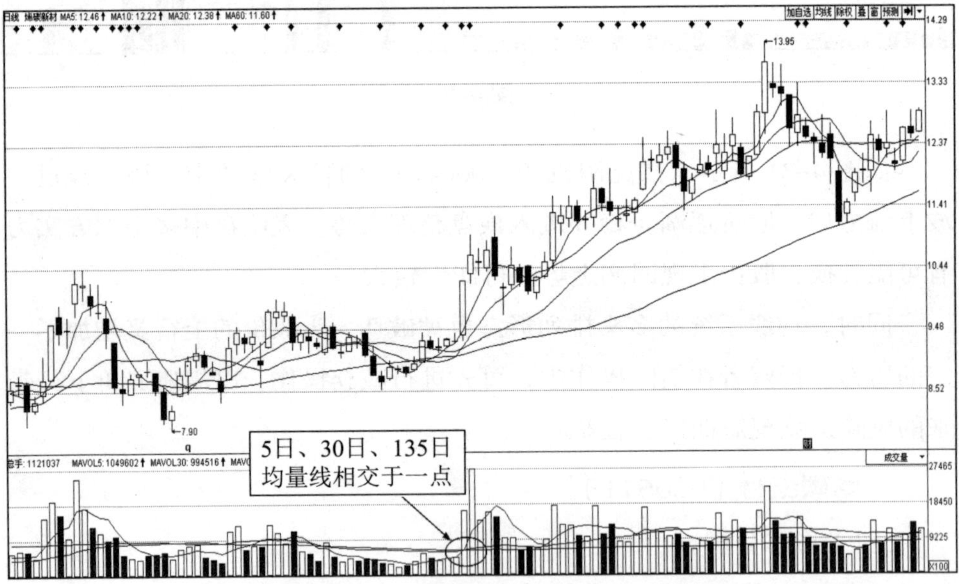
MA5: 12.46 MA10: 12.22 MA20: 12.38 MA60: 11.60
13.95
7.90
14.29
13.33
12.37
11.41
10.44
9.48
8.52
总手: 1121037 MAVOL5: 1049602 MAVOL30: 994516
5日、30日、135日
均量线相交于一点
成交量
27465
18450
9225
X100

图 4-32

30日、135日均量线相交于一点，同时成交量也突破均量线，出现了有效放大，预示着股价后市将会突破压力位，开始一轮新的爬升走势。

短线投资者可以根据这一走势积极参与，吸纳筹码，以期获取短线收益。

（2）介入分析。

如图4-33所示，在烯碳新材（000511）的日K线图中，该股的成交量形成三线交叉态势之后，当日股价在成交量的配合下也强势爬升，并在尾盘时上封涨停板。

同时，观察该股的均线系统，当日也形成多头排列走势，为后市股价上涨提供了支撑。该股股价涨停的当日，激进的投资者可以适当建仓，在

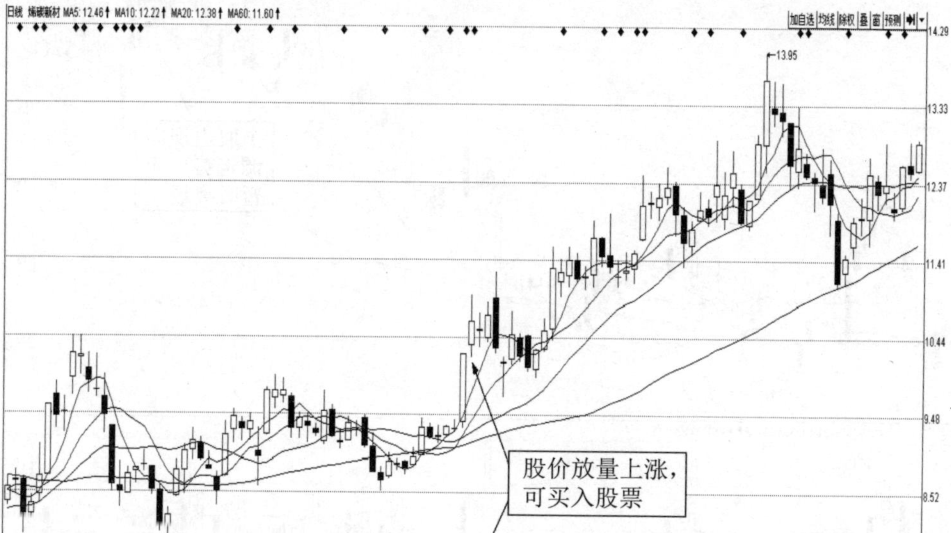

图 4-33

上升趋势确认之后再加仓买入。稳健的投资者可在后市走势明朗以后买入股票，获取短线投资利润。

（3）卖出分析。

如图 4-34 所示，在烯碳新材（000511）的日 K 线图中，该股均量线形成三线交叉之后，股价开始了一轮新的上涨行情。在股价创出新高之后，该股的回调压力开始加大。同时，该股的 5 日均线下穿 10 日、20 日均线形成死叉，破坏了多头排列的走势。

图 4-34

再观察该股的成交量，在股价回调时，成交量逐步递减，出现价跌量缩的形态。实际交易中，投资者可暂时离场，兑现短期收益，之后再寻找有利的买点买入股票。

实际交易中，均量线三线交叉有两种变形形态，分别是并线三线交叉、逆向三线交叉。投资者可以根据个股的具体情况，灵活运用这种形态及其变形形态。

第五章

黑马捕捉之经典指标技法

在投资者常用的行情分析软件中，都带有一些经典的技术指标。依靠这些技术指标捕捉黑马，往往能达到事半功倍的效果。

本章将介绍如何利用 MACD 指标、KDJ 指标、CCI 指标以及 RSI 指标捕捉黑马，从而在股票投资中获得丰厚的回报。

第一节 MACD 金叉短线捕捉黑马

在投资者常用的行情分析软件中，都带有一些经典的技术指标。在众多的技术指标中，MACD 是被广泛运用的经典指标之一。MACD 金叉又是该指标最经典的运用方式，如使用得当，能给短线操作带来丰厚的回报。

MACD 指标是股市技术分析中的一个重要指标，由两条曲线和一组红绿柱线组成。两条曲线中波动变化较大的是 DIFF 线，交易软件中通常以白色或红色表示；运行相对平稳的是 DEA 线，交易软件中通常以黄色表示。当 DIFF 线上穿 DEA 线时，发出买入信号，股价后市看涨，这种技术形态叫做 MACD 金叉。

根据 MACD 指标金叉出现的位置，可以将其发出的买入信号分成不同的类型。

MACD 金叉出现在 0 轴线上方或附近时，其发出的买入信号较为强烈，同时，0 轴线附近的金叉要优于 0 轴线上方的金叉。金叉出现在 0 轴线或其附近，说明个股的上涨行情刚刚启动，将来会有更大的上升空间，投资者在此买入的风险相对较小。

金叉出现在 0 轴线下方，表明多方力量暂时占据上风，但是个股的上涨行情还没有完全确定。投资者若此时介入，承担的风险相对较大。如果 MACD 金叉出现的同时，成交量也出现有效放大，则表明多方力量增强，此时 MACD 金叉的看涨信号会更可靠。

一、形态分析

（1）MACD 金叉一般出现在个股的阶段性底部，或者是股价的横盘整理过程之中。

（2）该形态由 MACD 指标的 DIFF 线上穿 DEA 线形成，可以出现在 0 轴线的上方、下方或是 0 轴线上。

（3）当 MACD 指标的 DIFF 线与 DEA 线形成多次金叉时，其看涨信号会更强烈。

二、实战操作要点

（1）如果 MACD 指标在短时间内出现两次金叉，其发出的看涨信号将会更加强烈。在第二个金叉形成时，投资者可以积极跟进，买入股票。

（2）如果 MACD 指标在 0 轴线下方出现两次金叉或多次金叉，同时又出现底背离走势，则其看涨信号会更加可靠。

（3）在 0 轴线下方出现 MACD 第一次金叉，也有可能启动股价的强势上涨。但 0 轴线下方 MACD 的二次金叉，股价启动强势上涨的概率要更高一些。

（4）当 MACD 指标低位出现二次金叉时，若结合 K 线形态上的攻击形态进行研判，则其买入信号的可信度将提高。

三、案例分析

下面通过案例来介绍 MACD 指标金叉的运用方法。

1. 泰豪科技（600590）

（1）形态分析。

如图 5-1 所示，在泰豪科技（600590）的日 K 线图中，该股股价前期处于横盘整理走势。一根小阴线后，股价出现了小幅回调。在股价创出新

图 5-1

低之后，MACD 指标的 DIFF 线上穿 DEA 线形成金叉，预示股价有可能结束回调，开始一轮上涨行情。

同时观察该股的成交量可以发现，其呈现出逐步放大的走势，为股价的后市上涨创造了条件。短线投资者可利用这一形态，参与投资。

（2）介入分析。

如图 5-2 所示，在泰豪科技（600590）的日 K 线图中，该股 MACD 指标的 DIFF 线上穿 DEA 线形成金叉之后，股价开始逐步向上爬升。其 5 日、10 日均线上穿 20 日均线形成金叉，同时，均线系统也出现多头排列，表明个股的上涨行情即将启动。

某日，股价出现一根中阳线，并且突破了前期高点，短线投资者可在

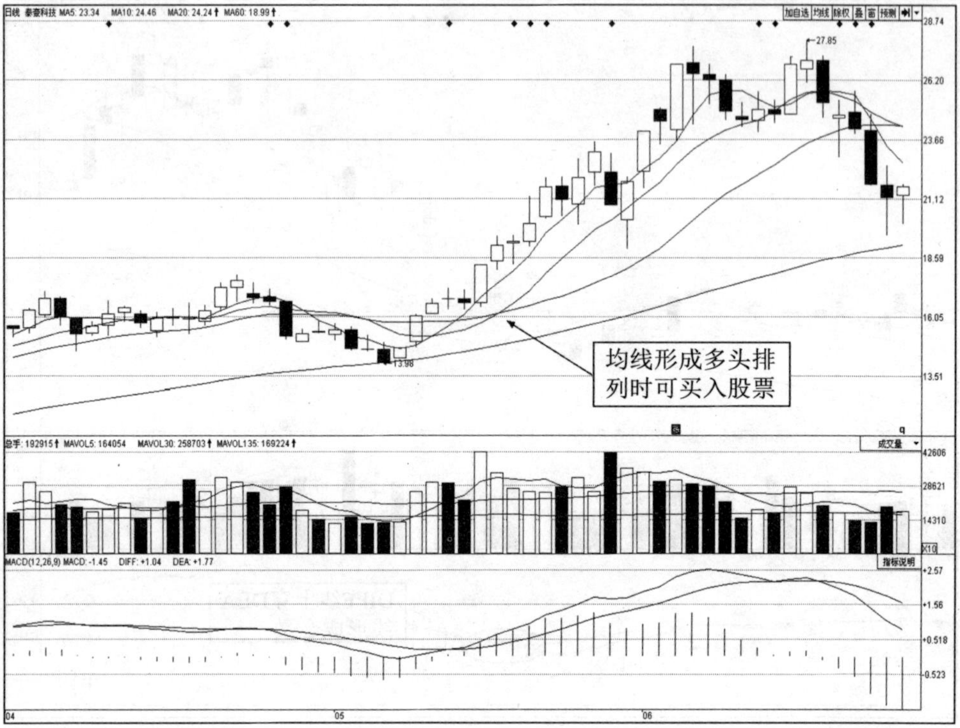

图 5-2

股价有效突破时买入股票，以期后市获取投资收益。

（3）卖出分析。

如图 5-3 所示，在泰豪科技（600590）的日 K 线图中，该股突破前期高点之后，开始了一波上涨行情，之后股价开始横盘企稳。同时，该股的 5 日均线下穿 10 日均线形成死叉，均线多头排列形态受到破坏，表明股价后市将会进入下跌回调阶段。

某日，一根阴线跌破了 5 日、10 日、20 日均线的支撑，投资者应在股价破位时卖出股票，以规避股价的下行风险。

2. 千足珍珠（002173）

（1）形态分析。

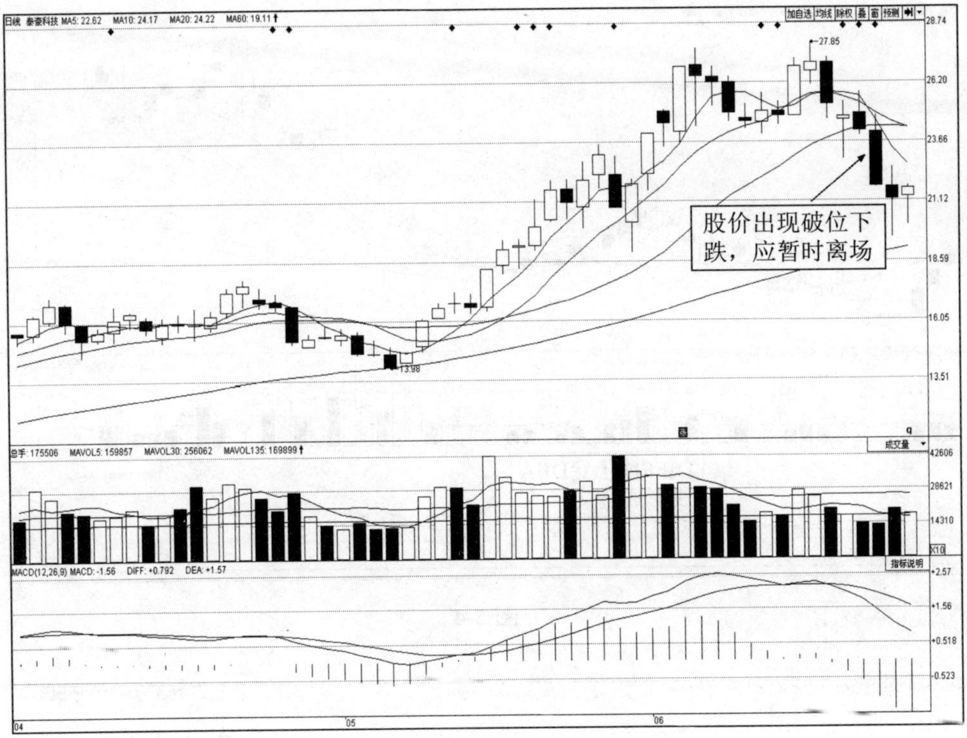

图 5-3

如图 5-4 所示，在千足珍珠（002173）的日 K 线图中，该股经过小幅上涨之后，开始了回调走势。股价在 60 日均线处得到支撑，开始出现反弹。同时，该股 MACD 指标的 DIFF 线上穿 DEA 线形成金叉，表明股价将会突破上方压力位，开始一轮上涨行情。

观察该股的成交量可以发现，其呈现出温和放大的态势，为股价的后市上涨提供了支撑。短线投资者可以利用 MACD 指标的金叉形态参与交易，以获取投资收益。

（2）介入分析。

如图 5-5 所示，在千足珍珠（002173）的日 K 线图中，该股的 MACD 指标出现金叉之后，股价延续了之前的上涨行情。在股价突破前期高点时，

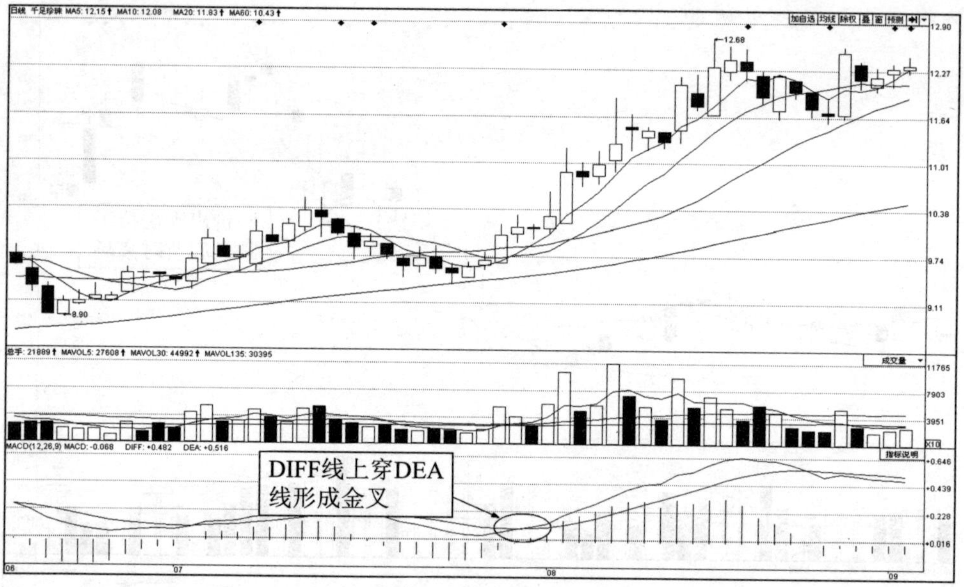

图 5-4

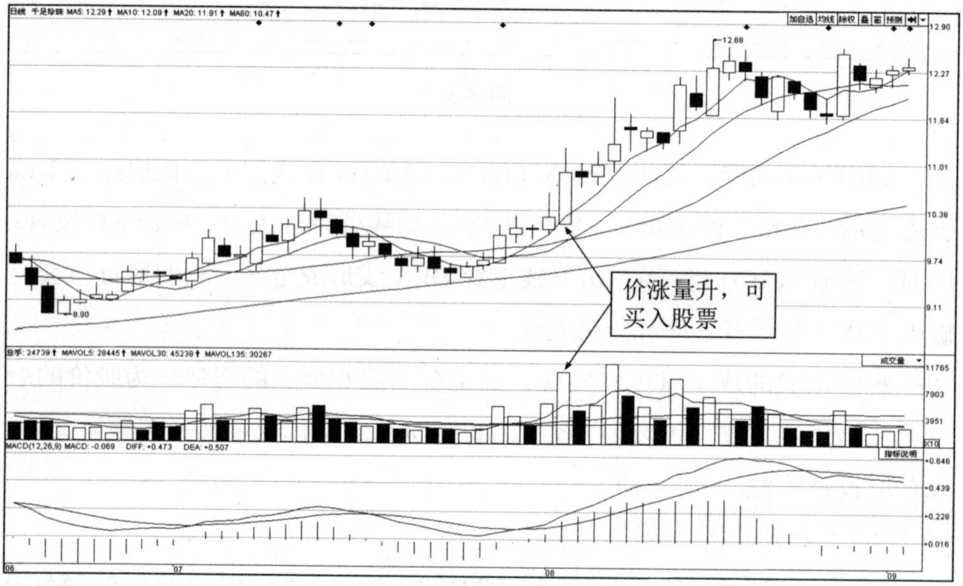

图 5-5

当日的成交量也出现了巨幅放量，呈现出价涨量增的态势，表明股价后市将会强势上行。

该股的均线系统也出现多头排列态势，为股价的上涨创造了条件。投资者可在股价有效突破阻力位时买入股票，进行建仓。

（3）卖出分析。

如图 5-6 所示，在千足珍珠（002173）的日 K 线图中，该股股价创出新高之后，开始出现回调走势。在股价回调的过程中，成交量呈现出逐步萎缩的态势，表明该股盘中交投趋于平淡，后市股价将会进一步下跌。

投资者在 5 日均线下穿 10 日均线形成死叉之后应卖出股票，或进行减仓操作，以规避股价下跌带来的风险，同时兑现短期持股的收益。

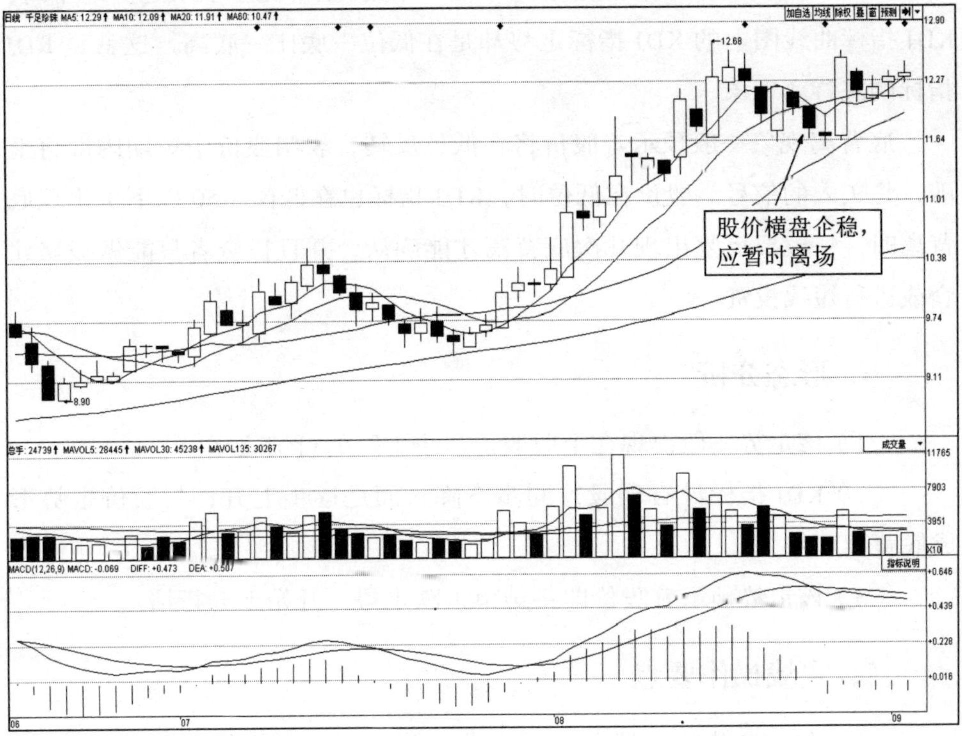

图 5-6

实际交易中，MACD 低位二次金叉出现暴涨的概率和把握更高一些，投资者在操作中应注意运用。

第二节　KDJ 底背离短线捕捉黑马

KDJ 指标在实战中的运用还有“背离”这个技法。KDJ 背离是指当 KDJ 指标曲线图的走势方向正好和 K 线图的走势方向相反。KDJ 指标的背离有顶背离和底背离两种，KDJ 底背离成功率较高，是较好的短线买点。

当个股 K 线图上的股票走势一峰比一峰低，股价处于下跌趋势之中时，KDJ 指标曲线图上的 KDJ 指标走势却是在低位一底比一底高，这就是 KDJ 指标的底背离现象。

底背离现象一般预示着股价将在低位反转，表明股价中短期内即将上涨，是买入的信号。股价在低位时，KDJ 指标也在低位（50 以下）出现底背离时，一般要反复出现几次底背离才能确认，并且投资者只能做战略建仓或进行短线投资。

一、形态分析

（1）该走势一般出现在个股股价逐步下跌的行情之中。

（2）KDJ 指标没有和股价同步下降，而是逐步上升，与股价走势形成底背离现象。

（3）该走势预示着股价即将结束下跌走势，开始上升行情。

二、实战操作要点

（1）在 KDJ 指标与股价出现底背离形态时，指标的 K 线处于 20 以下的超卖区域。随着背离形态的完成，指标 K 线也脱离了超卖区域，则底背离的看涨信号会更强。

（2）在实际交易当中，由于指标 K 线对股价波动的反应较为适中，所以一般将其作为背离走势的判断标准。

（3）当 KDJ 指标与股价出现底背离形态时，投资者要对其他技术指标进行观察，结合其他技术指标发出的买卖信号进行判断，执行交易操作。

（4）底背离形成后，如果股价不再创新低，并且向上突破股价压力位，则说明个股的上涨行情已经开始，投资者可进场买入。

三、案例分析

下面通过实战案例，来介绍 KDJ 指标底背离在个股中的运用方法。

1. 宜华健康（000150）

（1）形态分析。

如图 5-7 所示，在宜华健康（000150）的日 K 线图中，该股经过前期的小幅爬升之后，逐步进入到回调阶段。同时，该股的成交量也出现了萎缩的状态。

观察该股的 KDJ 指标，可以发现，在股价回调下行的过程中，KDJ 指标的走势却是逐步向上，一浪高过一浪，与股价形成了背离走势，表明股价后市将会结束回调，开始上涨。此时短线投资者可积极参与，获取利润。

（2）介入分析。

如图 5-8 所示，在宜华健康（000150）的日 K 线图中，该股的 KDJ 指标与股价形成底背离之后，某日股价强势突破上方的阻力位，开始上涨行情。

股价突破当日，成交量也出现了有效放大，激进的投资者可在股价突破当日买入股票，吸收筹码。稳健的投资者可继续观察该股的后期走势，在股价突破前期高点后再积极介入，进行建仓操作。

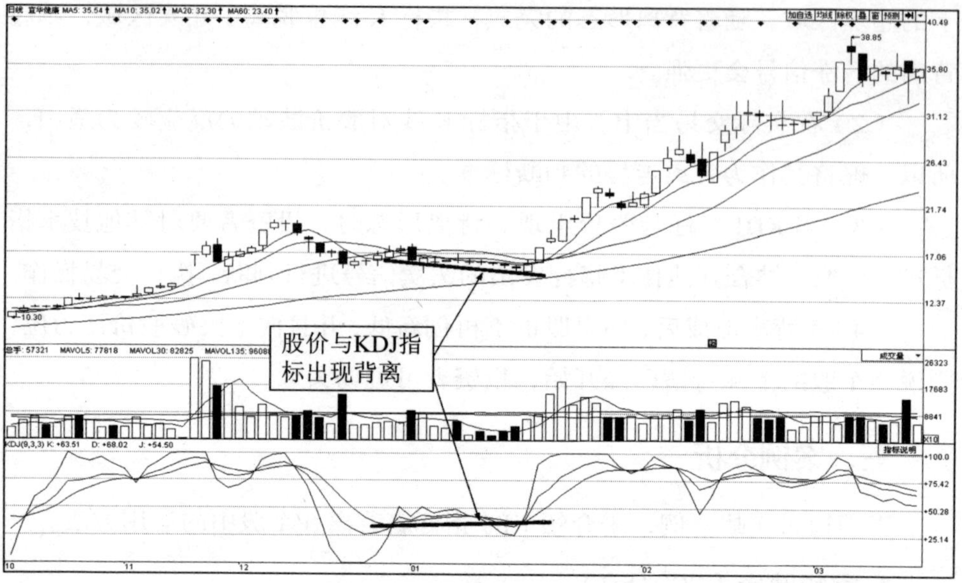

图 5-7

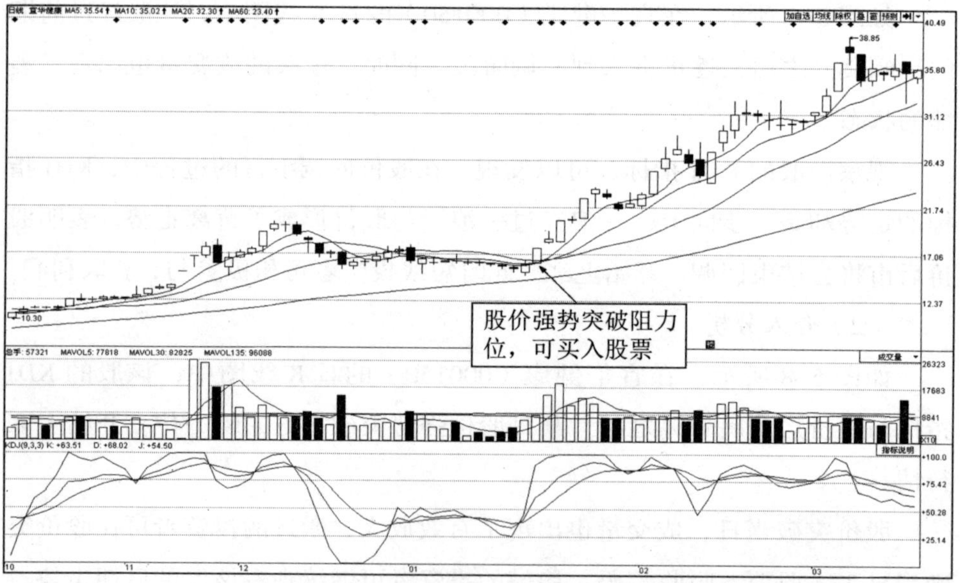

图 5-8

（3）卖出分析。

如图 5-9 所示，在宜华健康（000150）的日 K 线图中，该股股价在均线多头排列的支撑下开始了一波上涨行情。在股价创出新高之后，逐步进入到横盘整理走势之中。

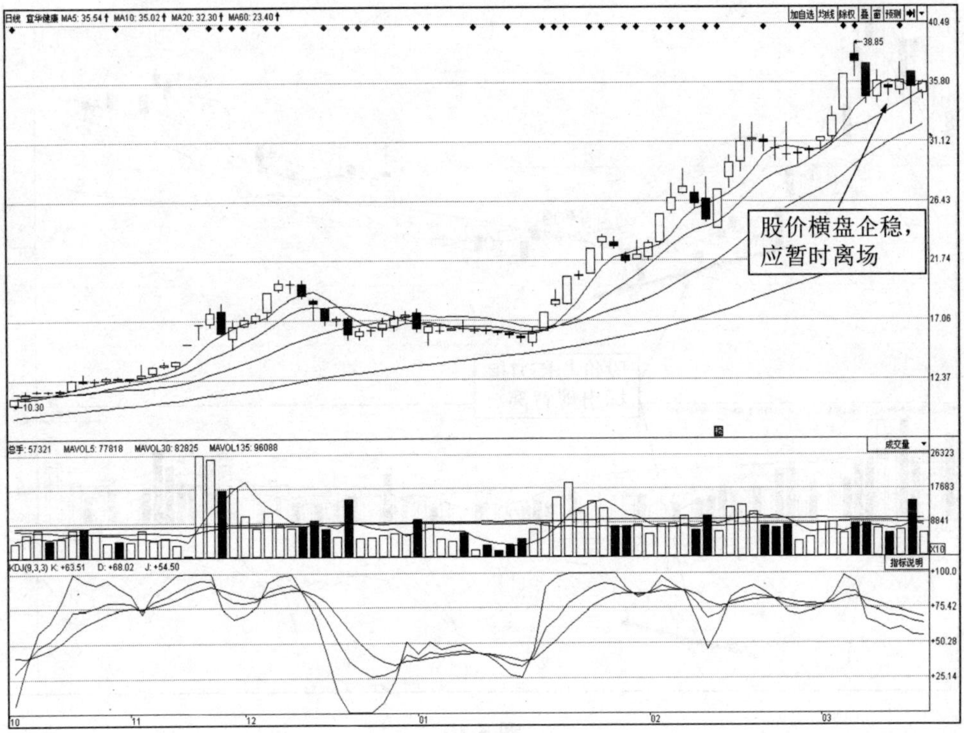

图 5-9

再观察该股的成交量，其量能也开始逐步萎缩，表明股价涨势后市难以延续。投资者可在股价横盘整理时进行减仓操作，以规避个股后市走势不明的风险，同时也可以兑现其持股收益。

2. 珠海港（000507）

（1）形态分析。

如图 5-10 所示，在珠海港（000507）的日 K 线图中，该股股价前期处于深度下跌的状态，同时，成交量也随着股价的下跌出现逐步萎缩的状态。

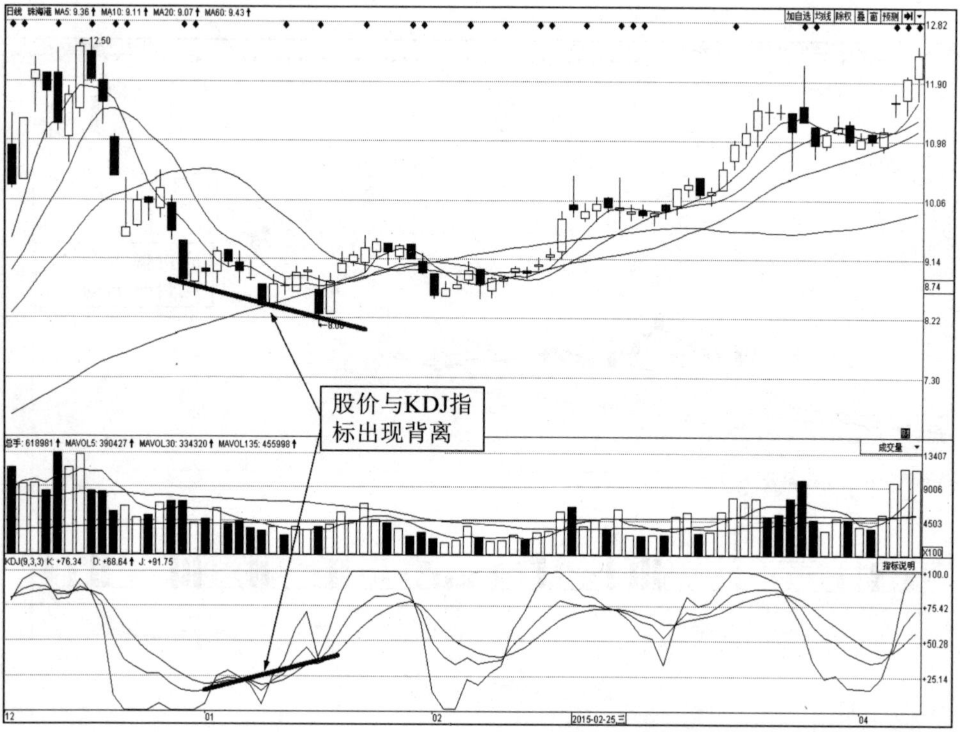

图 5-10

观察该股的 KDJ 指标，在股价下行的过程中，该指标的走势却没有和股价同步下行，而是一浪高过一浪，逐步上升，与股价形成底背离走势，表明股价后市将会企稳，开始上升行情。投资者可利用这一指标发出的买入信号，进场跟进。

（2）介入分析。

如图 5-11 所示，在珠海港（000507）的日 K 线图中，该股股价与

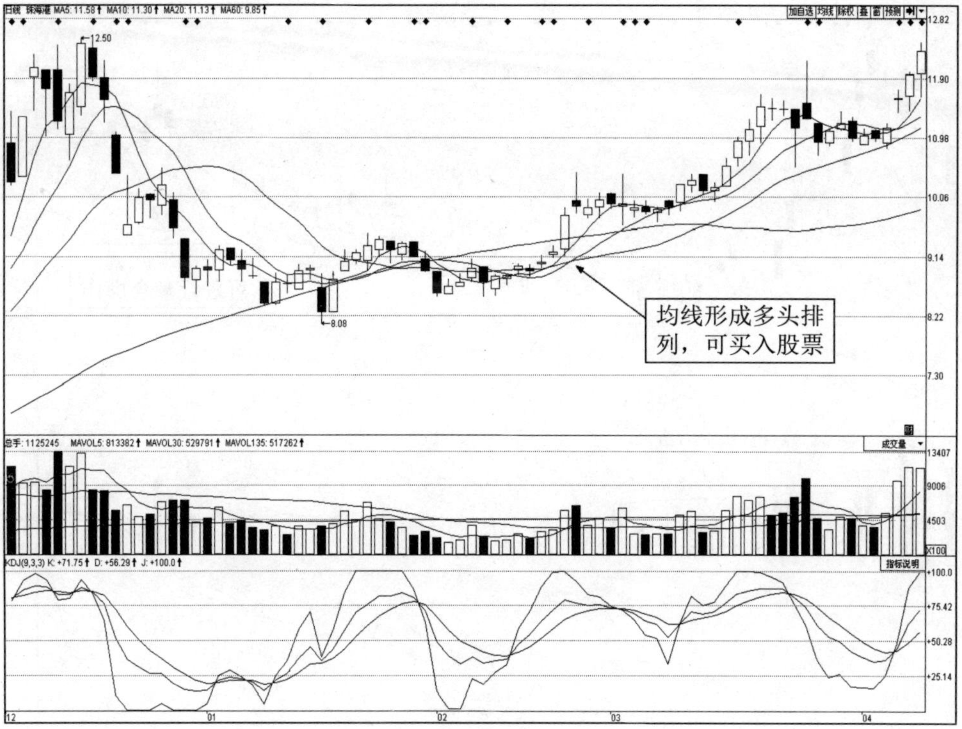

图 5-11

KDJ 指标形成底背离走势之后逐步企稳，进入横盘整理走势。同时，其成交量也多处于地量状态，没有明显的放量。

某日，股价出现一根中阳线，并且突破股价的前期高位，表明后市将会出现一轮上涨行情。投资者可在股价有效突破当日买入股票，进行建仓操作，以期获取该股的短期收益。

（3）卖出分析。

如图 5-12 所示，在珠海港（000507）的日 K 线图中，该股股价突破前期高点之后，并没有出现强势上涨行情，而是在上扬的过程中出现了横盘整理走势，表明该股多头实力并不是很强，不能完全消化空头的抛压。

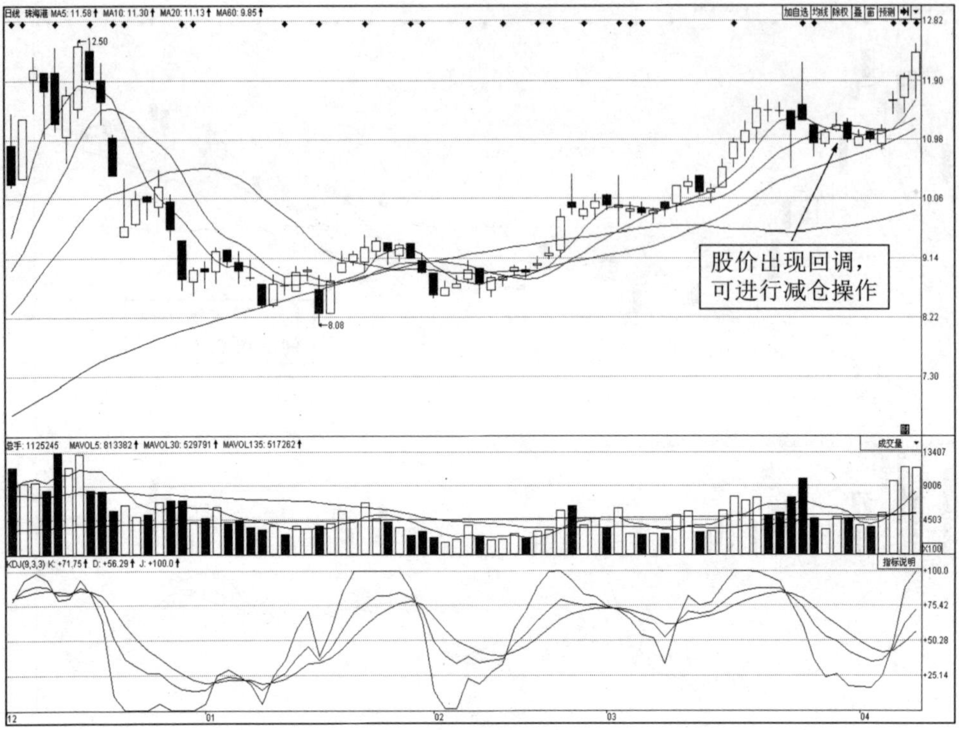

图 5-12

投资者在股价横盘整理时应卖出部分股票，进行减仓操作，以防止股价突然下跌带来的风险，之后再寻找合适的时机进行介入。

当 KDJ 指标与股价形成底背离之后，投资者可以参考其他技术指标，以做出综合判断，规避研判失误带来的风险。

第三节 CCI 突破 100 捕捉黑马

CCI 指标又叫顺势指标，是由美国股市分析师唐纳德·蓝伯特（Donald

Lambert）于 20 世纪 80 年代提出的，是一种专门测量股价是否已超出常态分布范围的技术指标。该指标最早用于期货市场的技术分析，后被运用于股票市场。

与大多数单一利用股票的收盘价、开盘价、最高价或最低价发明出的各种技术分析指标不同，CCI 指标是根据统计学原理，引进价格与固定期间的股价平均区间的偏离程度概念，强调股价平均绝对偏差在股市技术分析中的重要性，是一种比较独特的技术分析指标。

该指标属于超买超卖类指标，指标值波动于正无穷大和负无穷大之间，但是又不需要以 0 为中轴线，这一点也和其他指标不同。因为该指标波动于正无穷大到负无穷大之间，因此不会出现指标钝化现象，这就有利于投资者更好地研判行情，特别是那些短期内暴涨暴跌的非常态行情。

CCI 指标有一个相对的技术参照区域，被设定为 + 100 和 － 100。按照该指标分析的常用思路，其运行区间分为以下三类。

（1）当 CCI 指标向上突破 + 100 时，说明市场上多方力量比较强盛，股价后市可能出现上涨行情。

（2）当 CCI 指标向下突破 － 100 时，说明市场上空方力量比较强势，股价后市可能出现下跌行情。

（3）当 CCI 指标运行在 + 100 到 － 100 之间时，该指标基本上没有意义，不能够对大盘及个股的操作提供多少参考。

一、形态分析

（1）CCI 指标线前期在低位横盘整理一段时间。

（2）CCI 指标线自下而上突破 + 100 时，说明个股波动进入异常阶段，后市股价看涨，投资者可以进场买入。

二、实战操作要点

（1）当 CCI 指标线自上而下跌破 + 100 时，说明个股的上涨行情即将结束，投资者应暂时离场。

（2）当 CCI 指标线自下而上突破 + 300 时，说明市场已进入到超买行情，短期内股价有下跌的风险。

（3）当 CCI 指标线自下而上突破 + 100 时，该股的成交量也出现有效放大，则该指标的买入信号会更加可靠。

（4）CCI 指标突破 + 100 是短线操作信号。当 CCI 指标跌回 100 下方时，表明该股的短期上涨行情可能已经终结。

（5）由于 CCI 指标取值在正无穷大到负无穷大之间，所以不会出现指标钝化的现象，在异常行情下更有指导意义。

三、案例分析

下面通过案例讲解，对 CCI 指标突破 + 100 进行分析。

1. 巨力索具（002342）

（1）形态分析。

如图 5-13 所示，在巨力索具（002342）的日 K 线图中，该股之前并没有什么良好的表现，小幅爬升之后便开始深度回调。同时，其成交量也呈现出地量状态。

某日，该股的顺势指标（CCI）线自下而上突破 + 100，并且股价也出现了大幅的强势上涨，表明该股后市将会结束下跌回调行情，开始一波上升走势。投资者可以利用这一信号买入股票，获取利润。

（2）介入分析。

如图 5-14 所示，在巨力索具（002342）的日 K 线图中，该股的顺势指标（CCI）线自下而上突破 + 100，预示股价后市将会出现大幅的强

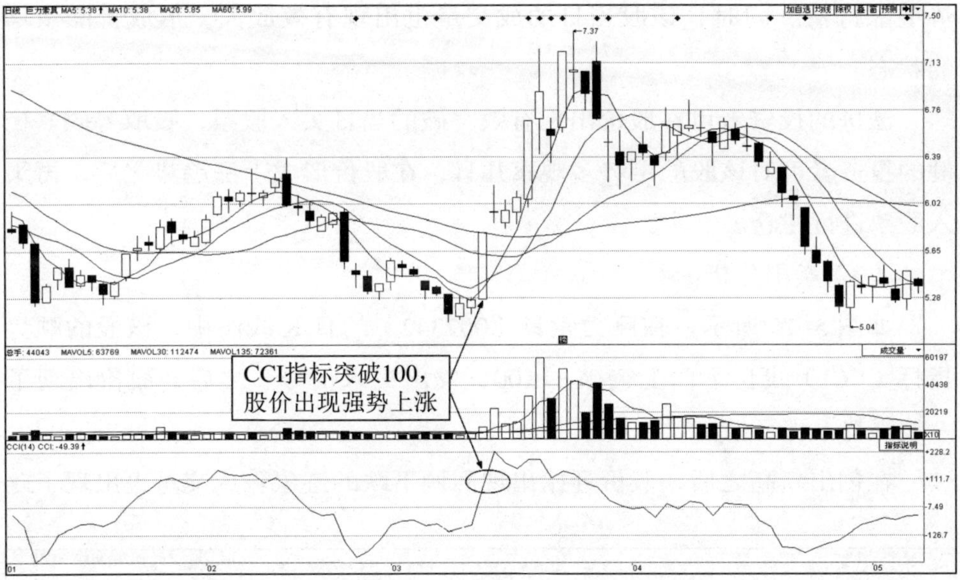
日线 巨力索具 MA5: 5.38 MA10: 5.38 MA20: 5.85 MA60: 5.99
CCI指标突破100，
股价出现强势上涨
总手: 44043 MAVOL5: 63769 MAVOL30: 112474 MAVOL135: 72361
CCI(14) CCI: -49.39

图 5-13

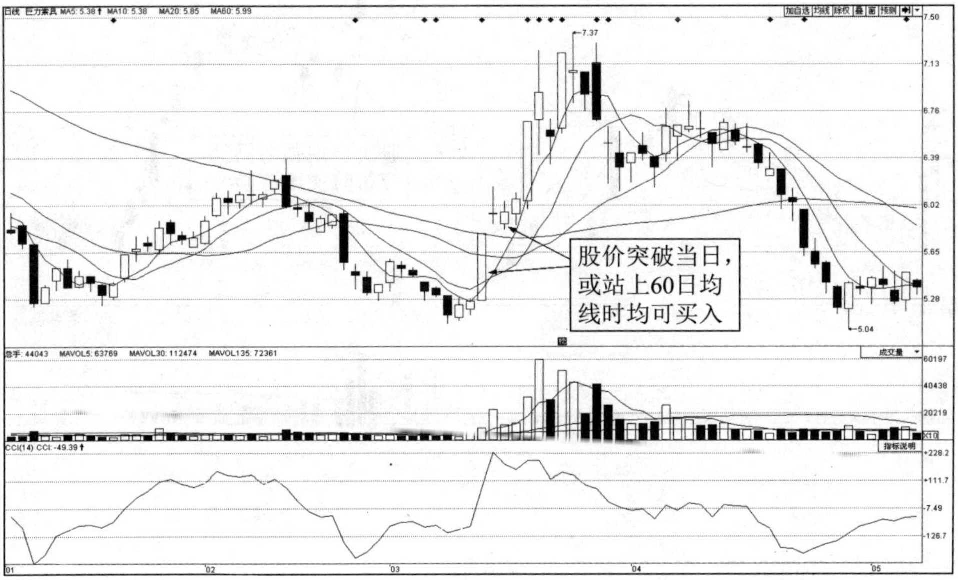
日线 巨力索具 MA5: 5.38 MA10: 5.38 MA20: 5.85 MA60: 5.99
股价突破当日，
或站上60日均
线时均可买入
总手: 44043 MAVOL5: 63769 MAVOL30: 112474 MAVOL135: 72361
CCI(14) CCI: -49.39

图 5-14

势上涨行情。同时，该股当日的成交量也出现有效放大，形成价涨量增的状态。

激进的投资者可在股价出现有效突破的当日买入股票，吸取筹码。稳健的投资者可对该股的走势多观察几日，在股价形成上涨趋势之后，再买入股票进行建仓。

（3）卖出分析。

如图 5-15 所示，在巨力索具（002342）的日 K 线图中，该股的顺势指标（CCI）线自下而上突破 + 100，发出买入信号。之后，股价出现了一波强势上涨行情。

在创出新高之后，股价开始出现回调下跌的迹象。成交量也出现了逐

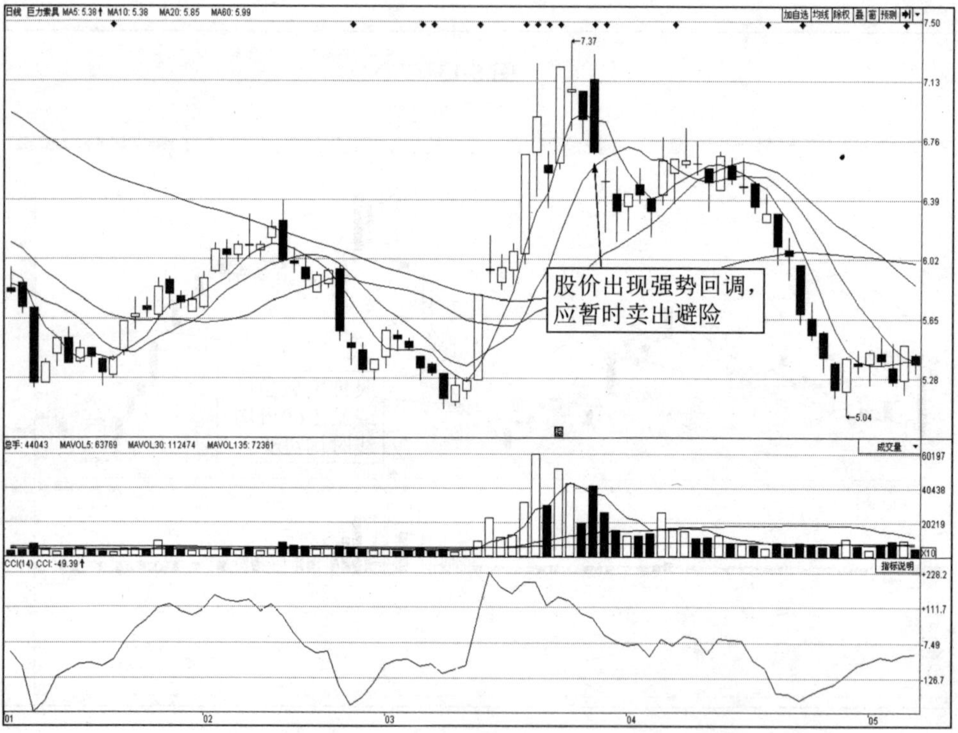

图 5-15

步缩量的走势，令个股后市继续上涨失去了动力。投资者遇到这种走势情况后，应卖出股票或进行减仓，以规避股价下跌带来的风险，实现短期投资收益。

2. 中成股份（000151）

（1）形态分析。

如图 5-16 所示，在中成股份（000151）的日 K 线图中，该股前期表现平平，股价基本上一直处于横盘整理走势之中，成交量也处于地量的状态。

某日，该股的顺势指标（CCI）线自下而上突破＋100，预示该股后市将会出现上涨行情。同时，该股的均线系统也由黏合状态开始呈现出逐

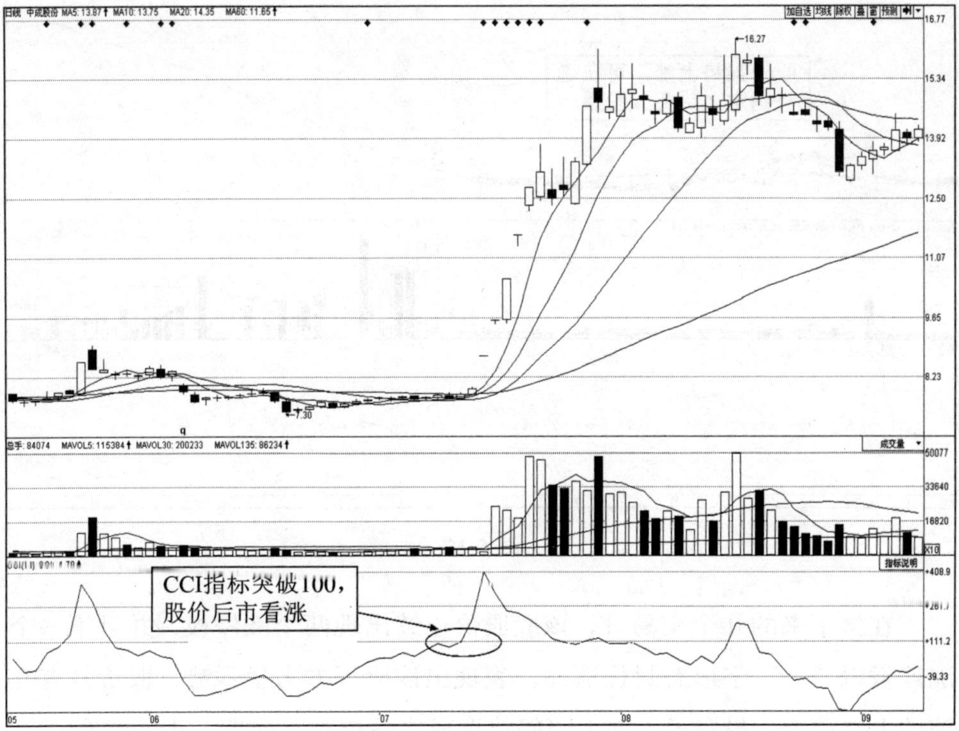

图 5-16

步发散的走势，为股价后市上涨提供了支撑。投资者可以继续观察该股的后市走势，伺机介入。

（2）介入分析。

如图 5-17 所示，在中成股份（000151）的日 K 线图中，该股顺势指标（CCI）线自下而上突破 + 100 之后，预示着该股后市将会出现上涨行情。

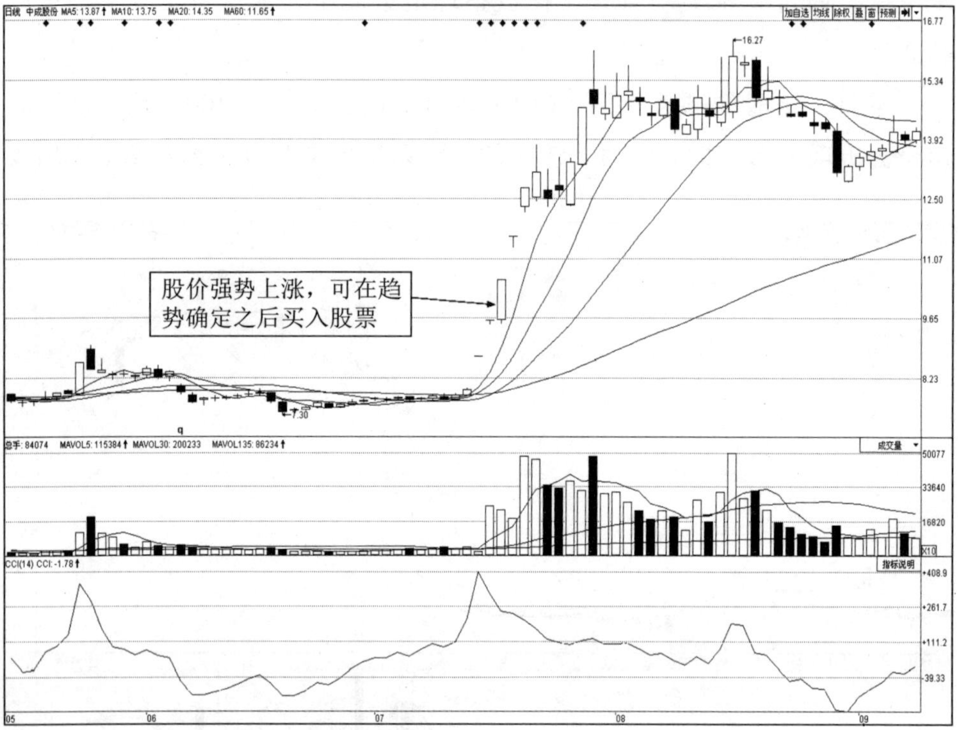

图 5-17

在接下来的几个交易日，该股股价连续出现两个涨停板，并且第一个涨停板以“一”字形态封住涨停，表现出该股买方力量强势，股价具有充沛的上涨动力。投资者可在上涨趋势形成之后再买入股票，进行建仓。

（3）卖出分析。

如图 5-18 所示，在中成股份（000151）的日 K 线图中，该股经过一段强势的上涨行情之后，股价开始出现横盘整理走势，表明盘中该股多方力量逐渐减退，股价后市有可能出现下跌走势。

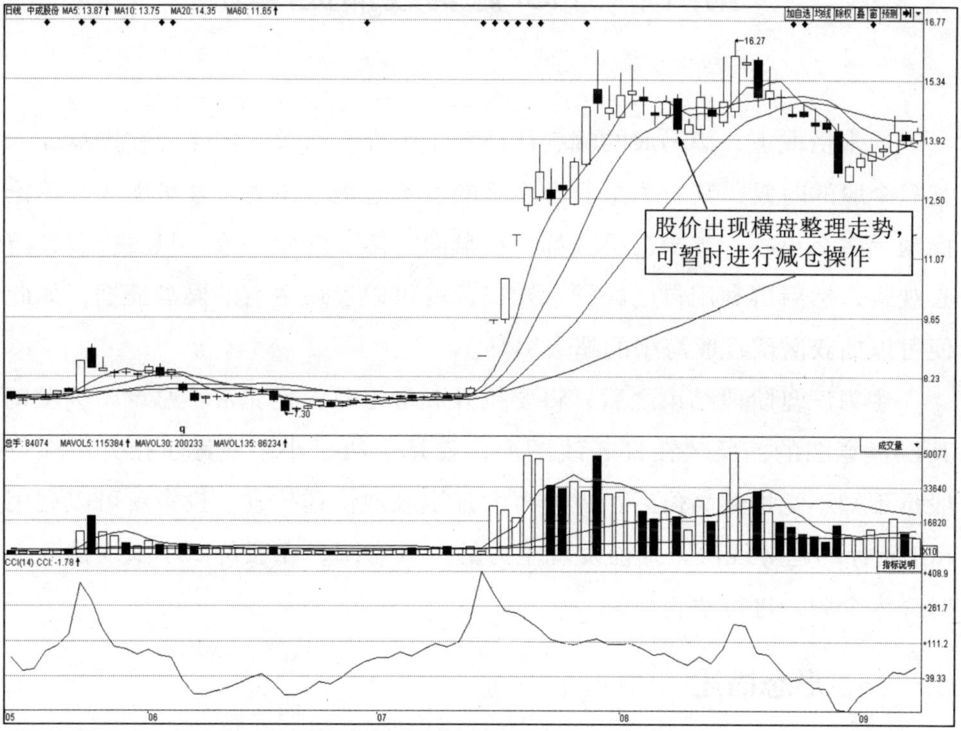

图 5-18

同时观察该股的成交量也可以发现，在股价出现横盘之时，成交量开始温和地萎缩，形成价平量缩的态势，亦表明股价后期出现回调下跌走势的可能性比较大。

投资者在股价出现横盘之后，可以进行减仓操作，以规避股价下跌的风险。

在实际应用中，CCI 指标多用于异常行情之中。常态行情下，其效果一般，投资者需要注意这一点。

第四节 RSI 趋势线捕捉黑马

通常情况下，黑马股的崛起往往和主力介入有关。但主力在操盘介入某只个股的时候，其行为是非常隐蔽的。不过由于主力资金量庞大，不论操盘手多么小心，其操盘手法都会在盘面中留下蛛丝马迹。只要投资者留心观察，然后再利用自己的技术知识，就可以发现主力的操盘证据，如此便可以捕获潜伏在股海中的超级黑马。

主力洗盘阶段结束之后，将要拉升股价之时，是非常不愿意市场发现其操盘意图的，反映在日 K 线图上，就是个股呈小阳线逐步拉升。在将股价不知不觉推到高位后，主力再大张旗鼓地快速拉升。投资者可以利用 RSI 指标的趋势线法，提前发现主力的拉升意图，在股价以小阳线拉升之时介入个股，进行建仓。

一、形态描述

相信投资者对趋势线并不陌生，但趋势线不仅可以在 K 线图上运用，还可以运用在指标图上。在指标图上画出各种支撑线、阻力线、上升趋势线、下降趋势线，然后利用这些趋势线来判断个股的走势，其效果也是非常明显的。

具体的使用方法为，连接 RSI 指标连续的两个底部，画出一条由左向右上方倾斜的切线。当 RSI 指标向下跌破这条切线时，表明个股后市走势由强转弱，是投资者的卖出信号。

连接 RSI 指标连续的两个峰顶，画出一条由左向右下方倾斜的切线。当 RSI 指标向上突破这条切线时，表明个股后市走势由弱转强，是投资者的买入信号。

大家可以叫这种方法为“RSI 指标趋势线法”。投资者在利用 RSI 指标的趋势线来判断个股行情时，应相应地结合个股的其他技术指标，或者 K 线组合形态进行综合分析，以增强该形态买入信号的准确程度。

二、形态解析

（1）RSI 指标的“趋势线法”形态所用的参数一般为 6、12。

（2）连接 RSI 指标的两个峰顶或两个谷底，画出压力线或支撑线。

（3）当 RSI 指标上穿压力线之时，发出买入信号，投资者可适当介入；当 RSI 指标跌破支撑线之时，发出卖出信号，投资者可适当减仓，或卖出股票。

三、实战要点

（1）投资者利用“RSI 指标趋势线法”捕捉黑马股时，应结合个股的其他技术指标进行综合分析，不可孤立地使用该指标进行买卖或交易。

（2）在 RSI 指标突破压力线时，若股价出现放量上涨，则此为投资者的良好买点。否则，投资者应继续观察该股的后市走势，寻找合理的介入时机。

四、案例分析

1. 武钢股份（600005）

（1）日 K 线形态分析。

如图 5-19 所示，武钢股份（600005）的日 K 线图中，该股股价之前

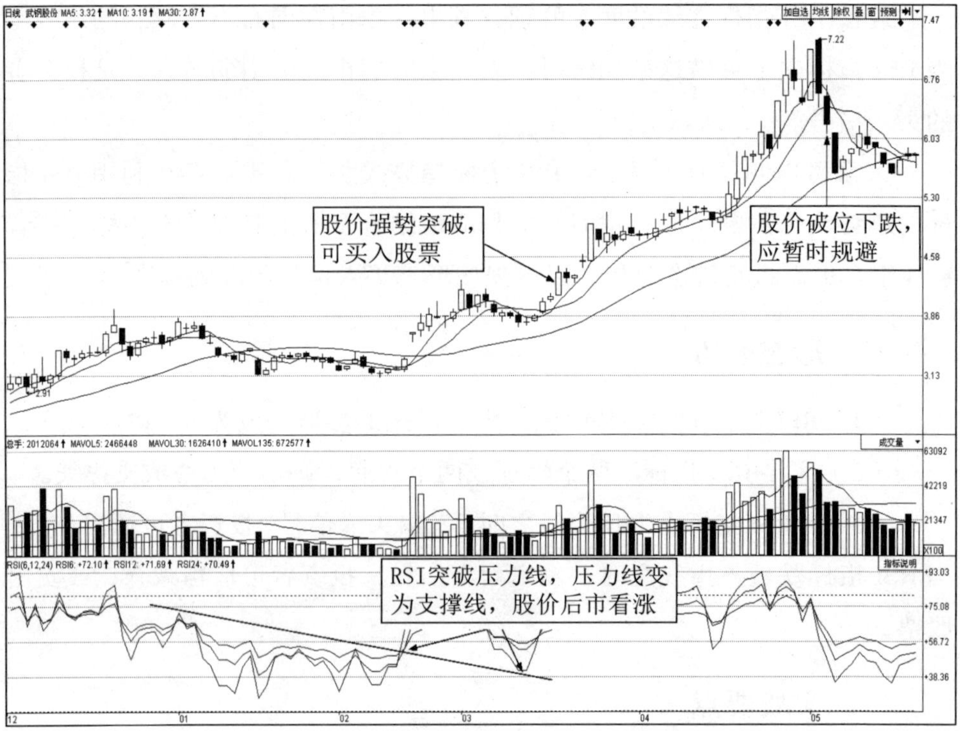

图 5-19

处在小幅下跌趋势之中，成交量也呈现出逐步递减的走势，表明该股盘中交投萧条。

观察该股的 RSI 指标，把其两个高点连接起来，就形成一条压力线。RSI 指标上穿压力线之后，表明该股将结束小幅下跌走势，后市将会出现一波黑马行情。

投资者在 RSI 指标的压力线变成支撑线，并且支撑 RSI 指标反弹之后，可买入股票，进行建仓。股价创出新高之后，其回调压力逐步增强。在股价跌破均线的支撑位后，投资者应卖出筹码，规避风险。

（2）分时买点把握。

如图 5–20 所示，武钢股份（600005）的日分时图中，该股股价以小

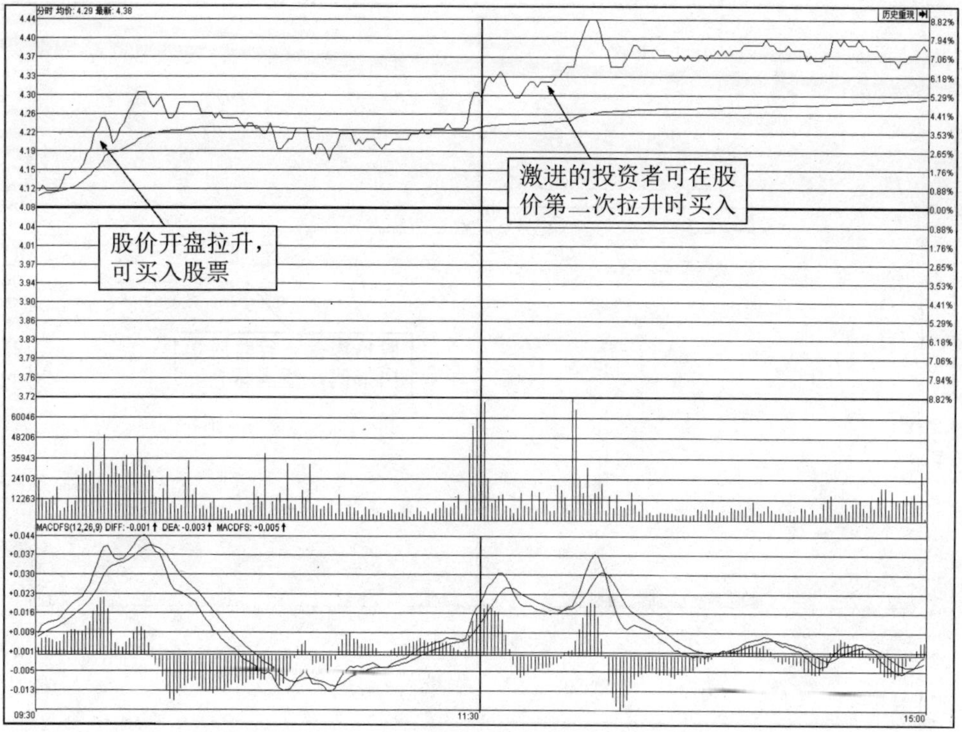

图 5-20

幅高开的方式开盘，之后开始了一波拉升走势。经过一段时间的横盘之后，股价出现了第二波拉升，并上穿均价线，直到该股下午收市。

结合该股的日 K 线图，在 RSI 指标突破其压力线之后，预示着该股后市将开始一波上升行情，投资者可在股价突破其前期高点时买入股票。表现在分时图中，股价开盘后的第一波拉升走势，是投资者买入股票的良好时机。不过考虑到这次拉升出现在开盘之时，投资者一般很难把握，那么其在午盘的再次拉升，投资者也可进行建仓。

（3）分时卖出解析。

如图 5-21 所示，武钢股份（600005）的日分时图中，该股股价开盘之后便开始震荡下行。虽然上午股价出现了反弹并突破了均价线，但后市

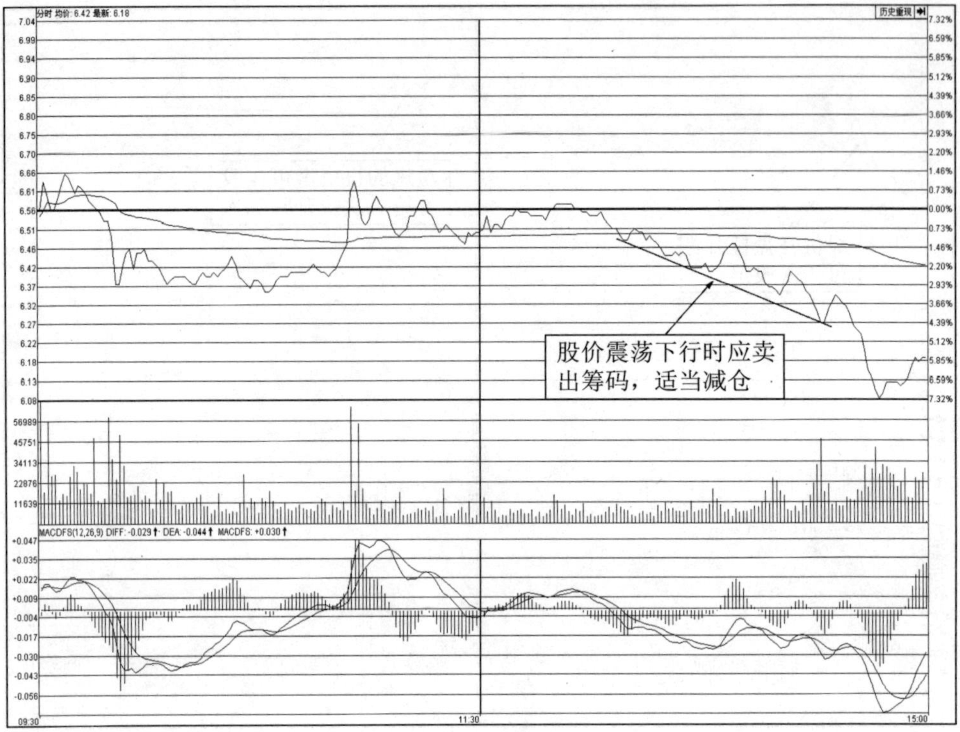

图 5-21

股价并没有延续这一走势。

在下午盘，股价再一次跌破了均价线并振荡下行，直到收市。观察该股的日 K 线图，在股价创出新高之后，市场的做多动能开始减退，后市股价有可能出现回调下跌的行情。

投资者在股价跌破均线支撑位之时应卖出筹码，表现在分时图中，股价线再一次下穿均价线时，投资者应进行减仓，或卖出全部股票，以规避后市下跌带来的风险，兑现收益。

2. 中信证券（600030）

（1）日 K 线形态分析。

如图 5–22 所示，在中信证券（600030）的日 K 线图中，该股前期一

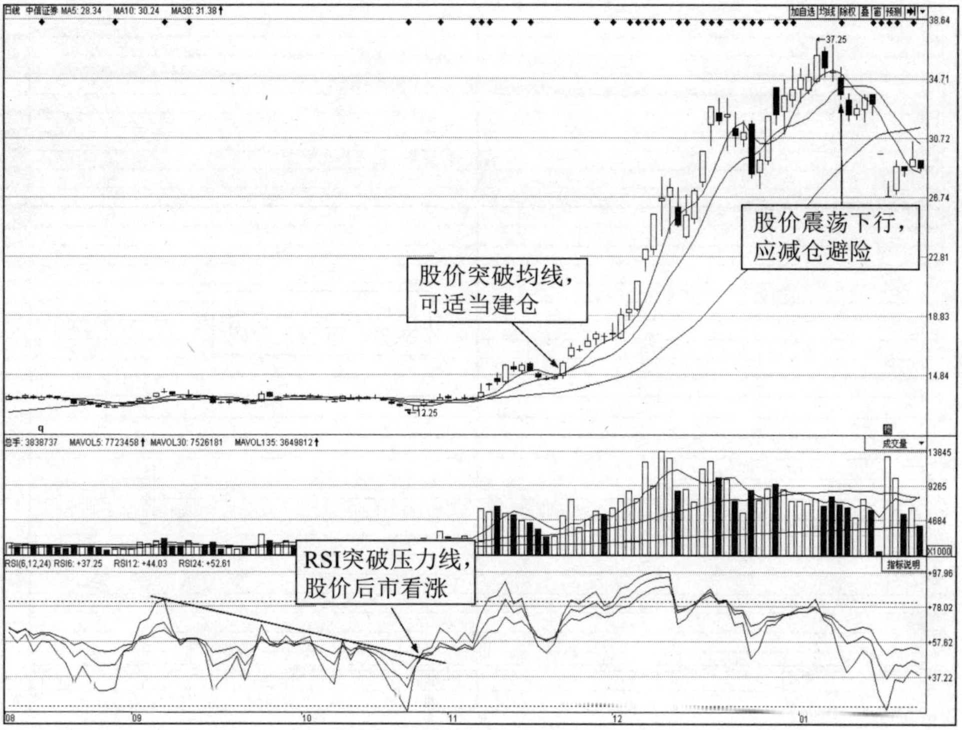

图 5-22

直处于横盘整理走势之中，成交量也呈现出地量状态，表明该股多空双方实力均衡。

观察该股的 RSI 指标，把其两个高点连接起来，形成一条压力线。在股价启动之前，RSI 指标就上穿压力线开始向上运行，表明该股将结束横盘整理走势，后市将开始一波黑马行情。

在股价突破均线系统之时，投资者可以买入股票进行建仓。随着股价的上涨，该股的多头力量逐步减退，股价跌破均线支撑位，成交量出现萎缩之时，投资者应卖出股票，进行避险。

（2）分时买点把握。

如图 5-23 所示，在中信证券（600030）的日分时图中，该股股价以

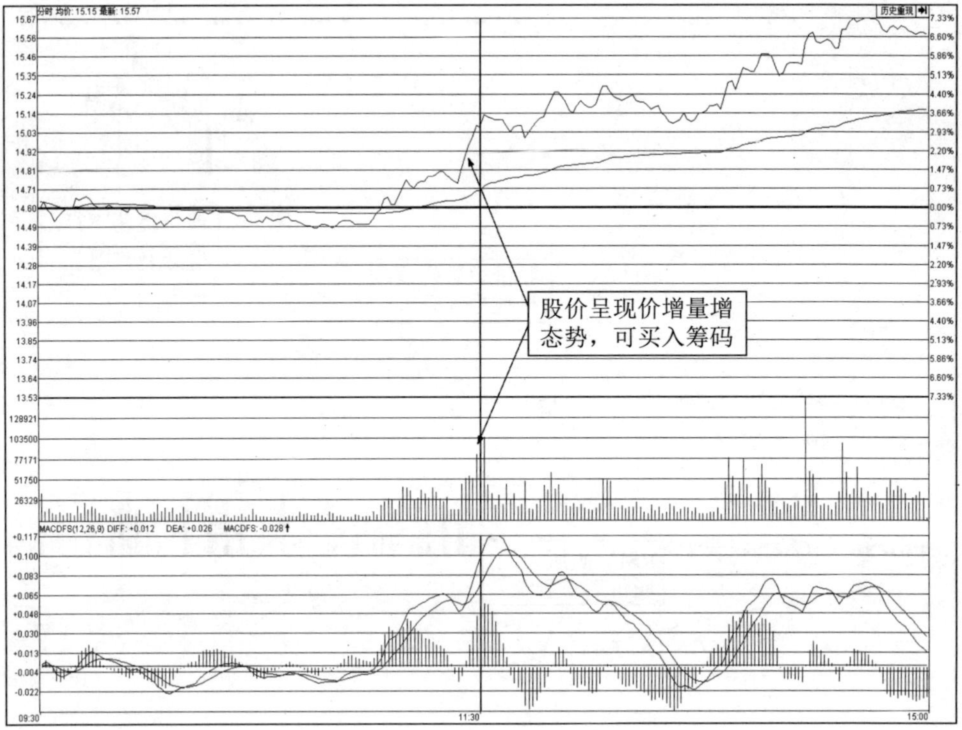

图 5-23

平开的方式开盘，在上午股价并没有出现较大的波动。在上午盘停市之前，股价出现了拉升走势。下午开盘之后，股价延续了强势走势，之后一直处在爬升走势之中，直到下午收市。

结合该股的日 K 线图进行分析，在 RSI 指标突破压力线之后，表明该股后市将开始一波上升行情。投资者在股价站上均线之后，应买入股票进行建仓。表现在分时图中，股价开始拉升时，其成交量也出现了放量，投资者可在此时买入筹码。

（3）分时卖出解析。

如图 5-24 所示，在中信证券（600030）的日分时图中，该股股价低开之后便开始横盘震荡，随后股价线跌破了均价线，进入到下跌趋势之中。

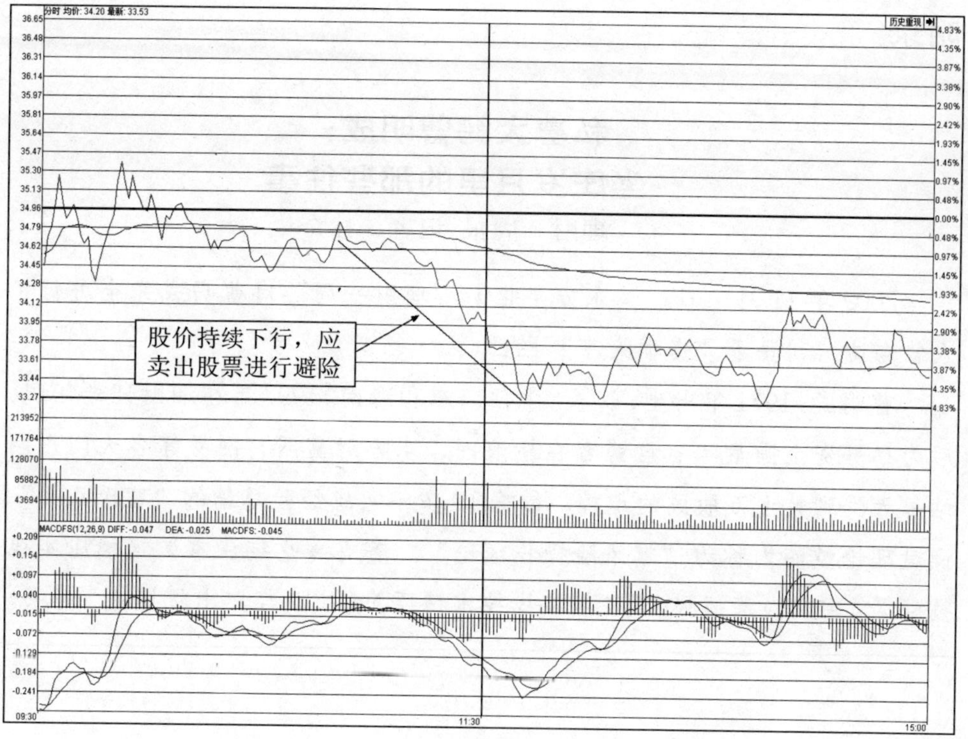

图 5-24

下午开盘之后，股价延续了弱势走势，一直运行在均价线之下，直到收市。

结合该股的日 K 线图进行分析，在股价创出新高之后，其成交量开始逐步萎缩，表明该股后市走势有可能出现反转，投资者在股价跌破均线支撑位之时应卖出股票。

表现在分时图中，当股价线下穿均价线，进入到下跌趋势时，投资者可进行减仓操作，或卖出全部股票，以规避后市股价下行带来的风险。

投资者在利用 RSI 指标的趋势线法研判行情时，应结合其他技术指标进行分析，以增强该形态买入信号的准确程度。

附录

私募大鳄曹明成：坐庄岁月里的那些往事

理财一周报 记者 / 林奇

2009 年 11 月 7 日，《东方早报》“理财一周”对曹明成先生进行了人物专访，刊登于“资本大亨”栏目。

曹明成，1971 年出生，汉族。常住广东和海南。1997 年在湘财证券任职，后为私募资金操盘。看盘博客在新浪网、东方财富网、网易等各大门户网站每天受到数十万股民的追捧。依据 10 多年实战经验总结的“曹氏八线”操盘理论被圈内称为“零风险操作理论”。著有《吃定庄家》《擒庄实战技法》《庄家内幕揭秘》《K 线实战技术精要》《庄股经典出货模式》等书。

私募大鳄曹明成，是私募圈内资深的操盘手，曾在多家咨询公司及投资机构任职，直接参与过多次大资金的操盘。

1999 年“5・19”行情中，曹明成因成功阻击网络科技股而一战成名。

在互联网行情中，曹明成亲身领教了亿安科技、海虹控股等庄家李彪、蔡明的狠辣操盘手法。

在股海中摸爬滚打十几年的老曹，博客就叫“十年股灰”，在东方财富网的财经博客中排名第十四位。

从湘财证券的一名普通经纪人做起，再到操盘手、主操盘手、私募基金经理，曹明成经过 10 多年的实战，总结出“曹氏八线”操盘理论，并著有《吃定庄家》《擒庄实战技法》《庄家内幕揭秘》《K 线实战技术精要》《庄股经典出货模式》等书 。

“11 月还有两本书出版，今年可能还有两本，有出版社约稿了，但还没写完。”曹明成介绍。

10 月 26 日，曹明成接受理财一周报的专访，揭露了许多不为人知的坐庄、跟庄内幕。

阻击网络股一战成名

理财一周报：像许多私募一样，您也是从经纪人做起的？

曹明成：差不多，早年和李华（第二代操盘手）是一批，最早是在湘财证券。离开湘财证券后，跟老板做操盘手，后来干脆出来单干了。

理财一周报：是不是因为做操盘手待遇都不太高？

曹明成：操盘手要看是什么样级别的，资深的主操盘手负责决策，与老板有分成，收入还可以。

理财一周报：当时做操盘手都经历过哪些比较大的战役？

曹明成：最早是阻击网络科技股的那一年，阻击网络科技股不是自己坐庄，而是跟庄。当时发现有大批私募资金成堆地扎入到网络科技概念类的股票，不少同类题材的股票都在底部放量，大资金入驻明显，就开始关注这个题材。

理财一周报：发现后是直接跟进吗？还是后来跟进的？

曹明成：先是试探性跟进。后来科技概念股开始成为当时的热点。与以往的概念炒作不同，这次很意外的是，炒作之后，入驻的庄家资金不见撤退，这在以往的概念炒作中很少见。当时经过考虑之后，就把所有的资金全线投入该类题材股。

理财一周报：这样追题材股会不会很冒险？

曹明成：这是很大胆的做法，当时遭到其他辅助操盘手的非议。因为这样做风险大，概念股炒作成热点后，一般都开始进入高位，这个时候介入，弄不好就成了庄家出货的牺牲品。

理财一周报： 那为什么还决定满仓追进，当时是怎么考虑的？

曹明成： 当时是依据庄家的操盘手法判断的。大量的庄家资金入驻了该类题材股，第一轮炒作之后，还在高位加仓，显而易见，目标不在短期。

理财一周报： 当时网络股您跟的是哪只？

曹明成： 做了很多只，蔡明的海虹控股就是其中一只。

理财一周报： 这一波物联网炒作海虹控股也是龙头，您觉得这波物联网会不会像当初的互联网一样爆炒起来？

曹明成： 这波物联网入驻的庄家资金还远远不够，暂时没有那种可能。但庄家的炒作计划可能会因为行情的变化而变化。就像当年的网络科技股，开始并不是大家都看好，后来“5•19”井喷，人气被完全带动起来，大量的私募资金进入了。因此也就出现了炒作一波后新资金大量入驻的现象，造就了一轮长达两年的牛市行情。

亲身领教李彪跌停板洗盘法

理财一周报： 当时最有名的应该是罗成操控下的亿安科技，您跟的是这只吗？

曹明成： 网络科技股的行情从 1999 年 5 月开始，直到 2001 年才退潮，持续了一年多时间。这轮题材的炒作，只要与网络科技挂边的都炒作起来了。其中的龙头亿安科技、海虹控股、四川湖山都炒作到了非理性的高度。亿安科技是第一只百元股，是罗成坐庄，操盘主要是郑伟和李彪负责。海虹控股是蔡明。去年李彪去世的时候我知道消息。

理财一周报： 李彪总感觉对不起自己的弟弟，知道具体是为什么吗？

曹明成： 他弟弟是李彬，当时坐庄亿安科技用的是金易投资公司的名义，郑伟是控制人。法人代表写的是李彬的名字，但李彬是圈外人，后来被扯进去了，被搞得很惨。据说李彪没有办法救无辜的弟弟，导致了李彬的破产，并差点入狱。

理财一周报：李彪是什么样的人？

曹明成：现实中的李彪长得比较斯文，光头，戴眼镜，但行事泼辣，脾气有些暴躁。郭庆、李彪、蔡明，这些都算是第一代操盘手，他们比我早一代，我那时候是小字辈。李彪操盘非常凶悍，他当时发明了跌停板洗盘法，鬼神莫测。

理财一周报：连续跌停，只要看盘无一幸免，当时亿安科技启动前就是连续3个跌停板。

曹明成：这种手法在当时很难判断。

理财一周报：为什么很多早年的庄家都不得善终？

曹明成：早年的操盘手生活都不太好，心理压力大是真的，真正功成名就的极少，一部分是被查了、逃亡了，一部分在后来的4年熊市（指2001-2005年熊市）中赔进去了。

理财一周报：那4年熊市够惨，2008年也很惨。

曹明成：2008年的大熊市也是套了很多的庄家。

理财一周报：当时为什么没有跟进亿安科技？

曹明成：亿安科技不敢跟。开始完全是逼空，强势股就是这样，一开始逼空，散户不跟进，继续逼空，开始震荡，散户眼红了，进去了，再拔高，庄家已经出货了。

亿安科技当年也是被逼上去的，前期的计划肯定没想要炒那么高。拉到40元的时候，没有人敢买了，怎么办？接着拉。亿安科技控盘量最后达到90%以上。其实玩到那个时候已经算失败了，最后出货比较艰难。

理财一周报：有个庄家跟我讲过，说很多筹码是在跌破100元后卖给了抢反弹的人。

曹明成：平均没有那么高。出货的平均价格，我们那时候判断应该在40元左右。60元左右制造假反弹，结果还是很少有人买。市场信心没有了，下跌趋势形成了。最大的抢反弹成交量在27元左右，平均出货价位在 40~50 元。

理财一周报：庄家出货一般都要先跌很多吧？

曹明成：一般庄家拉到离谱的位置，出货的价位会定在下跌一半的位置，做假反弹。

信奉自己的操盘理念

理财一周报：您信奉价值投资吗？

曹明成：在中国的资本市场，我从来不讲价值投资。所谓的价值，不过是给庄家炒作的理由而已。我的选股思路是跟庄，操作理论讲究趋势为先。

理财一周报：看来您是趋势派。

曹明成：我自己有一套操盘理念，在趋势形成之后，形态明朗之后才操作。但又不等同于右侧交易，我的买入点在次低点或次次低点，卖出位在次高点或次次高点。

理财一周：那您的这些东西是跟谁学的呢？还是自己悟的？

曹明成：自己悟出来的。早年是受一位老股民的启发，一位比较执著的老股民，他完全依据 10 日线买卖，获利很稳定。

理财一周报：线上持股，线下持币？

曹明成：是的。简单来说，可以用这八个字。

理财一周报：这方法最厉害，化繁为简了，但很多人不经过多年的实战永远不理解。可是单独只看一个 10 日线会不会有点片面？

曹明成：我当时研究这个 10 日线很长时间，也发现很多弊端。首先一点，如果不判断趋势，依据 10 日线买卖，会在平衡市里不知所措。另外，10 日线经常被庄家作为洗盘的工具。实战中操作纪律最重要，比如下降通道就是线下持币，需要放弃所有的诱惑和机会。

理财一周报：您现在主要看些什么指标？

曹明成：都是一些我自己的指标，帮我写指标的有一个工作室，我提供我的思路，他们帮我完成。我有个学生叫谭文，他是这方面的高手。现在计算机信息技术太发达了，把传统技术分析与计算机分析相结合，真的是事半功倍。我们原来为了总结一个形态，自己画图，花大量的时间统计，再分析和总结，现在计算机可以在很短的时间内全部做完。